JN043985

世界広布の翼を広げて

Spread the Wings of Study for Worldwide Kosen-rufu

教学研鑽のために

観心本尊抄《かんじんのほんぞんしょう》

第2版

創価学会教学部 編

聖教新聞社

目次

大段第二(1)　観心《かんじん》を明かす……48

装幀　株式会社プランク
　　　松田和也
挿絵　松井春子

一、本書は、五大部の「観心本尊抄」を研鑽する一助として、青年部の要請を受けて教学部が編者となって刊行した『世界広布の翼を広げて　教学研鑽のために――観心本尊抄』の第2版である。

一、御書の引用は、『日蓮大聖人御書全集　新版』（創価学会版）に基づき、ページ数は（新〇〇ページ）と示した。『日蓮大聖人御書全集』（創価学会版、第二七八刷）のページ数は（全〇〇ページ）で示した。

一、法華経の引用は、『妙法蓮華経並開結』（創価学会版、第二版）を（法華経〇〇ページ）で示した。

一、「池田先生の講義から」の出典は以下の通り。

『人間革命の宗教』、『世界の青年と共に　新たな広布の山を登れ！』、『御書の世界』第2巻（『池田大作全集』第32巻所収）、『勝利の経典「御書」に学ぶ』第10・11・12巻。すべて聖教新聞社刊。

御書の引用は、御書新版の表記に合わせた。

世界広布の翼を広げて
教学研鑽のために

観心本尊抄

第2版

背景

「観心本尊抄《かんじんのほんぞんしょう》」は、文永《ぶんえい》10年（1273年）4月25日、日蓮大聖人が52歳の時、佐渡流罪《さどるざい》中に一谷《いちのさわ》（現在の新潟県《にいがたけん》佐渡市市野沢《さどしいちのさわ》）で御述作《ごじゅっさく》になり、下総国葛飾郡八幡荘若宮《しもうさのくにかつしかぐんやわたのしょうわかみや》（千葉県市川市《ちばけんいちかわし》若宮）の門下《もんか》・富木常忍《ときじょうにん》に宛《あ》てて送られた御書である。

文永《ぶんえい》8年（1271年）9月12日の竜《たつ》の口《くち》の法難《ほうなん》では、日蓮大聖人を斬首《ざんしゅ》しようとする権力者の企《くわだ》ては打《う》ち砕《くだ》かれたが、処分《しょぶん》が定《さだ》まらず、大聖人は、しばらく依智《えち》（神奈川県厚木市《かながわけんあつぎし》）の本間六郎左衛門尉重連《ほんまろくろうざえもんのじょうしげつら》の館《やかた》に留《とど》め置《お》かれた。

この法難《ほうなん》では鎌倉《かまくら》を中心に門下《もんか》にも厳《きび》しい弾圧《だんあつ》が行われ、多くの弟子たちが退転《たいてん》した。

その後、流罪《るざい》が決定し、大聖人は同年10月10日に依智《えち》を出発し、佐渡《さど》に向かわれた。佐渡で過《す》ごされた約2年半の間、劣悪《れつあく》な環境《かんきょう》の中で、衣食《いしょく》も不足する不自由な生活を強《し》いられた。それだけではなく、たびたび命を狙《ねら》われるという厳《きび》しい状況であった。

本抄とほぼ同時期に著《あらわ》された「顕仏未来記《けんぶつみらいき》」には「今年《ことし》・今月においても、万が一にも助かることができないと思われる身命《しんみょう》である」（新611ジペー・全509ジペー、通解）と述べられている。

このような危機的な状況が続く中で、大聖人は佐渡到着《さどとうちゃく》直後から執筆《しっぴつ》に取り組まれていた「開目抄《かいもくしょう》」を文永《ぶんえい》9年（1272年）2月に四条金吾《しじょうきんご》に託《たく》して、厳《きび》しい迫害《はくがい》に耐《た》えて信仰を続けている門下《もんか》一同に与え、励まされた。

この翌年《よくねん》に執筆《しっぴつ》されたのが「観心本尊抄《かんじんのほんぞんしょう》」である。両抄は、佐渡《さど》で著《あらわ》された御書の中でも最重要の二書である。

「開目抄《かいもくしょう》」は、日蓮大聖人が法華経に予言されたとおりに実践された末法《まっぽう》の「法華経の行者《ぎょうじゃ》」であり、末法の衆生《しゅじょう》を救《すく》う主師親《しゅししん》の三徳《さんとく》を具《そな》えられた末法の御本仏《ごほんぶつ》であることを明かしている。

これに対して、「観心本尊抄《かんじんのほんぞんしょう》」は、末法《まっぽう》の衆生《しゅじょう》が成仏《じょうぶつ》のために受持《じゅじ》すべき南無妙法蓮華経の本尊について説《と》き明かしている。

構成

「観心本尊抄《かんじんのほんぞんしょう》」の内容は、四つの大段に分けられる。

大段第一「一念三千《いちねんさんぜん》の典拠《てんきょ》を示す」では、一念三千（本書14ページ、〈参考〉で概説）の文証《もんしょう》を示されている。

初めに『摩訶止観《まかしかん》』第5巻上の文《もん》が掲《かか》げられ、一念三千《いちねんさんぜん》の典拠《てんきょ》を示される。そして『摩訶止観』に説《と》かれる一念三千こそが天台大師智顗《てんだいだいしちぎ》の最高・究極の教えであることを示される。

続いて、一念三千《いちねんさんぜん》が有情《うじょう》と非情《ひじょう》にわたることを明かされ、一般に木像《もくぞう》・絵像《えぞう》を本尊とすることも、一念三千の法門で草木《そうもく》に色心《しきしん》の因果《いんが》を認《みと》め、草木成仏《じょうぶつ》が説《と》かれて初めて成《な》り立つことを示されている。

大段第二(1)「観心《かんじん》を明かす」では、「観心の本尊」のうち「観心」について明かされている。

まず「観心《かんじん》」とは、己心《こしん》（自己の心・生命）に十界《じっかい》が具《そな》わることを衆生《しゅじょう》が観《かん》ずることであると示し、末法《まっぽう》の凡夫《ぼんぷ》である私たちの生命に十界が具わっていることを諄々《じゅんじゅん》と教えられていく。

そして結論として、末法《まっぽう》において、観心《かんじん》は、本門《ほんもん》の本尊を信じて南無妙法蓮華経と唱えるという本尊の受持《じゅじ》によって成就《じょうじゅ》するという、「受持即観心《じゅじそくかんじん》」の法門が明かされている。

大段第二(2)「本尊を明かす」では、末法《まっぽう》の私たちが信受《しんじゅ》すべき「本尊」について明かされている。

まず、釈尊《しゃくそん》の一代、50余《よ》年間に説《と》かれた諸経の本尊を挙《あ》げられ、法華経本門《ほんもん》の教主《きょうしゅ》である久《く》遠《おん》の釈尊が最も優《すぐ》れていることを示す。

そして、法華経本門寿量品《ほんもんじゅりょうほん》では、久遠《くおん》の釈尊《しゃくそん》の常住《じょうじゅう》の仏界《ぶっかい》・九界《きゅうかい》・国土が説《と》かれており、己《こ》心《しん》に具《そな》わる十界《じっかい》などの三千諸法《さんぜんしょほう》がすべて示されることが明かされる。

その寿量品《じゅりょうほん》の肝心《かんじん》は、その久遠《くおん》の釈尊《しゃくそん》をも生み出した仏種《ぶっしゅ》である南無妙法蓮華経であり、この本門《ほんもん》の肝心である南無妙法蓮華経が、末法《まっぽう》の衆生《しゅじょう》が成仏《じょうぶつ》のために信受《しんじゅ》すべき「本門の本尊」であることが明かされる。

その本尊のすがたは、南無妙法蓮華経を中心とするもので、寿量品《じゅりょうほん》が説《と》かれている説法《せっぽう》の場の様相《ようそう》で示されることを明かされている。

続いて、五重三段《ごじゅうさんだん》（釈尊《しゃくそん》の教えを5重にわたって、序分《じょぶん》・正宗分《しょうしゅうぶん》・流通分《るつうぶん》の3段に分け、仏が説《と》こうとした最も根本の教えを明かしたもの）を説き、久遠《くおん》の釈尊をも生み出した仏種《ぶっしゅ》である南無妙法蓮華経こそが、末法《まっぽう》の凡夫《ぼんぶ》にとって、下種益《げしゅやく》を具《そな》え、成仏《じょうぶつ》を可能にする本尊であることを示されている。

この後、下種《げしゅ》の法である南無妙法蓮華経を、誰が、いつ弘《ひろ》めるかについて、要点《ようてん》だけ簡潔《かんけつ》に明かされる。

まず、この末法下種《まっぽうげしゅ》の法の弘通《ぐつう》を託《たく》されたのは、上行菩薩《じょうぎょうぼさつ》をはじめとする地涌《じゆ》の菩薩であることを確認し、その地涌の菩薩が末法の初めに出現することを明らかにされる。

そして末法《まっぽう》は、謗法充満《ほうぼうじゅうまん》の悪世《あくせ》であるから、そこでの弘教《ぐきょう》は逆縁《ぎゃくえん》であり不軽菩薩《ふきょうぼさつ》の実践にならって行うべきであることが示される。

最後に、釈尊《しゃくそん》の未来記《みらいき》（予言）や伝教大師《でんぎょうだいし》の言葉を挙《あ》げ、自界叛逆難《じかいほんぎゃくなん》・西海侵逼難《さいかいしんぴつなん》（「立正安《りっしょうあん》国論《こくろん》」で指摘された他国《たこく》侵逼難をより具体的に西海からの蒙古《もうこ》の外圧《がいあつ》として捉《とら》えたもの）が起こっている本抄執筆《しっぴつ》の当時こそ、地涌《じゆ》の菩薩《ぼさつ》が出現して本門《ほんもん》の本尊を顕《あらわ》す時であると述べ、日蓮大聖人こそが、まさにその地涌の菩薩の振《ふ》る舞《ま》いをされていることを示される。

大段第三「総結《そうけつ》」では、本抄の結論が示される。

すなわち、成仏《じょうぶつ》の根本法《こんぽんほう》である一念三千《いちねんさんぜん》を知らない末法《まっぽう》の衆生《しゅじょう》に対して、仏（久遠《くおん》の釈尊《しゃくそん》）

が大慈悲《だいじひ》を起こして、この一念三千の珠《たま》を妙法五字に包《つつ》み、地涌《じゆ》の菩薩《ぼさつ》を使いとして、末法の未熟《みじゅく》な凡夫《ぼんぷ》の首《くび》に懸《か》けさせるのであると述べられている。

この御文について、私たちは、末法《まっぽう》の御本仏《ごほんぶつ》・日蓮大聖人が大慈悲《だいじひ》を起こして、南無妙法蓮華経の御本尊を図顕《ずけん》されて、末法《まっぽう》の一切衆生《いっさいしゅじょう》に信受《しんじゅ》させてくださると拝《はい》するのである。

〈参考〉

【一念三千《いちねんさんぜん》】一念（瞬間《しゅんかん》に働《はたら》く衆生《しゅじょう》の心）に、三千で示される森羅万象《しんらばんしょう》が収《おさ》まっていること。天台《てんだい》大師《だいし》の『摩訶止観《まかしかん》』巻5で、成仏《じょうぶつ》のために自身の心を観察《かんさつ》する観心《かんじん》の修行として明かされた。三千とは、十界互具《じっかいごぐ》（百界《ひゃっかい》）・十如是《じゅうにょぜ》・三世間《さんせけん》のすべてが一念《いちねん》に具《そな》わっていることを、これらを掛《か》け合わせた数で示したもの。このうち十界とは、地獄《じごく》・餓鬼《がき》・畜生《ちくしょう》・修羅《しゅら》・人《にん》・天《てん》・声聞《しょうもん》・縁《えん》覚《がく》・菩薩《ぼさつ》・仏の10種の境涯《きょうがい》をいう。十界互具とは、十界の各界の衆生《しゅじょう》の生命に、次に現《あらわ》れる十界が因《いん》として具わっていることをいい、三千を構成《こうせい》する要素《ようそ》としては、百界と示される。十如是とは、十界それぞれが共通に持つ10の特性《とくせい》を明かしたもので、相《そう》・性《しょう》・体《たい》・力《りき》・作《さ》・因《いん》・縁《えん》・果《か》・報《ほう》・本末究竟等《ほんまつくきょうとう》をいう。三世間とは、十界の相違《そうい》が表れる三つの次元《じげん》で、五陰《ごおん》（衆生を構成する五つの要素）、衆生（個々の生命体）、国土（衆生が生まれ生きる環境《かんきょう》）をいう。

本抄でも明かされていくように、一念三千《いちねんさんぜん》の中核《ちゅうかく》は十界互具《じっかいごぐ》であり、特にわれわれ人界《にんかい》の凡夫《ぼんぶ》の一念に仏界《ぶっかい》が具《そな》わることを明かして凡夫成仏《じょうぶつ》の道を示すことにある。

題号

「観心本尊抄《かんじんのほんぞんしょう》」は略称《りゃくしょう》であり、正式な題号は「如来滅後五五百歳始観心本尊抄」である。この題号は「如来《にょらい》の滅後《めつごご》五の五百歳《ごひゃくさい》に始《はじ》む観心《かんじん》の本尊抄《ほんぞんしょう》」と読み下《くだ》し、この題号に、時《じ》・応《おう》・機《き》・法《ほう》の四義《しぎ》が具足《ぐそく》しているとする。

すなわち、「如来《にょらい》の滅後《めつご》」「五《ご》の五百歳《ごひゃくさい》」とは上行菩薩《じょうぎょうぼさつ》がこの世に出現する時を明かしているので「時《じ》」に当たり、「始《はじ》む」とは上行菩薩が始（初）めて弘《ひろ》める義を明かしているので「応《おう》」に当たり、「観心《かんじん》」とは下種《げしゅ》仏法に縁《えん》のある末法《まっぽう》の衆生《しゅじょう》の観心を明かしているので「機《き》」に当たり、「本尊」とは末法の衆生が拝《はい》する本門《ほんもん》の本尊を明かしているので「法《ほう》」に当たる。

したがって、題号の元意《がんい》は、「末法《まっぽう》の初めに、上行菩薩《じょうぎょうぼさつ》、すなわち末法の御本仏《ごほんぶつ》・日蓮大聖人が初めて弘通《ぐつう》され、一切衆生《いっさいしゅじょう》が信じる対象《たいしょう》となる、本門《ほんもん》の本尊を明かされた御抄《ごしょう》」と拝《はい》せるのである。

「観心《かんじん》の本尊」と「の」の字を入れて読むのは、爾前権経《にぜんごんきょう》、法華経迹門《しゃくもん》、そして法華経本門《ほんもん》の経文上《きょうもんじょう》に説《と》かれる「教相《きょうそう》の本尊」と区別する意味がある。

なぜなら、大聖人が図顕《ずけん》される御本尊は、大聖人御自身《ごじしん》の観心《かんじん》、すなわち大聖人が御自身の凡夫《ぼんぷ》の身の己心《こしん》に成就《じょうじゅ》された一念三千《いちねんさんぜん》（事《じ》の一念三千）を、末法《まっぽう》の衆生《しゅじょう》の修行における明鏡《めいきょう》として顕《あらわ》された本尊であり、経文上の仏や菩薩《ぼさつ》を本尊とする「教相《きょうそう》の本尊」ではないからである。

◆池田先生の講義から（『人間革命の宗教』）

日蓮大聖人の仏法は――

民衆一人一人が宿命《しゅくめい》を転換《てんかん》する、内なる力《ちから》と智慧《ちえ》を呼び覚《さ》ます人間革命の宗教です。

民衆一人一人が強く賢《かしこ》くなり、嵐《あらし》に揺《ゆ》るがぬ師子王《ししおう》となる宗教です。

民衆一人一人が尊極《そんごく》の当体《とうたい》として輝《かがや》き、無限《むげん》の可能性を開花《かいか》させる、人間が主役《しゅやく》となる宗教です。

民衆一人一人が御本尊を受持《じゅじ》し、自行化他《じぎょうけた》の題目を唱えることによって、自他共《じたとも》の幸福を勝ち広げていける、幸福と平和のための宗教です。

この「人間の宗教」から拝《はい》するならば、御本尊は、どこまでも、万人《ばんにん》に開《ひら》かれた、民衆のための御本尊です。

一切衆生《いっさいしゅじょう》の幸福を実現する、人間のための御本尊です。

そして、世界の平和を祈《いの》る、誓願《せいがん》のための御本尊です。

戸田先生は、第二代会長就任式《しゅうにんしき》で、烈々《れつれつ》と師子吼《ししく》されました。

――「今日《こんにち》の広宣流布」とは、使命に立ち上がった一人一人が「国中《くにじゅう》の一人一人を折伏《しゃくぶく》し、みんなに御本尊様を持《たも》たせること」であり、それは〝一対一の膝《ひざ》づめの対話〟によって成《な》し遂《と》げられる――と。

その後も先生は、東洋《とうよう》広布、さらに世界広布の大確信《だいかくしん》の上から訴《うった》えられていました。

「いまは本尊流布《るふ》の時が来ており、御本尊様の大功徳《だいくどく》は、真昼の太陽のごとく輝《かがや》いているときである」

一人の生命が尊厳《そんげん》であるからこそ、一人また一人と御本尊を受持《じゅじ》させるのです。誰一人、差別していい存在はいない。皆、尊《とうと》い使命をもって生まれてきました。

御本尊の功力《くりき》は平等《びょうどう》です。仲介者《ちゅうかいしゃ》もいりません。大事なことは信心です。「観心《かんじん》の本尊」とは「信心の本尊」なのです。一人一人が、自身の境涯《きょうがい》を開《ひら》き、自身の生命の宝塔《ほうとう》を最高に輝《かがや》かせゆくために、御本尊があるのです。

日寛上人《にちかんしょうにん》が「我等《われら》この本尊を信受《しんじゅ》し、南無妙法蓮華経と唱え奉《たてまつ》れば、我《わ》が身即《すなわ》ち一念三千《いちねんさんぜん》の本尊、蓮祖聖人《れんそしょうにん》なり」と示されたように、御本尊を抱《だ》きしめ戦い抜いた人は、尊厳《そんげん》なる自分自身を築《きず》きあげることができるのです。

如来《にょらいの》滅《めつ》後《ご》五《ごの》五《ご》百歳始《ひゃくさいにはじむ》観心本《かんじんのほん》尊抄《ぞんしょう》

本朝沙門《ほんちょうしゃもん》日蓮撰《せん》す。

*「本朝」は日本、「沙門」は仏道修行者の意

大段第一　一念三千《いちねんさんぜん》の典拠《てんきょ》を示す

（新1222㌻～1225㌻・全238㌻～239㌻）

第1章　『摩訶止観《まかしかん》』の第5巻の文《もん》

（新1222㌻1行目～5行目）
（全238㌻1行目～4行目）

摩訶止観第五《まかしかんだいご》に云《い》わく

「夫《そ》れ、一心《いっしん》に十法界《じっぽうかい》を具《ぐ》す。一法界《いっぽうかい》にまた十法界《じっぽうかい》を具《ぐ》すれば、百法界《ひゃっぽうかい》なり。一界《いっかい》に三十種《さんじっしゅ》の世間《せけん》を具《ぐ》すれば、百法界《ひゃっぽうかい》には即《すなわ》ち三千種《さんぜんしゅ》の世間《せけん》を具《ぐ》す。この三千《さんぜん》、一念《いちねん》の心《こころ》に在《あ》り。もし心無《こころな》くんば已《や》みなん。介爾《けに》も心有《こころあ》ら

〈世間《せけん》と如是《にょぜ》と一《いち》なり。開合《かいごう》の異《い》なり〉

ば、即《すなわ》ち三千《さんぜん》を具《ぐ》す乃至《ないし》ゆえに称《しょう》して不可思議境《ふかしぎきょう》となす。意《こころ》ここに在《あ》り」等云々《とううんぬん》〈ある本《ほん》に云《い》わく「一界《いっかい》に三種《さんしゅ》の世間《せけん》を具《ぐ》す」〉。

通解

『摩訶止観《まかしかん》』第5巻には、こうある。〈一念《いちねん》三千《さんぜん》の「三千」を「三千世間《せけん》」とするのも「三千如是《にょぜ》」とするのも同じことである。展開のしかたが異《こと》なるだけである〉

「さて、一心《いっしん》には十法界《じっぽうかい》（＝十界《じっかい》）が具《そな》わっている。それぞれの一法界《いっぽうかい》（＝一界《いっかい》）にまた十法界が具わっているので、（一心に）百法界《ひゃっぽうかい》となる。（この百法界の）各一界には三十種の世間（＝十如是《じゅうにょぜ》×三世間）が具わっているので、すなわち百法界に三千の世間が具わっていることになる。

この三千世間《せけん》は一念《いちねん》の心にある。もし心がなければそれで終わりである。わずかでも心があれば、そこに三千が具《そな》わるのである。

〈中略〉ゆえに、不可思議境《ふかしぎきょう》（＝思考や議論《ぎろん》を超《こ》えた認識の対象《たいしょう》）と呼ぶのである。意《い》は、このことにある」〔ある写本《しゃほん》には、「一界《いっかい》に三種の世間を具えている」とある〕

語訳

【摩訶止観《まかしかん》】中国の天台大師智顗《てんだいだいしちぎ》が講述《こうじゅつ》し、弟子の章安大師灌頂《しょうあんだいしかんじょう》が記録した書。全10巻。『法華玄義《ほっけげんぎ》』『法華文句《ほっけもんぐ》』とともに天台三大部《さんだいぶ》とされ、天台大師の出世《しゅっせ》の本懐《ほんかい》の書と位置づけられる。「摩訶《まか》」とは、〝偉大な〟との意。「止観《しかん》」とは、瞑想《めいそう》の修行で、揺《ゆ》れ動く心を止《とど》め一つに定《さだ》める「止《し》」と、それによって現《あらわ》れた智慧《ちえ》によって対象《たいしょう》をありのままに見る「観《かん》」のこと。第5巻の初めでは、凡夫《ぼんぷ》が止観を実践する際、己心《こしん》（自身の心）を対象とすべきであることを示し、己心を観ずる「観心《かんじん》」の修行を明かす。具体的には、法華経に説《と》かれた法理に基《もと》づき一念三千《いちねんさんぜん》の法門を整備《せいび》し、凡夫成仏《ぼんぷじょうぶつ》の道を明らかにした。

【開合《かいごう》の異《い》】『摩訶止観《まかしかん》』で、分析的《ぶんせきてき》に説明する開釈《かいしゃく》と、まとめて結論を示す結成《けつじょう》の部分とで、一念三千《いちねんさんぜん》の展開のしかたが異《こと》なること。開釈では、十界《じっかい》、三世間《さんせけん》、十如是《じゅうにょぜ》と説明し、三千如是と開《ひら》く。結成では、百界《ひゃっかい》、三十世間と説明し、三千世間と開く。いずれも三千の数量や内実《ないじつ》には変わりはない。

ここに掲《かか》げられた文《もん》は結成の部分。

【一心《いっしん》】「一念《いちねん》」と同じ。一瞬《いっしゅん》に働《はたら》く私たちの心。

【世間《せけん》】一念三千《いちねんさんぜん》における世間は、差別・違《ちが》いの意。五陰《ごおん》（一個の生命を構成《こうせい》する心身《しんしん》の五つの要素《ようそ》）と衆《しゅ》生《じょう》（一個の生命）と国土（一個の生命を取《と》り巻《ま》く環境《かんきょう》）に十界《じっかい》の違いが表れるので、それぞれを五陰世間、衆生世間、国土世間といい、合わせて三世間《さんせけん》という。

【不可思議境《ふかしぎきょう》】思議を超《こ》えた対境《たいきょう》。「境」とは、感覚・認識の対象《たいしょう》。

解説

冒頭《ぼうとう》で、『摩訶止観《まかしかん》』第5巻の一念三千《いちねんさんぜん》を説《と》いた文《もん》が掲《かか》げられている。

「一念三千《いちねんさんぜん》」とは、私たち衆生《しゅじょう》の「一念」（一瞬《いっしゅん》に働《はたら》く心）に「三千」の諸法《しょほう》（森羅万象《しんらばんしょう》）が欠《か》けることなく収《おさ》まっていること、また逆《ぎゃく》に、一念が三千の諸法へと広くゆきわたることをいう。『止観《しかん》』の文《もん》にあるように、三千は、十界互具《じっかいごぐ》（百界《ひゃっかい》）・十如是《じゅうにょぜ》・三世間《さんせけん》によって構成《こうせい》されるが、要するに、諸法《しょほう》（森羅万象《しんらばんしょう》）をいう。

本抄では、この文《もん》を踏《ふ》まえつつ、日蓮大聖人御自身《ごじしん》の「観心《かんじん》の本尊」が明かされていく。

第2章『摩訶止観《まかしかん》』の前の4巻などには一念三千《いちねんさんぜん》は明かされていない

（新122ページ6行目〜123ページ17行目）
（全238ページ5行目〜239ページ2行目）

問《と》うて曰《い》わく、玄義《げんぎ》に一念三千《いちねんさんぜん》の名目《みょうもく》を明《あ》かすや。

答《こた》えて曰《い》わく、妙楽云《みょうらくい》わく「明《あ》かさず」。

問《と》うて曰《い》わく、文句《もんぐ》に一念三千《いちねんさんぜん》の名目《みょうもく》を明《あ》かすや。

答《こた》えて曰《い》わく、妙楽云《みょうらくい》わく「明《あ》かさず」。

問《と》うて曰《い》わく、その妙楽《みょうらく》の釈《しゃく》いかん。

答《こた》えて曰《い》わく、「ならびにいまだ一念三千《いちねんさんぜん》と云《い》わず」等云々《とううんぬん》。

問《と》うて曰《い》わく、止観《しかん》の一《いち》・二《に》・三《さん》・四等《しとう》に一念三千《いちねんさんぜん》の名目《みょうもく》を明《あ》かすや。

答《こた》えて曰《い》わく、これ無《な》し。

問《と》うて曰《い》わく、その証《しょう》いかん。

答《こた》えて曰《い》わく、妙楽《みょうらく》云《い》わく「故《ゆえ》に、止観《しかん》の『正《まさ》しく観法《かんぼう》を明《あ》かす』に至《いた》って、ならびに三千《さんぜん》をもって指南《しなん》となす」等云々《とううんぬん》。

疑《うたが》って云《い》わく、玄義第二《げんぎだいに》に云《い》わく「また一法界《いっぽうかい》に九法界《くほうかい》を具《ぐ》すれば、百《ひゃっ》法界《ぽうかい》・千如是《せんにょぜ》あり」等云々《とううんぬん》。文句第一《もんぐだいいち》に云《い》わく「一入《いちにゅう》に十法界《じっぽうかい》を具《ぐ》すれば、一界《いっかい》また十界《じっかい》なり。十界《じっかい》に各十如是《おのおのじゅうにょぜ》あれば、即《すなわ》ちこれ一千《いっせん》なり」等《とう》云々《うんぬん》。観音玄《かんのんげん》に云《い》わく「十法界交互《じっぽうかいこうご》なれば、即《すなわ》ち百法界《ひゃっぽうかい》有《あ》り。千種《せんしゅ》の性《しょう》相《そう》、冥伏《みょうぶく》して心《こころ》に在《あ》り。現前《げんぜん》せずといえども、宛然《おんねん》として具足《ぐそく》す」等《とう》云々《うんぬん》。

問《と》うて曰《い》わく、止観《しかん》の前《さき》の四《し》に一念三千《いちねんさんぜん》の名目《みょうもく》を明《あ》かすや。

答《こた》えて曰《い》わく、妙楽云《みょうらくい》わく「明《あ》かさず」。

問《と》うて曰《い》わく、その釈《しゃく》いかん。

答《こた》う。弘決第五《ぐけつだいご》に云《い》わく「もし正観《しょうがん》に望《のぞ》めば、全《まった》くいまだ行《ぎょう》を論《ろん》ぜず。また二十五法《にじゅうごほう》に歴《へ》て事《じ》に約《やく》して解《げ》を生《しょう》ず。方《まさ》に能《よ》く正修《しょうしゅ》の方便《ほうべん》となすに堪《た》えたり。この故《ゆえ》に、前《さき》の六《ろく》は皆解《みなげ》に属《ぞく》す」等云々《とううんぬん》。また云《い》わく「故《ゆえ》に、止《し》観《かん》の『正《まさ》しく観法《かんぼう》を明《あ》かす』に至《いた》って、ならびに三千《さんぜん》をもって指南《しなん》となす。乃《すなわ》ちこれ終窮究竟《しゅうぐくきょう》の極説《ごくせつ》なり。故《ゆえ》に、序《じょ》の中《なか》に『己心《こしん》の中《なか》に行《ぎょう》ずるところの法門《ほうもん》を説《と》く』と云《い》えり。良《まこと》に以《ゆえ》有《あ》るなり。請《こ》う、尋《たず》ね読《よ》まん者《もの》、心《こころ》に異縁《いえん》無《な》かれ」等云々《とううんぬん》。

通解

問《と》うて言う。『法華玄義《ほっけげんぎ》』に一念三千《いちねんさんぜん》の名を明かしているか。

答えて言う。妙楽《みょうらく》は「明かしていない」と言っている。

問《と》うて言う。『法華文句《ほっけもんぐ》』に一念三千《いちねんさんぜん》の名を明かしているか。

答えて言う。妙楽《みょうらく》は「明かしていない」と言っている。

問《と》うて言う。その妙楽《みょうらく》の釈《しゃく》はどうか。

答えて言う。「どちらもまだ一念三千《いちねんさんぜん》と言っていない」とある。

問《と》うて言う。『摩訶止観《まかしかん》』の第1・2・

3・4巻《かん》に一念三千《いちねんさんぜん》の名を明かしているか。

答えて言う。明かしていない。

問《と》うて言う。その証拠《しょうこ》があるか。

答えて言う。妙楽《みょうらく》は「ゆえに、『正《まさ》しく止《し》観《かん》の観法《かんぼう》を明かす』章に至《いた》って、おしなべて一念三千《いちねんさんぜん》を目指すものとして明示《めいじ》した」と釈《しゃく》している。

疑《うたが》って言う。『法華玄義《ほっけげんぎ》』第2巻には「また一法界《いっぽうかい》に九法界《くほうかい》を具《ぐ》するから百法界《ひゃっぽうかい》であり、千如是《せんにょぜ》となる」とある。

また『法華文句《ほっけもんぐ》』第1巻には「一入《いちにゅう》に十法《じっぽう》界《かい》を具《ぐ》するので、一界《いっかい》にはまた十界《じっかい》を具《ぐ》する。十界にはおのおの十如是《じゅうにょぜ》を具してすなわち千如是《せんにょぜ》となる」とある。

さらに『観音玄義《かんのんげんぎ》』には「十法界《じっぽうかい》が相互《そうご》に具《ぐ》して百法界《ひゃっぽうかい》となり、性《しょう》・相《そう》などの千種の如《にょ》是《ぜ》は冥伏《みょうぶく》して心にある。眼前《がんぜん》に現《あらわ》れていないが、そっくりそのまま具《そな》わっている」とある。

〈ここでは、疑《うたが》いに対する答えはないが、質問者が挙《あ》げている文証《もんしょう》は、結局、百界千如《ひゃっかいせんにょ》どまりであり、結果として、一念三千《いちねんさんぜん》は『摩《ま》訶止観《かしかん》』以外には説《と》かれていないことをおのずから証明している〉

問《と》うて言う。『摩訶止観《まかしかん》』の前の4巻に一《いち》念三千《ねんさんぜん》の名を明かしているか。

答えて言う。妙楽《みょうらく》は「明かしていない」と言っている。

問《と》うて言う。その妙楽《みょうらく》の釈《しゃく》はどのようなも

のか。
答えて言う。『止観輔行伝弘決《しかんぶぎょうでんぐけつ》』第5巻には「もし『摩訶止観《まかしかん》』の第5巻の正修止観章《しょうしゅしかんしょう》（＝第7章）と比《くら》べてみるなら、（それまでの4巻は）まだまったく観心《かんじん》の修行を論じていない。（これら4巻は）二十五法《にじゅうごほう》の修行を経《へ》ることにより具体的な修行に即《そく》して理解を生《しょう》じさせているのである。まさに正修止観のための方便《ほうべん》となるものである。このゆえに前6章（＝第4巻まで）は皆、（観心の修行ではなく）その前段階の理解に属《ぞく》するのである」とある。

また、「ゆえに、『正《まさ》しく止観《しかん》の観法《かんぽう》を明かす』章に至《いた》って、おしなべて一念三千《いちねんさんぜん》を目指すものとして明示《めいじ》した。すなわちこれが最高・究極の教えである。ゆえに『摩訶止観《まかしかん》』の序《じょ》の中に『（天台大師《てんだいだいし》が）自身の心の中で行じている法門を説《と》く』と言っているのである。この言葉は、実に理由のある言葉である。『摩訶止観』を尋《たず》ね読む者は、一念三千以外の異《こと》なるものを止観の対境《たいきょう》としてはならない」とある。

語訳

【玄義《げんぎ》】天台大師《てんだいだいし》が講述《こうじゅつ》し、弟子の章安《しょうあん》大師が記録した『法華玄義《ほっけげんぎ》』のこと。法華経の題号「妙法蓮華経」の意義を説《と》いている。

【妙楽《みょうらく》】妙楽大師湛然《みょうらくだいしたんねん》。8世紀の中国天台宗《てんだいしゅう》の中興《ちゅうこう》の祖《そ》。天台三大部《さんだいぶ》の注釈書《ちゅうしゃくしょ》を著《あらわ》した。

【文句《もんぐ》】天台大師《てんだいだいし》が講述《こうじゅつ》し、章安《しょうあん》大師が記録した『法華文句《ほっけもんぐ》』のこと。法華経の文々句々《もんもんくく》について、その意義を説明している。

【観法《かんぽう》】法《ほう》(ものごと)を観《かん》ずること。心を一つにして発現《はつげん》させた智慧《ちえ》によって対象《たいしょう》を観察《かんさつ》する修行。

【一入《いちにゅう》】十二入《じゅうににゅう》の一つ。感覚・認識器官《きかん》である六根《ろっこん》(眼《げん》・耳《に》・鼻《び》・舌《ぜつ》・身《しん》・意《い》)とその対象《たいしょう》である六境《ろっきょう》(色《しき》・声《しょう》・香《こう》・味《み》・触《そく》・法《ほう》)を合わせて十二入という。

【観音玄《かんのんげん》】天台大師《てんだいだいし》の書である『観音玄義《かんのんげんぎ》』のこと。法華経観世音菩薩普門品《かんぜおんぼさつふもんぼん》第25の概論《がいろん》を説《と》く。

【冥伏《みょうぶく》】目に見えず、心にもあらわれないこと。顕在《けんざい》・顕現《けんげん》に対する語。

【宛然《おんねん》】そっくりそのまま。

【弘決《ぐけつ》】妙楽大師《みょうらくだいし》が天台《てんだい》大師の『摩訶止観《まかしかん》』を注釈《ちゅうしゃく》した『止観輔行伝弘決《しかんぶぎょうでんぐけつ》』のこと。

【二十五法《にじゅうごほう》】『摩訶止観《まかしかん》』に説《と》かれている二十五方便《ほうべん》のこと。止観《しかん》に入るための準備《じゅんび》となる25種の修行方法。心身《しんしん》を整《ととの》える、障害《しょうがい》を取り除《のぞ》くなどがある。

【己心《こしん》の中《なか》に行《ぎょう》ずるところの法門《ほうもん》を説《と》く】章安大師《しょうあんだいし》が『摩訶止観《まかしかん》』の序文《じょぶん》で記《しる》した言葉。漢文では「説《せつ》己心中所行法門《こしんちゅうしょぎょうほうもん》」。

解説

ここでは一念三千《いちねんさんぜん》の法門が、『法華玄義《ほっけげんぎ》』『法華文句《ほっけもんぐ》』など、また『摩訶止観《まかしかん》』の前の4巻に明かされておらず、『摩訶止観』第5巻の正修止観《しょうしゅしかん》（正《まさ》しく止観を修《しゅ》す）章に至《いた》って初めて明かされていることを確認されている。

また、妙楽大師《みょうらくだいし》の言葉を引いて、『摩訶止観《まかしかん》』にこそ、天台《てんだい》大師の最高・究極の教えが明かされていることを示されている。

このことにより、一念三千《いちねんさんぜん》こそが天台大師《てんだいだいし》の最高・究極の教えであることが分かる。

第3章　一念三千《いちねんさんぜん》は前代未聞《ぜんだいみもん》の優《すぐ》れた教え

（新124ページ1行目〜6行目）
（全239ページ3行目〜7行目）

夫《そ》れ、智者《ちしゃ》の弘法三十年《ぐほうさんじゅうねん》、二十九年《にじゅうきゅうねん》の間《あいだ》は玄《げん》・文等《もんとう》の諸義《しょぎ》を説《と》いて五時《ごじ》八教《はっきょう》・百界千如《ひゃっかいせんにょ》を明《あ》かし、前《さき》の五百余年《ごひゃくよねん》の間《あいだ》の諸非《しょひ》を責《せ》め、ならびに天竺《てんじく》の論師《ろんじ》いまだ述《の》べざるを顕《あらわ》す。章安大師《しょうあんだいし》云《い》わく「天竺《てんじく》の大論《だいろん》すら、なおその類《たぐ》いにあらず。震旦《しんたん》の人師《にんし》、何《なん》ぞ労《わずら》わしく語《かた》るに及《およ》ばん。これは誇耀《こよう》にあらず。法相《ほっそう》のしからしむるのみ」等云々《とううんぬん》。はかないかな、天台《てんだい》の末学《まつがく》等《とう》、華厳《けごん》・真言《しんごん》の元祖《がんそ》の盗人《ぬすびと》に一念三千《いちねんさんぜん》の重宝《ちょうほう》を盗《ぬす》み取《と》られて、還《かえ》って彼《かれ》らが門家《もんけ》と成《な》りぬ。章安大師《しょうあんだいし》、兼《か》ねてこのことを知《し》って、歎《なげ》いて言《い》わく「この言《ことば》もし墜《お》ちなば、将来悲《しょうらいかな》しむべし」云々《うんぬん》。

通解

そもそも、天台智者大師《てんだいちしゃだいし》の弘法《ぐほう》は30年に及《およ》ぶが、29年の間は『法華玄義《ほっけげんぎ》』『法華文句《ほっけもんぐ》』などを説《と》いて、五時八教《ごじはっきょう》・百界千如《ひゃっかいせんにょ》を明かすとともに、それまでの500余《よ》年の間に（中国の仏教界に）生じた多くの誤《あやま》りを責《せ》め、さらにインドの大論師《だいろんじ》さえ、いまだかつて述べたことのない甚深《じんじん》の奥義《おうぎ》をはっきりと説いた。

章安大師《しょうあんだいし》は賛嘆《さんたん》して、「インドの優《すぐ》れた論《ろん》書《しょ》ですら比較《ひかく》にならない。まして、中国の人《にん》師《し》たちは、論ずるまでもない。これは誇張《こちょう》して言うのではない。まったく天台大師《てんだいだいし》が説《と》いた教えが優れているからそのように言うのである」と。

ところが残念《ざんねん》なことに、天台《てんだい》の末弟《まってい》たちは

華厳宗《けごんしゅう》や真言宗《しんごんしゅう》の元祖《がんそ》という盗人《ぬすびと》に一念三千《いちねんさんぜん》という重宝《じゅうほう》を盗み取られ、かえって彼らの門《もん》下《か》となってしまった。

章安大師《しょうあんだいし》はかねがね、このことを予知《よち》して、「この言葉が、もし失《うしな》われたら、将来《しょうらい》、悲しむべきことになるにちがいない」と嘆《なげ》いている。

語訳

【智者《ちしゃ》】天台大師智顗《てんだいだいしちぎ》のこと。6世紀の中国南北朝《なんぼくちょう》時代の陳《ちん》から隋《ずい》の人。天台宗《てんだいしゅう》の実質上の開祖《かいそ》。智者大師とたたえられる。『法華文句《ほっけもんぐ》』『法華玄義《ほっけげんぎ》』『摩訶止観《まかしかん》』の天台三大部《さんだいぶ》を残す。

【五時八教《ごじはっきょう》】釈尊《しゃくそん》の諸経を分類・整理した天台宗《てんだいしゅう》の教判《きょうはん》。五時とは、釈尊一代の教えを内容によって五つの時期に分けたもので、華厳時《けごんじ》・阿含時《あごんじ》・方等時《ほうどうじ》・般若時《はんにゃじ》・法華涅槃時《ほっけねはんじ》の五つをいう。八教とは、教えの形式から分類した頓教《とんぎょう》・漸教《ぜんきょう》・秘密教《ひみつきょう》・不定教《ふじょうきょう》の化儀《けぎ》の四教《しきょう》と、教理の内容から分類した蔵《ぞう》教《きょう》・通教《つうぎょう》・別教《べっきょう》・円教《えんぎょう》の化法《けほう》の四教をいう。

【百界千如《ひゃっかいせんにょ》】十界《じっかい》のそれぞれが互《たが》いに他の界を具《そな》えるので百界であり、その百界の一つ一つに十如是《じゅうにょぜ》が具わるので千如是《せんにょぜ》であること。

【論師《ろんじ》／人師《にんし》】論師は、論（経典の注釈書《ちゅうしゃくしょ》）を著《あらわ》して仏法を宣揚《せんよう》する人のこと。人師は、論師に対する語で、経論を注釈して人々を導《みちび》く人のこと。

【章安大師《しょうあんだいし》】灌頂《かんじょう》。6～7世紀の人。25歳で天台大師《てんだいだいし》の弟子となり、師の滅後《めつご》、天台宗《てんだいしゅう》の跡《あと》を継《つ》ぐとともに、師が説《と》いた教えを編纂《へんさん》して後世《こうせい》に伝えた。

【法相《ほっそう》】教えの様相《ようそう》。ここでは、天台大師《てんだいだいし》が説《と》いた法門のこと。

解説

「智者《ちしゃ》の弘法《ぐほう》三十年」とあるのは、天台大師《てんだいだいし》が30歳の時に金陵《きんりょう》（現在の南京《なんきん》）に出て法華経を講義《こうぎ》し始めてから60歳で亡《な》くなるまでを指す。

天台大師《てんだいだいし》は『法華文句《ほっけもんぐ》』『法華玄義《ほっけげんぎ》』で百界千如《ひゃっかいせんにょ》は説《と》いたが、一念三千《いちねんさんぜん》までは説かなかった。一念三千は天台大師が最晩年《さいばんねん》に講《こう》じた『摩訶止観《まかしかん》』において初めて明かされたのである。

弟子の章安大師《しょうあんだいし》は、天台大師《てんだいだいし》の法門の卓越性《たくえつせい》を記《しる》したが、後世《こうせい》にそれが見失《みうしな》われて悲しむべき事態が来ることを予見《よけん》し、戒《いまし》めた。

天台大師《てんだいだいし》と章安《しょうあん》大師が亡《な》くなった後、中国では華厳宗《けごんしゅう》・真言宗《しんごんしゅう》が広まった。この二宗は、天台宗の一念三千《いちねんさんぜん》の法門が優《すぐ》れていることを知り、それぞれの依経《えきょう》（よりどころとする経典）にも同じ法門が説《と》かれていると主張《しゅちょう》して、一念三千の法理を自宗《じしゅう》の中に盗《ぬす》み入れた。また、皇帝《こうてい》などの権力者の帰依《きえ》を受け、社会的にも有力となった。

章安大師《しょうあんだいし》以後、天台宗《てんだいしゅう》の僧侶《そうりょ》たちは華厳宗《けごんしゅう》・真言宗《しんごんしゅう》の邪義《じゃぎ》を破折《はしゃく》できず、かえって彼らの教義から影響を受ける者まで現《あらわ》れた。

その流れに抗《こう》して、天台三大部《てんだいさんだいぶ》の注釈《ちゅうしゃく》を著《あらわ》し天台の正義を宣揚《せんよう》したのが、妙楽大師《みょうらくだいし》である。

第4章　一念三千《いちねんさんぜん》は有情《うじょう》と非情《ひじょう》にわたる

（新124ページ7行目〜125ページ4行目）
（全239ページ8行目〜18行目）

問《と》うて曰《い》わく、百界千如《ひゃっかいせんにょ》と一念三千《いちねんさんぜん》と差別《さべつ》いかん。

答《こた》えて曰《い》わく、百界千如《ひゃっかいせんにょ》は有情界《うじょうかい》に限《かぎ》り、一念三千《いちねんさんぜん》は情《じょう》・非情《ひじょう》に亘《わた》る。

不審《ふしん》して云《い》わく、非情《ひじょう》に十如是《じゅうにょぜ》亘《わた》るならば、草木《そうもく》に心有《こころあ》って有情《うじょう》のごとく成仏《じょうぶつ》すとなすべしや、いかん。

答《こた》えて曰《い》わく、このこと難信難解《なんしんなんげ》なり。天台《てんだい》の難信難解《なんしんなんげ》に二《ふた》つ有《あ》り。一《いち》には教門《きょうもん》の難信難解《なんしんなんげ》、二《に》には観門《かんもん》の難信難解《なんしんなんげ》なり。その教門《きょうもん》の難信難解《なんしんなんげ》とは、一仏《いちぶつ》の所説《しょせつ》において、爾前《にぜん》の諸経《しょきょう》には二乗《にじょう》と闡提《せんだい》とは未来《みらい》に永《なが》く成仏《じょうぶつ》せず、教主釈尊《きょうしゅしゃくそん》は始《はじ》めて正覚《しょうがく》を成《じょう》ず。法華経迹本《ほけきょうしゃくほん》二門《にもん》に来至《らいし》したまい、彼《か》の二説《にせつ》を壊《やぶ》る。一仏二言《いちぶつにごん》、水火《すいか》なり。誰人《たれびと》かこれを信《しん》ぜん。これは教門《きょうもん》の難信難解《なんしんなんげ》なり。

観門《かんもん》の難信難解《なんしんなんげ》とは、百界千如《ひゃっかいせんにょ》・一念三千《いちねんさんぜん》、非情《ひじょう》の上《うえ》の色心二法《しきしんにほう》・十如《じゅうにょ》是《ぜ》これなり。しかりといえども、木画《もくえ》の二像《にぞう》においては外典《げてん》・内典共《ないてんとも》にこれを許《ゆる》して本尊《ほんぞん》となす。その義《ぎ》においては天台一家《てんだいいっけ》より出《い》でたり。草木《そうもく》の上《うえ》に色心《しきしん》の因果《いんが》を置《お》かずんば、木画《もくえ》の像《ぞう》を本尊《ほんぞん》に恃《たの》み奉《たてまつ》ること無益《むやく》なり。

疑《うたが》って云《い》わく、草木国土《そうもくこくど》の上《うえ》の十如是《じゅうにょぜ》の因果《いんが》の二法《にほう》は、いずれの文《もん》に出《い》でたるや。

答《こた》えて曰《い》わく、止観第五《しかんだいご》に云《い》わく「国土世間《こくどせけん》、また十種《じっしゅ》の法《ほう》を具《ぐ》す。ゆえに悪国土《あっこくど》の相《そう》・性《しょう》・体《たい》・力等《りきとう》あり」云々《うんぬん》。釈籤第六《しゃくせんだいろく》に云《い》わく「相《そう》はただ色《しき》のみに在《あ》り。性《しょう》はただ心《しん》のみに在《あ》り。体《たい》・力《りき》・作《さ》・縁《えん》は、義《ぎ》、色心《しきしん》を兼《か》ね、因果《いんが》はただ心《しん》のみ、報《ほう》はただ色《しき》のみに在《あ》り」等云々《とううんぬん》。金錍論《こんぺいろん》に云《い》わく「乃《すなわ》ちこれ一草《いっそう》・一木《いちもく》・一礫《いちりゃく》・一塵《いちじん》、各一仏性《おのおのいちぶっしょう》、各一因果《おのおのいちいんが》あり。縁《えん》・了《りょう》を具足《ぐそく》す」等云々《とううんぬん》。

通解

問《と》うて言う。百界千如《ひゃっかいせんにょ》と一念三千《いちねんさんぜん》とはどう違《ちが》うのか。

答えて言う。百界千如《ひゃっかいせんにょ》は有情界《うじょうかい》（＝衆生《しゅじょう》）に限り、一念三千《いちねんさんぜん》は有情と非情《ひじょう》（＝草木《そうもく》や国土）の両方にわたるのである。

不審《ふしん》に思って言う。非情《ひじょう》にまで十如是《じゅうにょぜ》がわたるなら、草木《そうもく》にも心があって有情《うじょう》と同じように成仏《じょうぶつ》するのだろうか。

答えて言う。このことは難信難解《なんしんなんげ》である。天台《てんだい》の難信難解《なんしんなんげ》に二つある。一つには教相《きょうそう》の面の難信難解、二つには観心《かんじん》の面の難信難解である。

そのうち教相《きょうそう》の面の難信難解《なんしんなんげ》とはこういうことである。

釈尊一仏《しゃくそんいちぶつ》の所説《しょせつ》においても、爾前経《にぜんきょう》では、二乗《にじょう》と一闡提《いっせんだい》は未来永久に成仏《じょうぶつ》できないと説《と》き、また教主《きょうしゅ》釈尊はこの世で初めて成仏したと説いた。ところが法華経の迹門と本門に至《いた》ってそれらの二説を破《やぶ》った（＝迹門《しゃくもん》では二乗と一闡提の成仏を説き、また本門《ほんもん》では始成正覚《しじょうしょうがく》を打《う》ち破《やぶ》って久遠実成《くおんじつじょう》を説いた）。このように（爾前と法華経では）一仏に二言《にごん》があり、水火《すいか》のごとく相反《あいはん》していて、誰人《たれびと》も容易《ようい》に信じることができない。これが教相《きょうそう》の面の難信難解《なんしんなんげ》で

である。

もう一つの観心《かんじん》の面の難信難解《なんしんなんげ》とは、百界《ひゃっかい》千如《せんにょ》・一念三千《いちねんさんぜん》であり、非情《ひじょう》に色心《しきしん》の二法・十如是《じゅうにょぜ》を具《そな》えていると説《と》く点である。

しかしながら木像《もくぞう》や絵像《えぞう》は外典《げてん》（仏典以外の書）でも内典《ないてん》（仏典）でも崇《あが》めて本尊としている。その根拠《こんきょ》となる教えは天台《てんだい》の一門《いちもん》より出ているのである。草木《そうもく》の上に色心《しきしん》の因果《いんが》を認《みと》めなければ、木像や絵像を本尊として崇めることはまったく無意味になる。

疑《うたが》って言う。それでは草木《そうもく》国土に十如是《じゅうにょぜ》があり、因果《いんが》の二法が具《そな》わっていることは、どの文《もん》に説《と》かれているのか。

答えて言う。『摩訶止観《まかしかん》』の第5巻に「（非《ひ》情《じょう》の）国土世間《こくどせけん》も十種の法（＝十如是《じゅうにょぜ》）を具《そな》える。ゆえに悪国土《あっこくど》には悪国土の相《そう》・性《しょう》・体《たい》・力《りき》などがある。（＝同じく人《にん》・天《てん》などの善《ぜん》道《どう》の国土も二乗《にじょう》の国土も菩薩《ぼさつ》の国土も仏国土《ぶっこくど》も、それぞれの十如是を具えている）」とある。

『法華玄義釈籤《ほっけげんぎしゃくせん》』第6巻には「相《そう》は色法《しきほう》にだけある。性《しょう》は心法《しんぽう》にだけある。体《たい》・力《りき》・作《さ》・縁《えん》は皆、色心《しきしん》の二法にわたり、因《いん》と果《か》は心法だけに、報《ほう》はただ色法だけにある」と説《と》いている。

『金錍論《こんぺいろん》』には、「一本の草、一本の木、一つの石ころ、一つの塵《ちり》にも、それぞれに一つの仏性《ぶっしょう》（＝正因《しょういん》仏性）、一つの因果《いんが》があり、縁《えん》因《いん》仏性・了因《りょういん》仏性を具足《ぐそく》している（＝すなわち、あらゆるものはもともと三因《さんいん》仏性をすべて具《そな》えていて、非情《ひじょう》の草木《そうもく》であっても有情《うじょう》と同じく色心《しきしん》・因果をすべて具えていて、成仏《じょうぶつ》できるのである〉」と。

語訳

【有情《うじょう》】人間や動物など、感情や意識《いしき》を持つすべての生き物。非情《ひじょう》に対する語。

【非情《ひじょう》】草木《そうもく》や国土など感情や意識《いしき》のないと思われるものの総称《そうしょう》。

【十如是《じゅうにょぜ》】ものごとのありさま・本質を示す10種の観点《かんてん》。①相《そう》とは、絶《た》え間《ま》なく移《うつ》り変わる形・様相《ようそう》。②性《しょう》とは、内にあって一貫《いっかん》している性質《せいしつ》・性分《しょうぶん》。③体《たい》とは、相と性を具《そな》えた主体。④力《りき》とは、潜在《せんざい》的《てき》な能力。⑤作《さ》とは、内在《ないざい》している力《ちから》が外界《がいかい》に現《あらわ》れ、他にも働《はたら》きかける作用《さよう》。⑥因《いん》とは、内在していて、結果を生み出す直接的原因。⑦縁《えん》とは、外から因に働きかけ、結果へと導《みちび》く補助的《ほじょてき》原因。⑧果《か》とは、因に縁が結合《けつごう》して内面《ないめん》に生じた見えない結果。⑨報《ほう》とは、その果が時や縁に応じて外に現れ出た報《むく》い。⑩本末究竟等《ほんまつくきょうとう》とは、最初の相から最後の報までの九つの如是《にょぜ》が一貫性を保《たも》っていること。このうち、相《そう》・報《ほう》は、色法《しきほう》（目・耳などで認識できる対象《たいしょう》）のみを指し、性《しょう》・因《いん》・果《か》は心法《しんぽう》（認識をする心とその働き）のみを指す。体《たい》・力《りき》・作《さ》・縁《えん》は色法と心法の両方にわたる。

【難信難解《なんしんなんげ》】「信じ難《がた》く解《げ》し難し」と読む。あまりに深遠《しんえん》な教えであるため、普通《ふつう》は理解できず信じられないこと。

【教門《きょうもん》／観門《かんもん》】教相《きょうそう》の法門と観心《かんじん》の法門。教相とは、経典などで文《もん》の上に明らかなかたちで説《と》かれている教え。観心とは、己心《こしん》を観《かん》じて覚《さと》りを得ることであるが、教法《きょうほう》の大別《たいべつ》としては、教相の教えに対して、経文に底意《ていい》として示されている教えをいう。

【爾前《にぜん》】爾前経《にぜんきょう》のこと。法華経より前に説《と》かれた経典。「爾」とは、「それ、その」という指示語。

【闡提《せんだい》】一闡提《いっせんだい》のこと。仏法の覚《さと》りを求める心がなく、正法《しょうほう》を信じようとしない衆生《しゅじょう》で、無間地獄《むけんじごく》に堕《お》ちるとされる。法華経では、提婆達多《だいばだった》という地獄に堕ちた悪人《あくにん》の成仏《じょうぶつ》を説《と》いている。

【木画の二像《もくえのにぞう》】木像《もくぞう》と画像《えぞう》（絵像《えぞう》）。木に彫《ほ》られたり紙などに描《えが》かれたりした仏の姿《すがた》。

【釈籤《しゃくせん》】妙楽大師《みょうらくだいし》が天台《てんだい》大師の『法華玄義《ほっけげんぎ》』を釈《しゃく》した『妙法蓮華経玄義釈籤《みょうほうれんげきょうげんぎしゃくせん》』のこと。

【金錍論《こんぺいろん》】妙楽大師《みょうらくだいし》の著作『金剛錍《こんごうべい》』のこと。大乗《だいじょう》の涅槃経《ねはんぎょう》をもとに、非情《ひじょう》にも仏性《ぶっしょう》があることを説《と》く。この思想は草木成仏《そうもくじょうぶつ》の根拠《こんきょ》として日本仏教にも大きな影響を与えた。

【縁《えん》・了《りょう》】縁因仏性《えんいんぶっしょう》と了因《りょういん》仏性のこと。正因《しょういん》仏性と合わせて三因《さんいん》仏性という。①正因仏性とは一切衆生《いっさいしゅじょう》が本然的《ほんねんてき》に具《そな》えている仏性（仏となるべき性質《せいしつ》）、②了因仏性とは仏性を覚知《かくち》し開き顕《あらわ》す智慧《ちえ》、③縁因仏性とは智慧を現《あらわ》すのを助けるすべての修行をいう。

解説

この章で日蓮大聖人は、百界千如《ひゃっかいせんにょ》と一念三千《いちねんさんぜん》との違《ちが》いについて、百界千如は有情界《うじょうかい》に限り、一念三千は有情・非情《ひじょう》の両方にわたること、つまり一念三千は有情も非情もともに成仏《じょうぶつ》する法理であることを明かされている。

しかし、一般に喜怒哀楽《きどあいらく》などの〝情《じょう》〟をもたない非情《ひじょう》の草木《そうもく》にも、心があって仏性《ぶっしょう》が具《そな》わり、それが顕現《けんげん》されて成仏《じょうぶつ》するというのは、信じ難《がた》く理解し難いことである。

そこで、大聖人は次の問答《もんどう》で、非情《ひじょう》・草木《そうもく》の成仏《じょうぶつ》という法門こそが最も難信難解《なんしんなんげ》であるが、成仏のためには、その真実を信解《しんげ》することが不可欠であることを示されている。

それにあたり、「教門《きょうもん》の難信難解《なんしんなんげ》」と「観門《かんもん》の難信難解」を挙《あ》げられている。「教門《きょうもん》の難信難解《なんしんなんげ》」とは、法華経の教えが、それまでに説《と》かれた経典（爾前経《にぜんきょう》）の教えと相反《あいはん》するために、難信難解であるということである。

具体的には、二点ある。

一点は、釈尊《しゃくそん》の一代にわたる教えの中で、爾前経《にぜんきょう》では〝声聞《しょうもん》・縁覚《えんがく》という二乗《にじょう》は永遠に成仏《じょうぶつ》しない〟と説《と》きながら、法華経迹門《しゃくもん》では「二乗作仏《にじょうさぶつ》」を説くことである。

もう一点は、爾前経《にぜんきょう》と法華経迹門《しゃくもん》では「始成正覚《しじょうしょうがく》」を説《と》きながら、法華経本門《ほんもん》では、「久遠《くおん》実成《じつじょう》」を説くことである。

これらは、「一仏二言《いちぶつにごん》」「水火《すいか》」と仰《おお》せのように、まったく相反《あいはん》する説法《せっぽう》であり、それゆえに法華経は信じ難《がた》い。

これに対し「観門の難信難解《かんもんのなんしんなんげ》」とは、一念三千《いちねんさんぜん》という成仏《じょうぶつ》の法の実践に関するものであり、なかんずく非情《ひじょう》にも色心《しきしん》の二法《にほう》・十如是《じゅうにょぜ》が具《そな》わることが難信難解であるということである。

ここでは、「観門の難信難解《かんもんのなんしんなんげ》」の法門を詳《くわ》しく説明するのに先立ち、この法門が成仏《じょうぶつ》のための修行において不可欠であることを端的《たんてき》に示されている。

大聖人は、木像《もくぞう》・絵像《えぞう》を本尊とすることも、草木《そうもく》に色心《しきしん》の因果《いんが》を認《みと》め、草木成仏《じょうぶつ》が説《と》かれて初めて成《な》り立つと述べられている。すなわち、天台《てんだい》の草木成仏の義がなければ、諸宗の立てている木絵の像は本尊となりえないことになるのである。

その文証《もんしょう》として、三つの文《もん》を引かれている。

まず草木《そうもく》国土という非情《ひじょう》の存在にも十如是《じゅうにょぜ》が具《そな》わっていて、因果《いんが》の理法《りほう》に基《もと》づいて十界《じっかい》の違《ちが》いを示していることを明かす。

次に、その十如是《じゅうにょぜ》が色心《しきしん》に配当《はいとう》されることを示して、非情《ひじょう》にも色心があることを明かされている。

さらに草木《そうもく》にも仏界《ぶっかい》の因《いん》である三因仏性《さんいんぶっしょう》があることを示して、非情《ひじょう》も縁《えん》にあえば仏果《ぶっか》を現し、成仏《じょうぶつ》することが明かされている。

大段第二(1)　観心《かんじん》を明かす（新125㌻～135㌻・全240㌻～247㌻）

第5章　観心の意味

（新125㌻5行目～10行目）
（全240㌻1行目～4行目）

問《と》うて曰《い》わく、出処《しゅっしょ》既《すで》にこれを聞《き》く。観心《かんじん》の心《こころ》いかん。
答《こた》えて曰《い》わく、観心《かんじん》とは、我《わ》が己心《こしん》を観《かん》じて十法界《じっぽうかい》を見《み》る、これを観心《かんじん》と云《い》うなり。譬《たと》えば、他人《たにん》の六根《ろっこん》を見《み》るといえども、いまだ自面《じめん》の六根《ろっこん》を見《み》ざれば自具《じぐ》の六根《ろっこん》を知《し》らず、明鏡《みょうきょう》に向《む》かうの時《とき》、始《はじ》めて自具《じぐ》の六根《ろっこん》を見《み》るがごとし。たとい諸経《しょきょう》の中《なか》に所々《しょしょ》に六道《ろくどう》ならびに四聖《ししょう》を載《の》すといえども、法華経《ほけきょう》ならびに天台大師《てんだいだいし》述《の》ぶるところの摩訶止観等《まかしかんとう》の明鏡《みょうきょう》を見《み》ざれば、自具《じぐ》の十界《じっかい》・百界千如《ひゃっかいせんにょ》・一念三千《いちねんさんぜん》を知《し》らざるなり。

通 解

問《と》うて言う。一念三千《いちねんさんぜん》の法門の典拠《てんきょ》が『摩《ま》訶止観《かしかん》』の第5巻であるということはすでに聞いた。それでは、「観心《かんじん》」とはどういうことか。

答えて言う。「観心《かんじん》」とは、わが己心《こしん》を観《かん》じて自己の生命に具《そな》わっている十法界《じっぽうかい》を見ることである。

例えば、他人の目・耳・鼻・舌《した》・身・意の六根《ろっこん》を見ることはできても、自分自身の六根を見ることができなければ自身に六根が具《そな》わることがわからない。明鏡《めいきょう》に向かってはじめて自分の六根を見ることができるようなものである。

たとえ他の諸経の中に所々《ところどころ》に六道《ろくどう》ならびに四聖《ししょう》を説《と》いているといっても、法華経ならびに天台大師《てんだいだいし》が述べた『摩訶止観《まかしかん》』などの明鏡《めいきょう》を見なければ、自分の生命に具《そな》わっている十界《じっかい》・百界千如《ひゃっかいせんにょ》・一念三千《いちねんさんぜん》を知ることができないのである。

語訳

【観心《かんじん》】己心《こしん》を観《かん》じて覚《さと》りを得ること。

【六根《ろっこん》】目・耳・鼻・舌《した》・身・意の六つの感覚・認識器官《きかん》のこと。

【六道《ろくどう》】地獄《じごく》・餓鬼《がき》・畜生《ちくしょう》・修羅《しゅら》・人《にん》・天《てん》の六つの境涯《きょうがい》。

【四聖《ししょう》】声聞《しょうもん》・縁覚《えんがく》・菩薩《ぼさつ》・仏の四つの境涯《きょうがい》。

解説

この章から「観心《かんじん》の本尊」の「観心」の意義を明かす部分になっている（～第16章）。

「観心《かんじん》」とは、文字通り、自分自身の心を観察《かんさつ》することをいう。それによって自身と宇宙の森羅万象《しんらばんしょう》を貫《つらぬ》く根源《こんげん》の法を覚知《かくち》していこうとしたのである。

この観心《かんじん》の修行をめぐっては、さまざまな実践が提唱《ていしょう》された。天台大師《てんだいだいし》は、それらを集大成《しゅうたいせい》し、万人成仏《ばんにんじょうぶつ》のための実践として、一念三千《いちねんさんぜん》の法門を説《と》いたのである。

一念三千《いちねんさんぜん》の法門は、凡夫《ぼんぷ》が自分の瞬間《しゅんかん》の心（一念）を観察《かんさつ》して、自身の生命に三千世間《せけん》が具《そな》わっていることを見ようとするものである。

「開目抄《かいもくしょう》」で「一念三千《いちねんさんぜん》は十界互具《じっかいごぐ》よりこと《事》はじ《始》まれり」（新54ページ・全189ページ）と仰《おお》せのように、一念三千の中核《ちゅうかく》は十界互具である。つまり、己心《こしん》に十界が具《そな》わることを見ることが、観心《かんじん》の要点《ようてん》となる。それゆえ、「観心とは、我《わ》が己心を観《かん》じて十法界《じっぽうかい》を見る」と仰せなのである。

しかし現実には、地獄界《じごくかい》から仏界《ぶっかい》までの十法界《じっぽうかい》が己心《こしん》に具《そな》わっていることを見るのは難《むずか》しい。自身の目鼻などの六根《ろっこん》をはっきりと見ようとすれば明鏡《めいきょう》（曇《くも》りのない鏡《かがみ》）を用《もち》いるように、自身に十界《じっかい》が具《そな》わることも、仏が覚《さと》った真実を明かした法華経や、それに基《もと》づく実践を明かした『摩訶止観《まかしかん》』などという、明鏡に照《て》らして初めて明らかになるのである。すなわち、法華経や『摩訶止観《まかしかん》』には、仏や天台大師《てんだいだいし》の智慧《ちえ》の眼《まなこ》で見た十界互具《じっかいごぐ》という万物《ばんぶつ》の真実の様相《ようそう》が記《しる》されている。その記述《きじゅつ》を鏡《かがみ》として、私たち自身の心にも十界が具《そな》わっていること、十界互具・一念三千《いちねんさんぜん》という真実を知るのである。

これに対して他の諸経は、六道《ろくどう》・四聖《ししょう》（合わせて十法界《じっぽうかい》）を説《と》いても、別々の世界・境涯《きょうがい》として説いているので、わが己心《こしん》を明らかに映《うつ》し出す明鏡《めいきょう》にはならないのである。

◆池田先生の講義から（『人間革命の宗教』）

牧口常三郎先生も、戸田先生も、御書に線を引き、大切に拝《はい》していた御文です。

民衆仏法の焦点《しょうてん》は、全《すべ》ての人間の内なる尊厳性《そんげんせい》を示すとともに、現実に、眼前《がんぜん》の一人の人間を尊極《そんごく》ならしめる、万人《ばんにん》に開《ひら》かれた実践の方途《ほうと》を示すことにあります。

先に結論を申《もう》し上《あ》げれば、日蓮大聖人の御本尊こそ、受持即観心《じゅじそくかんじん》の法理に裏付《うらづ》けされた、一切衆生《いっさいしゅじょう》の成仏《じょうぶつ》を実現する民衆仏法の真髄《しんずい》です。「観心本尊抄《かんじんのほんぞんしょう》」には、その意義が鮮明《せんめい》に説《と》かれています。

「観心《かんじん》とは、我《わ》が己心《こしん》を観《かん》じて十法界《じっぽうかい》を見る」と仰《おお》せです。

仏法は、人間の内奥《ないおう》を凝視《ぎょうし》し、どこまでも深く己心《こしん》（自己の心・生命）を探求《たんきゅう》しています。「内なる道（内道）」であるゆえんです。

自身の心を見つめていく、自分という一人の生命を徹《てっ》して掘《ほ》り下《さ》げていく。そこに現《あらわ》れてくる「人間」の本質をつかむことが、仏法の基本的なアプローチです。

人は、他人の外見《がいけん》は見えても、自分の外見は見えにくいものです。しかし「鏡《かがみ》」を見れば、そこに自分の姿《すがた》がありありと映《うつ》る。けれども自分の内面《ないめん》は映らない。そこで、間違《まちが》いなく「己《こ》心《しん》を観《かん》ずる」には、仏の智慧《ちえ》で、ありのままに映し出す生命の「明鏡《めいきょう》」が必要なのです。それが法華経であり、天台《てんだい》の『摩訶止観《まかしかん》』などだと仰《おお》せです。

この「明鏡《めいきょう》」に照《て》らして見えてくるのは、生老病死《しょうろうびょうし》の苦悩の渦巻《うずま》くこの娑婆世界《しゃばせかい》で、もがきながらも懸命《けんめい》に幸福を願望《がんぼう》して生きている一人一人の生命にほかなりません。皆、平等《びょうどう》に、

「十界互具《じっかいごぐ》」の生命なのです。

民衆、すなわち一切衆生《いっさいしゅじょう》は、誰もが、例外なく「十界互具《じっかいごぐ》」の当体《とうたい》である。この真実に人を見る基準《きじゅん》を置《お》いて、一人一人の人間と向き合うならば、いかなる理由があれ、人間を切り捨《す》てる発想《はっそう》は生まれないはずです。

本来、どんな人も尊い。どんな人も、かけがえのない存在なのです。

第6章　十界互具《じっかいごぐ》の文《もん》を引く

（新1255ページ11行目〜1266ページ9行目）
（全2400ページ5行目〜16行目）

問《と》うて曰《い》わく、法華経《ほけきょう》はいずれの文《もん》ぞ。天台《てんだい》の釈《しゃく》はいかん。

答《こた》えて曰《い》わく、法華経第一《ほけきょうだいいち》の方便品《ほうべんぼん》に云《い》わく「衆生《しゅじょう》をして仏知見《ぶっちけん》を開《ひら》かしめんと欲《ほっ》す」等云々《とううんぬん》。これ九界所具《きゅうかいしょぐ》の仏界《ぶっかい》なり。寿量品《じゅりょうほん》に云《い》わく「かくのごとく我《われ》は成仏《じょうぶつ》してより已来《このかた》、はなはだ大《おお》いに久遠《くおん》なり。寿命《じゅみょう》は無量阿《むりょうあ》僧祇劫《そうぎこう》にして、常住《じょうじゅう》にして滅《めっ》せず。諸《もろもろ》の善男子《ぜんなんし》よ。我《われ》は本菩薩《もとぼさつ》の道《どう》を行《ぎょう》じて、成《じょう》ぜしところの寿命《じゅみょう》は、今《いま》なおいまだ尽《つ》きず、また上《かみ》の数《かず》に倍《ばい》せり」

等《とう》云々《うんぬん》。この経文《きょうもん》は仏界所具《ぶっかいしょぐ》の九界《きゅうかい》なり。

経《きょう》に云《い》わく「提婆達多《だいばだった》乃至《ないし》天王如来《てんのうにょらい》」等云々《とううんぬん》。地獄界所具《じごくかいしょぐ》の仏界《ぶっかい》なり。経《きょう》に云《い》わく「一《いち》に藍婆《らんば》と名《な》づけ乃至《ないし》汝等《なんだち》はただ能《よ》く法華《ほっけ》の名《みな》を持《も》つ者《もの》を護《まも》らんすら、福《ふく》は量《はか》るべからず」等云々《とううんぬん》。これ餓鬼界所具《がきかいしょぐ》の十界《じっかい》なり。経《きょう》に云《い》わく「竜女《りゅうにょ》乃至《ないし》等正覚《とうしょうがく》を成《じょう》ず」等云々《とううんぬん》。これ畜生界所具《ちくしょうかいしょぐ》の十界《じっかい》なり。経《きょう》に云《い》わく「婆稚阿修羅王《ばじあしゅらおう》乃至《ないし》一偈一句《いちげいっく》を聞《き》いて、阿耨多羅三藐三菩提《あのくたらさんみゃくさんぼだい》を得《う》べし」等云々《とううんぬん》。修羅界所具《しゅらかいしょぐ》の十界《じっかい》なり。経《きょう》に云《い》わく「もし人《ひと》、仏《ほとけ》のための故《ゆえ》に乃至《ないし》皆《みな》すでに仏道《ぶつどう》を成《じょう》じたり」等云々《とううんぬん》。これ人界所具《にんかいしょぐ》の十界《じっかい》なり。経《きょう》に云《い》わく「大梵天王《だいぼんてんのう》乃至《ないし》我《われ》らもまたかくのごとく、必《かなら》ず当《まさ》に作仏《さぶつ》することを得《う》べし」等云々《とううんぬん》。これ天界所具《てんかいしょぐ》の十界《じっかい》なり。経《きょう》に云《い》わく「舎利弗《しゃりほつ》乃至《ないし》華《け》光如来《こうにょらい》」等云々《とううんぬん》。これ声聞界所具《しょうもんかいしょぐ》の十界《じっかい》なり。経《きょう》に云《い》わく「その縁覚《えんがく》を求《もと》むる者《もの》、比丘比丘尼《びくびくに》乃至《ないし》合掌《がっしょう》し敬心《きょうしん》をもって、具足《ぐそく》の道《どう》を聞《き》きたてまつらんと欲《ほっ》す」等云々《とううんぬん》。これ即《すなわ》ち縁覚界所具《えんがくかいしょぐ》の十界《じっかい》なり。経《きょう》に云《い》わく「地涌千《じゆせん》界《がい》乃至《ないし》真浄《しんじょう》の大法《だいほう》」等云々《とううんぬん》。これ即《すなわ》ち菩薩所具《ぼさつしょぐ》の十界《じっかい》なり。経《きょう》に云《い》わく「あるいは己身《こしん》を説《と》き、あるいは他身《たしん》を説《と》く」等云々《とううんぬん》。即《すなわ》ち仏界所具《ぶっかいしょぐ》の十界《じっかい》なり。

通解

問《と》うて言う。法華経のどの文《もん》に十界互具《じっかいごぐ》・一念三千《いちねんさんぜん》が説《と》かれ、天台大師《てんだいだいし》はどのように述べているのか。

答えて言う。法華経第1巻の方便品《ほうべんぽん》には「衆生《しゅじょう》に仏知見《ぶっちけん》（＝仏の智慧《ちえ》）を開《ひら》かせようとする（ゆえに、諸仏《しょぶつ》は世に出現された）」とある。これは、九界《きゅうかい》に具《そな》わる仏界《ぶっかい》を明かした文《もん》である。

寿量品《じゅりょうほん》には「このように私（釈尊《しゃくそん》）が成仏《じょうぶつ》して以来、甚《はなは》だ大いに久遠《くおん》である。寿命《じゅみょう》は無《む》量阿僧祇劫《りょうあそうぎこう》であり常住不滅《じょうじゅうふめつ》である。もろもろの善男子《ぜんなんし》よ、私は久遠の過去において菩薩道《ぼさつどう》を修行して、それによって得た寿命は、今なお尽《つ》きておらず、これからの寿命は前に述べた五百塵点劫《ごひゃくじんてんごう》の倍の長さである」とある。これは、仏界《ぶっかい》に具《そな》わる九界《きゅうかい》を明かした文《もん》である。

提婆達多品《だいばだったほん》には「提婆達多は〈中略〉天王《てんのう》如来《にょらい》となる」とある。これは、地獄界《じごくかい》に具《そな》わる仏界《ぶっかい》を明かした文《もん》である〈仏界が具わるならその他の八界《はっかい》が具わっていることはいうまでもない〉。

陀羅尼品《だらにほん》には「十羅刹女《じゅうらせつにょ》の一人を藍婆《らんば》と名づける。〈中略〉十羅刹女たちが妙法蓮華経を受持《じゅじ》する者を擁護《ようご》する、その福《ふく》の果報《かほう》は無量《むりょう》である」とある。これは、餓鬼界《がきかい》に具《そな》わる十界《じっかい》を明かした文《もん》である。

提婆達多品《だいばだったほん》には「竜女《りゅうにょ》が〈中略〉等正覚《とうしょうがく》（＝仏の覚《さと》り）を成《じょう》じた」とある。これは、畜生《ちくしょう》界《かい》に具《そな》わる十界《じっかい》を明かした文《もん》である。

法師品《ほっしほん》には「婆稚阿修羅王《ばじあしゅらおう》が〈中略〉この経の一偈一句《いちげいっく》を聞いて随喜《ずいき》の心を起こすなら、阿耨多羅三藐三菩提《あのくたらさんみゃくさんぼだい》（＝仏の覚《さと》り）を得る」とある。これは、修羅界《しゅらかい》に具《そな》わる十界《じっかい》を明かした文《もん》である。

方便品《ほうべんぼん》には「過去に仏のために供養《くよう》した人は、〈中略〉皆すでに成仏《じょうぶつ》した」とある。これは、人界《にんかい》に具《そな》わる十界《じっかい》を明かした文《もん》である。

譬喩品《ひゆほん》には「大梵天王《だいぼんてんのう》らは、〈中略〉（諸天《しょてん》子《し》がいうのには）私たちもまた必ず作仏《さぶつ》（＝成《じょう》仏《ぶつ》）するだろう」とある。これは、天界《てんかい》に具《そな》わる十界《じっかい》を明かした文《もん》である。

譬喩品《ひゆほん》には「舎利弗《しゃりほつ》は〈中略〉華光如来《けこうにょらい》となる」とある。これは、声聞界《しょうもんかい》に具《そな》わる十界《じっかい》を明かした文《もん》である。

方便品《ほうべんぼん》には「縁覚《えんがく》の覚《さと》りを求める比丘《びく》・比《び》丘尼《くに》（＝僧《そう》と尼《あま》）が〈中略〉合掌《がっしょう》し敬順《けいじゅん》の心をもって具足《ぐそく》の道《どう》を聞こうとしている」とある。（「具足の道」とは成仏《じょうぶつ》のための教えであって）これは、縁覚界《えんがくかい》に具《そな》わる十界《じっかい》を明かした文《もん》である。

神力品《じんりきほん》には「千世界《せんせかい》の微塵《みじん》ほど無数《むすう》の地涌《じゆ》

の菩薩《ぼさつ》は〈中略〉この真浄《しんじょう》の大法《だいほう》を得ようと欲《ほっ》した」とある。（真浄大法とは成仏《じょうぶつ》の法であって）これは、菩薩界《ぼさつかい》に具《そな》わる十界《じっかい》を明かした文《もん》である。

寿量品《じゅりょうほん》には「あるいは己身《こしん》を説《と》き、あるいは他身《たしん》を説《と》き（あるいは己身を示し、あるいは他身を示し、あるいは己事《こじ》を示し、あるいは他事《たじ》を示す）」とある〈仏は十界《じっかい》のさまざまな身を現《げん》じて衆生《しゅじょう》を教化《きょうけ》することを示している〉。これは、仏界《ぶっかい》に具《そな》わる十界を明かした文《もん》である。

語訳

【衆生《しゅじょう》をして仏知見《ぶっちけん》を開《ひら》かしめんと欲《ほっ》す】開示悟入《かいじごにゅう》の四仏知見《しぶっちけん》のうち、開仏知見《かいぶっちけん》の文《もん》（法華経121㌻）。法華経方便品《ほうべんぽん》第2では、諸仏《しょぶつ》が世に出現した本意は、衆生（九界《きゅうかい》）に仏知見を開《ひら》かせ、示し、悟《さと》らせ、入らしめることにあると明かされている。仏知見とは、仏の智慧《ちえ》のこと。

【かくのごとく我《われ》は成仏《じょうぶつ》してより已来《このかた》……】引用の文《もん》前半は、五百塵点劫《ごひゃくじんてんごう》の久遠《くおん》において成道《じょうどう》した釈尊《しゃくそん》が仏として常住不滅《じょうじゅうふめつ》であることを示す。後半には、その常住の仏の生命に、菩薩界《ぼさつかい》に代表される九《きゅう》界《かい》の生命もまた尽《つ》きることがないことが示されている（法華経482ページ）。したがって仏界所具《ぶっかいしょぐ》の九界の文証《もんしょう》となる。

【善男子《ぜんなんし》】仏法を信じる男性のこと。女性は善女人《ぜんにょにん》という。ここでは、弟子に対する呼《よ》び掛《か》けに用《もち》いられている。

【提婆達多《だいばだった》】釈尊《しゃくそん》のいとこ。最初は釈尊の弟子だったが、慢心《まんしん》を起こして敵対《てきたい》し、釈尊を迫害《はくがい》し教団の分裂《ぶんれつ》を企《くわだ》てた。その悪行ゆえに地獄《じごく》に堕《お》ちたことから、ここでは地獄界の代表とされている。

【藍婆《らんば》】陀羅尼品《だらにほん》第26では、10人の羅刹女《らせつにょ》が法華経を受持《じゅじ》する者を守ることを誓《ちか》っているが、藍婆はその筆頭《ひっとう》に挙《あ》げられる。羅刹は人の血肉を食うとされる悪鬼《あっき》、羅刹女はその女性形。鬼神《きじん》であるので、ここでは餓鬼界《がきかい》の代表とされている。

【竜女《りゅうにょ》】提婆達多品《だいばだったほん》第12に説《と》かれる、大海に住む娑竭羅竜王《しゃがらりゅうおう》の娘。法華経によって仏の覚《さと》りに達したが、智積菩薩《ちしゃくぼさつ》らがそれを信じなかったので、彼らの前で即身成仏《そくしんじょうぶつ》の姿《すがた》を示した。竜は畜生《ちくしょう》の一つであるので、ここでは畜生界の代表とされている。

【婆稚阿修羅王《ばじあしゅらおう》】法華経の説法《せっぽう》の場に集った阿修羅王の一人。修羅界の代表として挙《あ》げられている。

【大梵天王《だいぼんてんのう》】梵天は、古代インドにおいて世界を創造《そうぞう》し支配するとされた神。その中の王たちを大梵天王という。仏教に取り入れられ、仏法を守護《しゅご》する諸天善神《しょてんぜんじん》のリーダーと位置づけられた。

【舎利弗《しゃりほつ》】釈尊《しゃくそん》の十大弟子《じゅうだいでし》の一人で、智慧《ちえ》第一とされる。声聞《しょうもん》の代表。譬喩品《ひゆほん》第3で、未来に華光如来《けこうにょらい》になると釈尊から保証《ほしょう》された。

【地涌千界《じゆせんがい》】無数の地涌の菩薩《ぼさつ》のこと。如来神力品《にょらいじんりきほん》第21には「千世界微塵等《せんせかいみじんとう》の菩薩摩訶薩《まかさつ》の地従《じょ》り涌出《ゆじゅつ》せる者」（法華経567ジペー）とあり、地涌の菩薩は1000の世界をすりつぶしてできる微塵ほどに数が多いと説《と》かれている。

解説

法華経という「明鏡《めいきょう》」に万物《ばんぶつ》のすがたはどう映《うつ》っているのかを示すため、法華経の文《もん》を挙《あ》げられていく。

最初に九界《きゅうかい》と仏界《ぶっかい》の関係を示される。すなわち、方便品《ほうべんぼん》の「衆生《しゅじょう》をして仏知見《ぶっちけん》を開《ひら》かしめんと欲《ほっ》す」を挙《あ》げ、九界所具《しょぐ》の仏界の文証《もんしょう》とされる。また、寿量品《じゅりょうほん》の「かくのごとく我《われ》は成仏《じょうぶつ》してより已来《このかた》、はなはだ大《おお》いに久遠《くおん》なり……また上《かみ》の数《かず》に倍《ばい》せり」の文《もん》を挙げ、仏界所具の九界の文証《もんしょう》とされている。

この二つの文《もん》から分かることは、九界《きゅうかい》の衆生《しゅじょう》にも仏界《ぶっかい》が具《そな》わっているので、それをそのまま開けば成仏《じょうぶつ》できるということ、また逆《ぎゃく》に、仏界を開いた仏であっても、決して九界を消し去《さ》ったわけではない、ということである。

すなわち、九界《きゅうかい》の衆生《しゅじょう》も仏界《ぶっかい》の仏も、その生命は、十界《じっかい》が常住《じょうじゅう》で具足《ぐそく》されているという意味で本質的に同一《どういつ》であり、どの境涯《きょうがい》が現《あらわ》れているかによって十界の違《ちが》いがあることが分かるのである。

次に、地獄界《じごくかい》から仏界《ぶっかい》の十界《じっかい》それぞれが十界を具《そな》えていることを明かした文《もん》を挙《あ》げ、十界互《じっかいご》具《ぐ》の文証《もんしょう》とされている。

第7章　難信難解《なんしんなんげ》を示す

（新126ジペー10行目〜127ジペー1行目）
（全240ジペー17行目〜241ジペー4行目）

問《と》うて曰《い》わく、自他面《じためん》の六根《ろっこん》は共《とも》にこれを見《み》る。彼此《ひし》の十界《じっかい》においてはいまだこれを見《み》ず。いかんがこれを信《しん》ぜん。

答《こた》えて曰《い》わく、法華経法師品《ほけきょうほっしほん》に云《い》わく「難信難解《なんしんなんげ》」。宝塔品《ほうとうほん》に云《い》わく「六難九易《ろくなんくい》」等云々《とううんぬん》。天台大師《てんだいだいし》云《い》わく「二門《にもん》ことごとく昔《むかし》と反《はん》すれば、難信《なんしん》難解《なんげ》なり」。章安大師《しょうあんだいし》云《い》わく「仏《ほとけ》これをもって大事《だいじ》となす。何《なん》ぞ解《げ》し易《やす》きことを得《う》べけんや」等云々《とううんぬん》。伝教大師《でんぎょうだいし》云《い》わく「この法華経《ほけきょう》は最《もっと》もこれ難信《なんしん》難解《なんげ》なり。随自意《ずいじい》の故《ゆえ》に」等云々《とううんぬん》。

夫《そ》れ、在世《ざいせ》の正機《しょうき》は過去《かこ》の宿習厚《しゅくじゅうあつ》きの上《うえ》、教主釈尊《きょうしゅしゃくそん》・多宝仏《たほうぶつ》・十方分身《じっぽうふんじん》の諸仏《しょぶつ》、地涌千界《じゆせんがい》、文殊《もんじゅ》・弥勒等《みろくとう》、これを扶《たす》けて諫暁《かんぎょう》せしむるに、なお信《しん》ぜざる者《もの》これ有《あ》り。五千席《ごせんせき》を去《さ》り、人天移《にんてんうつ》さる。いわんや正像《しょうぞう》をや。いかにいわんや末法《まっぽう》の初《はじ》めをや。汝《なんじ》これを信《しん》ぜば、正法《しょうほう》にあらじ。

通解

問《と》うて言う。自分の六根《ろっこん》や他人の六根は見ることができる。しかし、十界《じっかい》については他人の生命にも自身の生命にも見たことがない。どうして信じることができるだろうか。

答えて言う。法華経法師品《ほっしほん》には「信じ難《がた》く解《げ》し難し」と説《と》かれている。宝塔品《ほうとうほん》には六難《ろくなん》九易《くい》を挙《あ》げている。

天台大師《てんだいだいし》は『法華文句《ほっけもんぐ》』に「法華経は、迹《しゃく》門《もん》・本門《ほんもん》の二門ともに昔《むかし》に説《と》いた爾前経《にぜんきょう》と反しているので、難信難解《なんしんなんげ》である」と。

章安大師《しょうあんだいし》は「仏は十界互具《じっかいごぐ》・百界千如《ひゃっかいせんにょ》を大事とした。どうして理解しやすいわけがあるだろうか」と。

伝教大師《でんぎょうだいし》は「この法華経は、最も難信難解《なんしんなんげ》である。なぜなら仏が覚《さと》りの真実をそのまま説《と》いた随自意《ずいじい》の教えであるからである」と言っている〈以上に明らかなように、法華経は難信難解である〉。

釈尊在世《しゃくそんざいせ》でまさしく教えを説《と》くべき機根《きこん》をもった衆生《しゅじょう》は、過去世《かこせ》からの宿縁《しゅくえん》が厚《あつ》いうえ、教主《きょうしゅ》釈尊、多宝仏《たほうぶつ》、十方分身《じっぽうふんじん》の諸仏《しょぶつ》、無数の地涌《じゆ》の菩薩《ぼさつ》、文殊《もんじゅ》、弥勒《みろく》菩薩らが、彼らを助けて真実を強く示したにもかかわらず、十界互具《じっかいごぐ》を信じない者がいた。

すなわち方便品《ほうべんぼん》では５０００人の増上慢《ぞうじょうまん》が席《せき》を去《さ》り、宝塔品《ほうとうほん》の時には多くの人界《にんかい》・天界《てんかい》の衆生《しゅじょう》が他の国土へ移《うつ》された。

在世《ざいせ》ですらこの通りであった。まして仏の滅後《めつご》の正法《しょうほう》・像法《ぞうほう》時代となれば、いよいよ難《なん》信難解《しんなんげ》となる。さらに末法《まっぽう》となれば、ますます信じ難《がた》いのが当然である。（末法の劣《おと》った機《き》根《こん》の）あなたが十界互具《じっかいごぐ》を容易《ようい》に信じられるとすれば、かえって正しい教えではないことになるだろう。

語訳

【六難九易《ろくなんくい》】法華経見宝塔品《けんほうとうほん》第11で、仏の滅後《めつご》に法華経を受持《じゅじ》することの困難《こんなん》さを、六つの難《むずか》しい事と九つの易《やさ》しい事とを対比《たいひ》することによって説《と》き示したもの（法華経３９０㌻以下）。九易は普通《ふつう》では大《だい》難事《なんじ》ではあるが、法華経の受持《じゅじ》・弘通《ぐつう》に比較《ひかく》すれば容易《ようい》なことであるとされる。

【伝教大師《でんぎょうだいし》】８〜９世紀。最澄《さいちょう》のこと。諸宗を破折《はしゃく》し法華経を根本とする日本天台宗《てんだいしゅう》を開いた。大乗戒《だいじょうかい》壇《だん》の建立《こんりゅう》に努《つと》め、没後《ぼつご》まもなく実現した。『法華秀句《ほっけしゅうく》』『顕戒論《けんかいろん》』『守護国界章《しゅごこっかいしょう》』などを著《あらわ》した。

【随自意《ずいじい》】衆生《しゅじょう》の機根《きこん》（仏の教えを受け入れる能力・資質《ししつ》）にかかわらず、仏が自《みずか》らの覚《さと》りをそのまま説《と》き示すこと。またその真実の教えをいう。これに対して、衆生の機根に合わせて教えを説くことを随《ずい》他《た》意《い》という。

【多宝仏《たほうぶつ》】多宝如来《にょらい》のこと。見宝塔品《けんほうとうほん》に説《と》かれる。虚空会《こくうえ》で宝塔《ほうとう》の中に座《ざ》して出現し、釈尊《しゃくそん》の説く法華経が真実であると保証《ほしょう》した。（虚空会とは、空中で行われる法華経の説法。見宝塔品第11から嘱累品《ぞくるいほん》第22まで。三変土田《さんぺんどでん》、六難九易《ろくなんくい》、三類《さんるい》の強敵《ごうてき》、久遠実成《くおんじつじょう》、地涌《じゆ》の菩薩《ぼさつ》への付嘱《ふぞく》などが明かされる）

【十方分身《じっぽうふんじん》の諸仏《しょぶつ》】中心となる仏（本仏《ほんぶつ》）が衆生教化《しゅじょうきょうけ》のために身を分かち十方の世界に現《あらわ》した仏のこと。法華経の虚空会《こくうえ》では、釈尊《しゃくそん》の分身と明かされる。

【文殊《もんじゅ》】文殊師利菩薩《もんじゅしりぼさつ》。迹化《しゃっけ》の菩薩の上首《じょうしゅ》。般若《はんにゃ》（大乗《だいじょう》仏教の覚《さと》りの智慧《ちえ》）を体現する菩薩。普賢《ふげん》菩薩とともに釈尊《しゃくそん》の脇士《きょうじ》となる。法華経では、弥勒《みろく》や薬王《やくおう》とともに菩薩の代表として登場する。

【弥勒《みろく》】弥勒菩薩《みろくぼさつ》。未来《みらい》に釈尊《しゃくそん》の仏位《ぶつい》を継《つ》ぐ一生補処《いっしょうふしょ》の菩薩とされる。

【五千席《ごせんせき》を去《さ》り】方便品《ほうべんぼん》第2で、仏が一大事因縁《いちだいじいんねん》を説《と》く前に、5000人の増上慢《ぞうじょうまん》の四衆《ししゅ》（比丘《びく》・比丘《びく》尼《に》・優婆塞《うばそく》・優婆夷《うばい》）が、その会座《えざ》を退《しりぞ》いたこと。

【人天移《にんてんうつ》さる】見宝塔品《けんほうとうほん》で宝塔《ほうとう》が涌現《ゆげん》し、さらに十方《じっぽう》の分身《ふんじん》の諸仏《しょぶつ》を来集《らいしゅう》させるとき、3度、国土を変えて浄化《じょうか》し（三変土田《さんぺんどでん》）、その時に3回にわたって、人界《にんかい》・天界《てんかい》の衆生《しゅじょう》を他の国土に移《うつ》したこと。

解説

目や耳などの六根《ろっこん》は鏡《かがみ》で見ることができるが、十界互具《じっかいごぐ》を説《と》く法華経の経文を鏡《かがみ》としても、凡夫《ぼんぷ》には自他の生命に十界を見たことがなく、とても信じ難《がた》い、との疑問《ぎもん》が挙《あ》げられている。

それに対して、ここでは、簡単に信じたり理解できたりしないのが当然であって、これは法華経にも難信難解《なんしんなんげ》と、ことわっている通りであると答えられている。

仏は、法華経以前の諸経では、十界互具《じっかいごぐ》・一念三千《いちねんさんぜん》という真実を隠《かく》し、衆生《しゅじょう》の理解に合わせた方便《ほうべん》として、十界別々の因果《いんが》を説《と》いていた。

釈尊在世《しゃくそんざいせ》は、釈尊自身が衆生《しゅじょう》の機根《きこん》を調《ととの》え成熟《せいじゅく》させたが、それでも法華経に至《いた》った時には、難信難解《なんしんなんげ》で離《はな》れてしまう者がいたのである。

まして、釈尊《しゃくそん》が亡《な》くなって久《ひさ》しく教えが混乱している末法《まっぽう》の、機根《きこん》が劣悪《れつあく》な凡夫《ぼんぷ》には、法華経の文《もん》が難信難解《なんしんなんげ》なのは当然である。

それゆえ、末法《まっぽう》の凡夫《ぼんぷ》のあなたが簡単に信じられるようなら、仏の覚《さと》りの真実を説《と》いた正法《しょうほう》ではないと仰《おお》せなのである。

第8章　自身の心に具《そな》わる六道《ろくどう》

（新1227ページ2行目〜8行目）
（全241ページ5行目〜9行目）

問《と》うて曰《い》わく、経文《きょうもん》ならびに天台《てんだい》・章安等《しょうあんとう》の解釈《げしゃく》は疑網《ぎもう》無《な》し。ただし、火《ひ》をもって水《みず》と云《い》い、墨《すみ》をもって白《しろ》しと云《い》う。たとい仏説《ぶっせつ》たりといえども、信《しん》を取《と》り難《がた》し。今《いま》しばしば他面《ためん》を見《み》るに、ただ人界《にんかい》のみに限《かぎ》って余界《よかい》を見《み》ず。自面《じめん》もまたかくのごとし。いかんが信心《しんじん》を立《た》てんや。

答《こた》う。しばしば他面《ためん》を見《み》るに、ある時《とき》は喜《よろこ》び、ある時《とき》は瞋《いか》り、ある時《とき》は平《たい》らかに、ある時《とき》は貪《むさぼ》り現《げん》じ、ある時《とき》は癡《おろ》か現《げん》じ、ある時《とき》は諂曲《てんごく》なり。瞋《いか》るは地獄《じごく》、貪《むさぼ》るは餓鬼《がき》、癡《おろ》かは畜生《ちくしょう》、諂曲《てんごく》なるは修羅《しゅら》、喜《よろこ》ぶは天《てん》、平《たい》らかなるは人《にん》なり。他面《ためん》の色法《しきほう》においては六道共《ろくどうとも》にこれ有《あ》り。四聖《ししょう》は冥伏《みょうぶく》して現《げん》ぜざれども、委細《いさい》にこれを尋《たず》ねばこれ有《あ》るべし。

通解

問《と》うて言う。法華経の文《もん》と天台《てんだい》・章安《しょうあん》らの解釈に関しては疑《うたが》う余地《よち》がない。ただし火を水であると言い、黒い墨《すみ》を白いと言う。（われわれの常識《じょうしき》とはまったく相反《あいはん》するので）たとえ仏説《ぶっせつ》であっても信じられない。

今、しばしば他人の顔を見るのに、ただ人《にん》界《かい》ばかりであって他の九界《きゅうかい》は見られない。（鏡《かがみ》を使って）自分の顔を見てもまた人界ばかりである。どうして十界《じっかい》を具《そな》えていると信じられるだろうか。

答えて言う。しばしば他人の顔を見るに、ある時は喜《よろこ》び、ある時は瞋《いか》り、ある時は平穏《へいおん》に、ある時は貪《むさぼ》りの相《そう》を現《げん》じ、ある時は癡《おろ》かさを現じ、ある時は諂曲《てんごく》（＝本心を曲《ま》げて人に諂《へつら》う）である。瞋るのは地獄《じごく》、貪るのは餓《が》鬼《き》、癡かなのは畜生《ちくしょう》、諂曲なのは修羅《しゅら》、喜ぶのは天《てん》、平穏なのは人界《にんかい》である。このように他人の相には六道《ろくどう》がすべて具《そな》わっている。四《し》聖《しょう》は冥伏《みょうぶく》していて日常に現《あらわ》れないが、詳《くわ》しく探《さが》し求めるならば必ず具わっている。

解説

質問者は、法華経という仏の金言《きんげん》や『摩訶止観《まかしかん》』にある天台《てんだい》・章安《しょうあん》らの言葉には、疑《うたが》わしいところはまったくないが、それでも自身の実感《じっかん》にまったく反するものであるとし、仏の言葉であっても信じられないと訴《うった》える。

そして、他人の顔にせよ自分の顔にせよ、そこにはただ人界《にんかい》が現《あらわ》れているにすぎないのであるから、どうして十界《じっかい》が己心《こしん》に具《そな》わるといえるのかと質問している。

これに対して日蓮大聖人は、凡夫《ぼんぷ》にも実感《じっかん》できるように、人界《にんかい》に十界《じっかい》が具《そな》わることを示されていく。

まず、他人の顔にも瞬間瞬間《しゅんかん》の心の変化が現《あらわ》れることを指摘したうえで、それらが、六道《ろくどう》の境涯《きょうがい》の一端《いったん》が外面に現れ出たものであることを示される。そして、そこから推察《すいさつ》して人界《にんかい》に六道が具《そな》わることを信じるよう促《うなが》されている。

すなわち、思い通りにいかず瞋《いか》りにとらわれているのが地獄界《じごくかい》であり、あくなき欲望《よくぼう》に支配されているのが餓鬼界《がきかい》、因果《いんが》の道理をまったく知らない愚《おろ》かさで目先《めさき》の好き嫌《きら》いや感情に振り回されているのが畜生界《ちくしょうかい》、自分が少しでも他に勝《まさ》ろうとし自身の本心《ほんしん》を曲《ま》げて人に諂《へつら》うのが修《しゅ》羅界《らかい》、平静《へいせい》な状態《じょうたい》にいるのが人界《にんかい》、欲求《よっきゅう》が満《み》たされた喜《よろこ》びに包《つつ》まれているのが天界《てんかい》である。

このように、己心《こしん》に具《そな》わる六道《ろくどう》の世界は、縁《えん》に触《ふ》れてその一端《いったん》が人の姿《すがた》に現《あらわ》れるので、「六《ろく》道《どう》」は日常生活で見かけることがある。

これに対して「四聖《ししょう》（声聞《しょうもん》・縁覚《えんがく》・菩薩《ぼさつ》・仏）」は、日常生活ではなかなか現《あらわ》れにくく見かけることがない。

容易《ようい》には見かけないものの、まったく見られないものではない。それゆえ、「委細《いさい》にこれを尋《たず》ねばこれ有《あ》るべし」と仰《おお》せである。

第9章　自身の心に具《そな》わる三乗《さんじょう》

（新1279ページ9行目〜17行目）
（全241ページ10行目〜16行目）

問《と》うて曰《い》わく、六道《ろくどう》においては、分明《ふんみょう》ならずといえども、ほぼこれを聞《き》くに、これを備《そな》うるに似《に》たり。四聖《ししょう》は全《まった》く見《み》えざるはいかん。

答《こた》えて曰《い》わく、前《さき》には人界《にんかい》の六道《ろくどう》これを疑《うたが》う。しかりといえども、強《し》いてこれを言《い》って相似《そうじ》の言《ことば》を出《い》だせしなり。四聖《ししょう》もまたしかるべきか。試《こころ》みに道理《どうり》を添加《てんか》して万《まん》が一《いち》これを宣《の》べん。いわゆる、世間《せけん》の無常《むじょう》は眼前《がんぜん》に有《あ》り。あに人界《にんかい》に二乗界《にじょうかい》無《な》からんや。無顧《むこ》の悪人《あくにん》もなお妻子《さいし》を慈愛《じあい》す。菩薩《ぼさつ》界《かい》の一分《いちぶん》なり。ただ仏界《ぶっかい》ばかり現《げん》じ難《がた》し。九界《きゅうかい》を具《ぐ》するをもって、強《し》いてこれを信《しん》じ、疑惑《ぎわく》せしむることなかれ。法華経《ほけきょう》の文《もん》に人界《にんかい》を説《と》いて云《い》わく「衆生《しゅじょう》をして仏知見《ぶっちけん》を開《ひら》かしめんと欲《ほっ》す」。涅槃経《ねはんぎょう》に云《い》わく「大乗《だいじょう》を学《がく》する者《もの》は、肉眼《にくげん》有《あ》りといえども、名《な》づけて仏眼《ぶつげん》となす」等云々《とううんぬん》。末代《まつだい》の凡夫《ぼんぷ》、出生《しゅっしょう》して法華経《ほけきょう》を信《しん》ずるは、人界《にんかい》に仏界《ぶっかい》を具足《ぐそく》するが故《ゆえ》なり。

通解

問《と》うて言う。六道《ろくどう》については、明らかというわけではないけれども、あなたの言われることを聞けば、われわれに具《そな》わっているようである。しかし四聖《ししょう》については、まったく見られないが、どうか。

答えて言う。あなたは、前には人界《にんかい》の六道《ろくどう》について疑《うたが》っていた。しかし、何とか説明したところ、「具《そな》わっているようである」と言われた。四聖《ししょう》もまたこれと同じだろうか。試《こころ》みに（四聖についての）道理を示して万分の一でも説明することとしよう。

すなわち、世間の姿《すがた》を見るに有為転変《ういてんぺん》のありさまが眼前《がんぜん》にある。この無常《むじょう》のさまを感じ取れることは人界《にんかい》に二乗界《にじょうかい》がある証拠《しょうこ》ではないか。

まったく他人を顧《かえり》みることのない悪人《あくにん》ですら、自分の妻子《さいし》に対しては慈愛《じあい》の念《ねん》をもっている。これは、人界《にんかい》に具《そな》わっている菩薩界《ぼさつかい》の部分的な現《あらわ》れである。

ただ仏界《ぶっかい》ばかりは現実の上に現《あらわ》れ難《がた》いのである。しかし、すでに九界《きゅうかい》が具《そな》わっていることが分かった以上は、仏界もまた具わることを強《し》いて信じるべきであり、疑《うたが》ってはならない。

法華経方便品《ほうべんぼん》の文《もん》に人界《にんかい》を説《と》いて言うには「衆生《しゅじょう》に仏知見《ぶっちけん》を開《ひら》かせようとする（ゆえに、諸仏《しょぶつ》は世に出現された）」とある。涅槃経《ねはんぎょう》には「大乗《だいじょう》を学ぶ者は肉眼《にくげん》ではあっても仏眼《ぶつげん》と名づける」とある〈これらの経文は人界に仏界《ぶっかい》が具《そな》わることを示す文証《もんしょう》である〉。

末法《まっぽう》に凡夫《ぼんぷ》が人間として生まれてきて法華経を信じるのは、人界《にんかい》にもともと仏界《ぶっかい》を具足《ぐそく》しているからである。

解説

ここでは、凡夫《ぼんぷ》の生命にも声聞《しょうもん》・縁覚《えんがく》・菩薩《ぼさつ》の境涯《きょうがい》が具《そな》わることが示されている。

まず質問者は、人界《にんかい》に六道《ろくどう》が具《そな》わることはそれなりに納得《なっとく》するとしても、四聖《ししょう》はまったく見えないではないか、と質問を重ねている。

これに答えるにあたって、人界所具《にんかいしょぐ》の六道《ろくどう》については強《し》いて一端《いったん》を挙《あ》げて説明して、一応の理解を得たので、人界所具の四聖《ししょう》についても同様に道理のうえから説明を加えようと述べられている。

また、四聖《ししょう》についてのこれからの説明も、それですべてが尽《つ》きているのではないので「万が一」、すなわち、ごく一部にとどまる説明であるとされている。

まず、声聞《しょうもん》・縁覚《えんがく》の二乗《にじょう》についてである。二乗は、世間すなわち現実世界にあるものは、無《む》常《じょう》であって、すべて縁《えん》によって生《しょう》じ、時とともに変化・消滅《しょうめつ》するという真理を自覚し、無常のものに執着《しゅうちゃく》する心を乗り越《こ》えていく境涯《きょうがい》である。

私たち凡夫《ぼんぷ》も、世間の無常《むじょう》、はかなさを感じる事象《じしょう》にしばしば直面する。それが、人界《にんかい》に二《に》乗界《じょうかい》があるということであると示されている。

また、周《まわ》りを一切顧《いっさいかえり》みない悪人《あくにん》でも、自分の妻子《さいし》に対しては慈愛《じあい》の心を起こすものである。それは菩薩界《ぼさつかい》の一端《いったん》を示すものであると仰《おお》せになっている。

しかし、仏界《ぶっかい》だけは容易《ようい》に現《あらわ》れ難《がた》い。したがって、具体的な姿《すがた》、身近《みぢか》な例をもって示すことは難《むずか》しいが、これまでで人界《にんかい》に具《そな》わる九界《きゅうかい》が明らかになったことをもって、仏界があることを強《し》いて信じるべきであると仰《おお》せなのである。

そこで、重《かさ》ねて、最も信頼すべき法華経と涅槃経《ねはんぎょう》の文《もん》を引かれている。

法華経の「衆生《しゅじょう》をして仏知見《ぶっちけん》を開《ひら》かしめんと欲《ほっ》す」の文《もん》は、九界《きゅうかい》の衆生の生命に仏知見すなわち仏界《ぶっかい》の智慧《ちえ》の境涯《きょうがい》が本来あることを意味している。「開かしめん」と経に説《と》かれているのは、もともとあるからこそ、それを開き顕《あらわ》すことができるのである。

次の涅槃経《ねはんぎょう》の文《もん》は、「大乗《だいじょう》を学《がく》する者」つまり万人《ばんにん》を成仏《じょうぶつ》させる正法《しょうほう》を信受《しんじゅ》する人は、「肉眼《にくげん》有りといえども、名《な》づけて仏眼《ぶつげん》となす」、すなわち肉眼であるけれど、仏の智慧《ちえ》で見た真実を学び身に付《つ》けているから、仏の智慧の眼《まなこ》をもっているのと同じである、という意味である。凡《ぼん》夫《ぷ》の身のままで仏智《ぶっち》を現《あらわ》しているのに等《ひと》しいとの意である。

このように経文を挙《あ》げた後、「末代《まつだい》の凡夫《ぼんぷ》、出生《しゅっしょう》して法華経を信ずるは、人界《にんかい》に仏界《ぶっかい》を具足《ぐそく》するが故《ゆえ》なり」と説明されている。

法華経は、仏の覚《さと》りの真実を説《と》いたものであるから、その法華経を信受《しんじゅ》するということは、その人自身の内に仏の智慧《ちえ》が具《そな》わっていないとできないことなのである。

言い換《か》えれば、末法《まっぽう》の衆生《しゅじょう》が真実の「大乗《だいじょう》」である法華経を信じる心を起こすことができること自体、そもそも人界《にんかい》に仏界《ぶっかい》が具《そな》わっている証《あか》しなのである。

第10章　凡夫《ぼんぷ》の心に具《そな》わる仏界《ぶっかい》

（新128ジペー1行目〜129ジペー3行目）
（全241ジペー17行目〜242ジペー13行目）

問《と》うて曰《い》わく、十界互具《じっかいごぐ》の仏語分明《ぶつごふんみょう》なり。しかりといえども、我《われ》らが劣《れっ》心《しん》に仏法界《ぶっぽうかい》を具《ぐ》すること、信《しん》を取《と》り難《がた》きものなり。今時《こんじ》これを信《しん》ぜずんば、必《かなら》ず一闡提《いっせんだい》と成《な》らん。願《ねが》わくは、大慈悲《だいじひ》を起《お》こしてこれを信《しん》ぜしめ、阿鼻《あび》の苦《く》を救護《くご》したまえ。

答《こた》えて曰《い》わく、汝既《なんじすで》に「ただ一大事《いちだいじ》の因縁《いんねん》」の経文《きょうもん》を見聞《けんもん》してこれを信《しん》ぜずんば、釈尊《しゃくそん》より已下《いげ》、四依《しえ》の菩薩《ぼさつ》ならびに末代《まつだい》の理即《りそく》の我《われ》ら、いかんが汝《なんじ》が不信《ふしん》を救護《くご》せんや。しかりといえども、試《こころ》みにこれを言《い》わん。仏《ほとけ》に値《あ》いたてまつって覚《さと》らざる者《もの》の、阿難等《あなんとう》の辺《へん》にして得道《とくどう》する者《もの》これ有《あ》ればなり。

それ、機《き》に二《ふた》つ有《あ》り。一《いち》には、仏《ほとけ》を見《み》たてまつり、法華《ほっけ》にて得道《とくどう》す。二《に》には、仏《ほとけ》を見《み》たてまつらざれども、法華《ほっけ》にて得道《とくどう》するなり。その上《うえ》、仏教《ぶっきょう》已前《いぜん》は、漢土《かんど》の道士《どうし》、月支《がっし》の外道《げどう》の、儒教《じゅきょう》・四韋陀等《しいだとう》をもって縁《えん》となして正見《しょうけん》に入《い》る者《もの》これ有《あ》り。また利根《りこん》の菩薩《ぼさつ》・凡夫等《ぼんぷとう》の、華厳《けごん》・方等《ほうどう》・般若等《はんにゃとう》の諸大乗経《しょだいじょうきょう》を聞《き》きし縁《えん》をもって大通《だいつう》・久遠《くおん》の下種《げしゅ》を顕示《けんじ》する者多々《ものたた》なり。例《れい》せば、独覚《どっかく》の飛花落葉《ひけらくよう》のごとし。教外《きょうげ》の得道《とくどう》これなり。過去《かこ》の下種結縁《げしゅけちえん》無《な》き者《もの》にして権小《ごんしょう》に執著《しゅうじゃく》する者《もの》は、たとい法華経《ほけきょう》に値《あ》い奉《たてまつ》れども、小権《しょうごん》の見《けん》を出《い》でず。自見《じけん》をもって正義《しょうぎ》となすが故《ゆえ》に、還《かえ》って法華経《ほけきょう》をもって、あるいは小乗経《しょうじょうきょう》に同《どう》じ、あるいは華厳《けごん》・大日経等《だいにちきょうとう》に同《どう》じ、あるいはこれを下《くだ》す。これらの諸師《しょし》は儒家《じゅか》・外道《げどう》の賢聖《けんせい》より劣《おと》れる者《もの》なり。これらはしばらくこれを置《お》く。

十界互具《じっかいごぐ》、これを立《た》つるは、石中《せきちゅう》の火《ひ》・木中《もくちゅう》の花《はな》、信《しん》じ難《がた》けれども、縁《えん》に値《あ》って出生《しゅっしょう》すればこれを信《しん》ず。人界所具《にんかいしょぐ》の仏界《ぶっかい》は水中《すいちゅう》の火《ひ》・火中《かちゅう》の水《みず》、最《もっと》も甚《はなは》だ信《しん》じ難《がた》し。しかりといえども、竜火《りゅうか》は水《みず》より出《い》で、竜水《りゅうすい》は火《ひ》より生《しょう》ず。心得《こころえ》られざれども、現証有《げんしょうあ》ればこれを用《もち》いる。既《すで》に人界《にんかい》の八界《はっかい》これを信《しん》ず。仏界何《ぶっかいなん》ぞこれを用《もち》いざらん。尭《ぎょう》・舜等《しゅんとう》の聖人《せいじん》のごときは、万民《ばんみん》において偏頗《へんぱ》無《な》し。人界《にんかい》の仏界《ぶっかい》の一分《いちぶん》なり。不軽菩薩《ふきょうぼさつ》は見《み》るところの人《ひと》において仏身《ぶっしん》を見《み》る。悉達太子《しったたいし》は人界《にんかい》より仏身《ぶっしん》を成《じょう》ず。これらの現証《げんしょう》をもってこれを信《しん》ずべきなり。

通解

問《と》うて言う。十界互具《じっかいごぐ》を仏が説《と》かれた経文は明らかになった。そうであっても、現実に私たち凡夫《ぼんぷ》の劣《おと》った心に尊極無上《そんごくむじょう》の仏界《ぶっかい》が具《そな》わっているとは、とうてい信じることができない。

今もしこれを信じないなら、必ず一闡提《いっせんだい》となるだろう。どうか大慈悲心《だいじひしん》を起こしてこれを信じさせ、阿鼻地獄《あびじごく》へ堕《お》ちて苦悩を受けることのないよう救《すく》っていただきたい。

答えて言う。あなたはすでに方便品《ほうべんぼん》の「ただ一大事《いちだいじ》の因縁《いんねん》」が説《と》かれた文《もん》に衆生《しゅじょう》に仏知見《ぶっちけん》があると説かれているのを見聞きしておきながら、しかもこれを信じないというのであるから、釈尊《しゃくそん》より劣《おと》る四依《しえ》の菩薩《ぼさつ》(=仏道修行のよりどころとなる4種の菩薩)はもとより、末法《まっぽう》の理即《りそく》の凡夫《ぼんぷ》である私たちが、どうしてあなたの不信《ふしん》を救《すく》うことができようか。

しかしながら試《こころ》みに、少し人界《にんかい》に具《そな》わる仏界《ぶっかい》について説明してみよう。なぜなら釈迦仏《しゃかぶつ》の教化《きょうけ》を受けていながら覚《さと》らなかった者で、かえって弟子の阿難《あなん》らによって得道《とくどう》する者がいたからである。

衆生《しゅじょう》には2種類の機根《きこん》がある。一つには仏に直接に会って法華経によって得道《とくどう》する者、二つには仏には会わなくても法華経によって得道する者である。

そのうえ、仏教以前の時代にあっては中国の修行者やインドの宗教者たちのなかには、儒教《じゅきょう》や四韋陀《しいだ》(ヴェーダ)などを縁《えん》として正見《しょうけん》に入った者があった。また、機根《きこん》の優《すぐ》れた菩薩《ぼさつ》や凡夫《ぼんぷ》らは、華厳《けごん》・方等《ほうどう》・般若《はんにゃ》などの諸《しょ》大乗経《だいじょうきょう》を聞いた縁によって、過去の三千塵点《さんぜんじんてん》劫《ごう》の大通智勝仏《だいつうちしょうぶつ》の時代の下種《げしゅ》や五百塵点劫《ごひゃくじんてんごう》の久遠《くおん》における下種を現《あらわ》して覚《さと》った者も多い。これらは、独覚《どっかく》(縁覚《えんがく》)の人が他からの教えによらず、花が散《ち》り葉が落ちるさまを見て無《む》常《じょう》を覚ったようなものである。これらを教外《きょうげ》の得道《とくどう》というのである。

逆《ぎゃく》に、過去世《かこせ》の下種結縁《げしゅけちえん》がなくて、権教《ごんきょう》・小乗教《しょうじょうきょう》に執着《しゅうちゃく》する者は、たとえ法華経に巡《めぐ》り合っても、小乗や権大乗《ごんだいじょう》の見識《けんしき》を脱《だっ》しきれない。自分の見解《けんかい》をもって正義とするがゆえに、かえって法華経を、あるいは小乗経《しょうじょうきょう》と同じだといい、あるいは華厳経《けごんぎょう》や大日経《だいにちきょう》などと同じだといい、あるいは法華経はこれらの経に劣《おと》るものであるなどという。このような者は、中国やインドの仏教以外の賢人《けんじん》・聖人《せいじん》よりも劣る者である。

これらの論議《ろんぎ》はしばらくおいておこう。

十界互具《じっかいごぐ》を立てることは、石の中の火や、木の中の花のようなもので、信じ難《がた》いけれども、縁《えん》にあえば現《あらわ》れるので、これを信じるのである。

これに対して人界《にんかい》に仏界《ぶっかい》が具《そな》わることは、水の中の火や、火の中の水のように最も信じ難《がた》いのである。しかし、竜火《りゅうか》は水から出るし、竜水《りゅうすい》は火から生《しょう》ずるのである。納得《なっとく》できないことではあっても、現証《げんしょう》があれば人々はこれを用《もち》いるものである。

すでにあなたは人界《にんかい》に地獄《じごく》から菩薩《ぼさつ》までの八界《はっかい》があることを信じたのに、どうして仏界《ぶっかい》があることを信じないのか。

中国古代の堯王《ぎょうおう》や舜王《しゅん》のような聖人《せいじん》は万民《ばんみん》に対して偏頗《へんぱ》の心がなく平等《びょうどう》に善政《ぜんせい》を行《おこな》っ

た。これは人界《にんかい》に具《そな》わる仏界《ぶっかい》の一分《いちぶん》の現《あらわ》れである。不軽菩薩《ふきょうぼさつ》は会う人すべてに仏身《ぶっしん》を見て礼拝《らいはい》した。またインドの悉達太子《しったたいし》（＝出家《しゅっけ》前の釈尊《しゃくそん》の名）は人界から仏身を成就《じょうじゅ》した。

これらの現証《げんしょう》によって、人界《にんかい》に仏界《ぶっかい》が具《そな》わることを信じるのがよい。

語訳

【一闡提《いっせんだい》】既出。第4章、本書44ページ【闡提】を参照。

【阿鼻《あび》】阿鼻地獄《じごく》。阿鼻とは梵語《ぼんご》（古代インドの文章語、サンスクリット）のアヴィーチの音写《おんしゃ》で無間《むけん》の意。間断《かんだん》ない苦を受けるのでこのようにいう。

【ただ一大事《いちだいじ》の因縁《いんねん》】法華経方便品《ほうべんぼん》第2の文《もん》。仏がこの世に出現した因縁は、ただ衆生《しゅじょう》に内在《ないざい》している仏知見《ぶっちけん》を開《ひら》かせ、示し、悟《さと》らせ、そして仏知見の道に入らせるという一大事のゆえであるとの意。

【理即《りそく》】理の上で仏性《ぶっしょう》を具《そな》えているが、まだ正法《しょうほう》を聞いていない迷《まよ》いの凡夫《ぼんぷ》の位《くらい》。天台大師《てんだいだいし》が立てた六《ろく》即《そく》（法華経を修行する菩薩《ぼさつ》の6種の位）の最初の位。

【阿難《あなん》】釈尊《しゃくそん》の十大弟子《じゅうだいでし》の一人で多聞《たもん》第一と言われる。釈尊の常随《じょうずい》の弟子となり、教説《きょうせつ》を記憶《きおく》している点で最も優《すぐ》れていた。

【四韋陀《しいだ》】四つのヴェーダ。インドの伝統的な宗教であるバラモン教の四つの聖典《せいてん》。『リグ・ヴェーダ』『サーマ・ヴェーダ』『ヤジュル・ヴェーダ』『アタルヴァ・ヴェーダ』をいう。

【華厳《けごん》】華厳経《けごんぎょう》。大乗《だいじょう》経典。毘盧遮那仏《びるしゃなぶつ》の荘厳《そうごん》な覚《さと》りの世界を、仏が菩薩《ぼさつ》だった時の無量《むりょう》の修行（五十二位《ごじゅうにい》）を説《と》くことで明かす。天台《てんだい》教学では、釈尊《しゃくそん》が覚りを開いた直後に説いた教えとされた。

【方等《ほうどう》】方等部《ほうどうぶ》の経典。方等は広大な教えの意で、大乗《だいじょう》経典のこと。方等部は、大乗経典のうち、華厳経《けごんぎょう》・般若経《はんにゃきょう》・法華経・涅槃経《ねはんぎょう》などを除《のぞ》いた経典の総称《そうしょう》。

【般若《はんにゃ》】般若経《はんにゃきょう》。大乗《だいじょう》経典。般若波羅蜜《はんにゃはらみつ》（智慧《ちえ》の完成）を中心とする菩薩《ぼさつ》の修行を説《と》き、あらゆるものに常住《じょうじゅう》不変の実体はないとする「空《くう》」の思想を明かす。

【大通《だいつう》・久遠《くおん》の下種《げしゅ》】三千塵点劫《さんぜんじんてんごう》の昔《むかし》に大通智勝仏《だいつうちしょうぶつ》の16番目の王子である釈迦菩薩《しゃかぼさつ》より、また五百塵点劫《ごひゃくじんてんごう》の昔に久遠実成《くおんじつじょう》の釈尊《しゃくそん》より衆生《しゅじょう》に対して下《お》ろされた成仏《じょうぶつ》の因《いん》となる種子《しゅし》をいう。

大通智勝仏《だいつうちしょうぶつ》とは、化城喩品《けじょうゆほん》第7に説《と》かれる、三千塵点劫《さんぜんじんてんごう》という昔に出現した仏。この仏は、16人の王子の願《ねが》いを受けて法華経を説いたが、十六王子と少数の声聞《しょうもん》以外は疑《うたが》いを起こして信じなかった。その後、十六王子が、それぞれ父が説いた法華経を繰《く》り返《かえ》し説き（大通覆講《ふっこう》）、仏となる種《たね》を下ろし（下種《げしゅ》）、聴衆《ちょうしゅう》の人々との縁《えん》を結んだ（大通結縁《けちえん》）。この時の16番目の王子が釈尊《しゃくそん》であり、その時、釈尊の説法《せっぽう》を聞き、下種を受けた衆生《しゅじょう》がその後、第16王子とともに諸仏《しょぶつ》の国土に生まれあわせ、インドで成道《じょうどう》した釈尊に巡《めぐ》りあったと説かれる。この大通覆講の時に受けた下種を大通下種という。

【独覚《どっかく》】他から教えを聞かないで一人で覚《さと》りを開《ひら》く人。縁覚《えんがく》ともいう。

【大日経《だいにちきょう》】大毘盧遮那成仏神変加持経《だいびるしゃなじょうぶつじんべんかじきょう》のこと。金剛頂経《こんごうちょうきょう》とともに密教《みっきょう》の根本聖典《せいてん》とされる（密教とは、神《しん》秘的《ぴてき》な儀礼《ぎれい》や象徴《しょうちょう》を活用して修行の促進《そくしん》や現世利益《げんぜりやく》を図《はか》る仏教）。中国・唐《とう》の善無畏《ぜんむい》・一行《いちぎょう》の共訳。

【竜火《りゅうか》】竜によって起こるとされる火。竜は神通力《じんずうりき》をもって天にのぼり、水から火を生《しょう》じさせるとされていた。

【尭《ぎょう》・舜《しゅん》】尭王と舜王。ともに中国古代の伝説上の帝王《ていおう》で、善政《ぜんせい》を行《おこな》った名君《めいくん》として伝えられる。

【不軽菩薩《ふきょうぼさつ》】常不軽菩薩品《じょうふきょうぼさつほん》第20に説《と》かれる菩薩。常不軽菩薩ともいう。威音王仏《いおんのうぶつ》の滅後《めつご》、像法《ぞうほう》時代に出現し、一切衆生《いっさいしゅじょう》が成仏《じょうぶつ》できるとして「二十四字の法華経」を説《と》いて衆生を礼拝《らいはい》し、軽《かろ》んじなかった。

解説

十界互具《じっかいごぐ》のうち、特に人界所具《にんかいしょぐ》の仏界《ぶっかい》について、さらに問答《もんどう》を立てられている。

質問者はここで、十界互具《じっかいごぐ》を説《と》いた言葉は明瞭《めいりょう》であるが、その内容、すなわち〝われわれのような劣《おと》った者に仏界《ぶっかい》が具《そな》わっていること〟は信じ難《がた》いという。しかし、もし信じなければ、仏の正法《しょうほう》を信じないことだから「一闡提《いっせんだい》」となり、地獄《じごく》に堕《お》ちることになる。ゆえに、大慈悲《だいじひ》を起こしてこれを信じられるようにしてほしいと求めるのである。

これに対し日蓮大聖人は、仏説《ぶっせつ》によっても信じない者を、仏よりはるかに隔《へだ》たった末法《まっぽう》の凡《ぼん》夫《ぷ》が救《すく》うことなどできないと述べられる。しかし、仏の直接の説法《せっぽう》を聞いても覚《さと》らなかった人が阿難《あなん》らによって得道《とくどう》した例もあり、人が信を起こす機縁《きえん》はさまざまで可能性がないわけではないので、試《こころ》みてみようと仰《おお》せになっている。

そこでまず、人々の機根《きこん》に2種類あることを示し、仏に会うか会わないかの違《ちが》いはあるものの、いずれにしても、仏種《ぶっしゅ》を納《おさ》めている法華経によって覚《さと》りを得ることができると示される。

そのうえで大聖人は、人界《にんかい》に仏界《ぶっかい》が具《そな》わるということを、現実に存在する証拠《しょうこ》、「現証《げんしょう》」によって信じるべきであると論じられていく。

まず、十界互具《じっかいごぐ》そのものの信じ難《がた》さは「石の中の火」や「木の中の花」のようなものである。これらは信じ難いが、火打《ひう》ち石を打てば火が生《しょう》じ、春になれば木から芽《め》が出て花が咲《さ》くように、縁《えん》にしたがって現《あらわ》れるところを観察《かんさつ》すれば信じることができる。

一方、人界所具《にんかいしょぐ》の仏界《ぶっかい》は、さらに信じ難《がた》く、「水中の火」「火中の水」のようなものである。

しかし、この水中の火、火中の水も、水より生《しょう》ずる竜火《りゅうか》、火より生ずる竜水《りゅうすい》というような「現《げん》証《しょう》」があれば、それを見れば信じることができる。

それと同様、人界所具《にんかいしょぐ》の仏界《ぶっかい》も「現証《げんしょう》」を見て信じるよう促《うなが》され、三つの実例《じつれい》を挙《あ》げられている。

第1は、尭王《ぎょうおう》や舜《しゅん》王など中国古代の伝説上の皇帝《こうてい》が、万民《ばんみん》に対して偏頗《へんぱ》の心がなく平等《びょうどう》な善《ぜん》政《せい》を行《おこな》ったことは、人界《にんかい》に具《そな》わる仏界《ぶっかい》の一分《いちぶん》を現《あらわ》した例であるとされている。ここで「偏頗無《な》し」とは、仏の特質《とくしつ》の一つである「平等大慧《びょうどうだいえ》」の智慧《ちえ》と慈悲《じひ》を表したものといえる。

第2は、不軽菩薩《ふきょうぼさつ》の例である。不軽菩薩が、増上慢《ぞうじょうまん》の心で迫害《はくがい》を加えてくる人々に対してさえ礼拝《らいはい》を続けたのは、あらゆる他者の内に仏身《ぶっしん》を見たからである。

第3は、釈尊《しゃくそん》の例である。釈尊がインドに悉達太子《しったたいし》として人界《にんかい》に生《せい》を受けながら修行して仏《ぶっ》陀《だ》となったことは、人界所具《しょぐ》の仏界《ぶっかい》の現証《げんしょう》である。

これらの証拠《しょうこ》から、人界《にんかい》に仏界《ぶっかい》が具《そな》わることを強《し》いて信じるよう重《かさ》ねて強調されている。

◆池田先生の講義から（『人間革命の宗教』）

大聖人は、「一念三千《いちねんさんぜん》は十界互具《じっかいごぐ》よりこと《事》はじ《始》まれり」（新54ページ・全189ページ）と仰《おお》せです。「十界互具《じっかいごぐ》」は一念三千《いちねんさんぜん》の礎《いしずえ》です。なかでも、「一念三千は九界即仏界《きゅうかいそくぶっかい》・仏界即九界と談《だん》ず」（新161ページ・全256ページ）とあります。九界の側《がわ》にいる現実の凡夫《ぼんぷ》が仏の生命を持つこと、そして、成道《じょうどう》した仏も九界の生命を所持《しょじ》していること、この原理こそが法華経の肝要《かんよう》です。

とりわけ、凡夫《ぼんぷ》の立場からすれば、「九界即仏界《きゅうかいそくぶっかい》」が成仏《じょうぶつ》への要諦《ようてい》となります。

本抄で大聖人は、それを実現する根本因《こんぽんいん》を「九界所具《きゅうかいしょぐ》の仏界《ぶっかい》」、なかんずく「人界《にんかい》所具の仏界」と言われています。これが永遠の法理と定《さだ》まってこそ、凡夫《ぼんぷ》の成仏《じょうぶつ》も可能になるのです。

◇

日蓮仏法にあって、「九界即仏界《きゅうかいそくぶっかい》」の厳《げん》たる証拠《しょうこ》は、大聖人御自身《ごじしん》の忍難弘通《にんなんぐつう》の大闘争のお姿《すがた》以上のものはありません。

とりわけ、文永《ぶんえい》8年（1271年）9月12日、「竜《たつ》の口《くち》の法難《ほうなん》」の頸《くび》の座《ざ》に臨《のぞ》んでの「発迹顕本《ほっしゃくけんぽん》」は、その最《さい》たるものです。

「開目抄《かいもくしょう》」には、「日蓮といいし者は、去年九月十二日子丑時《ねうしのとき》に頸《くび》はね《刎》られぬ」（新102ページ・全223ページ）と、宿業《しゅくごう》や苦悩を抱《かか》えた凡身《ぼんしん》を開《ひら》いて、その身のまま、久遠元初《くおんがんじょ》の仏の本来の境《きょう》地《ち》を顕《あらわ》されたことを明かされています。

それは、法に生き抜いた一人の凡夫《ぼんぷ》の内面《ないめん》に、宇宙大の尊極性《そんごくせい》が輝《かがや》くことを明確に示されたともいえます。大聖人は、身命《しんみょう》にも及《およ》ぶ大難《だいなん》――幕府《ばくふ》権力の大弾圧《だいだんあつ》によって、生命を奪《うば》われんとする絶体絶命《ぜったいぜつめい》の危機をも勝ち越《こ》えられ、妙法の正しさを厳然《げんぜん》と証明されたのです。「凡夫即《ぼんぷそく》極《ごく》」の現証《げんしょう》です。

とともに、大聖人お一人の発迹顕本《ほっしゃくけんぽん》は、後に続く万人《ばんにん》の尊厳性《そんげんせい》の開花《かいか》を約束したものであると拝《はい》される、ということです。

全《すべ》ての人間、全ての民衆は本来、この大聖人と同じ尊極無上《そんごくむじょう》の生命を持っている。その真実に目覚《めざ》めよ！　無限の可能性を開《ひら》きゆけ！　と大慈大悲《だいじだいひ》の姿《すがた》をもって呼びかけられているのです。

第11章　教主《きょうしゅ》に関して尋《たず》ねる

（新129ページ4行目〜130ページ7行目）
（全242ページ14行目〜243ページ10行目）

問《と》うて曰《い》わく、教主釈尊《きょうしゅしゃくそん》は〈これより堅固《けんご》にこれを秘《ひ》す〉三惑已断《さんわくいだん》の仏《ほとけ》なり。また十方世界《じっぽうせかい》の国主《こくしゅ》、一切《いっさい》の菩薩《ぼさつ》・二乗《にじょう》・人天等《にんてんとう》の主君《しゅくん》なり。行《みゆき》の時《とき》は梵天左《てんひだり》に在《あ》り、帝釈右《たいしゃくみぎ》に侍《はべ》り、四衆八部後《ししゅはちぶしりえ》に従《したが》い、金剛《こんごうさき》前に導《みちび》き、八万法蔵《はちまんほうぞう》を演説《えんぜつ》して、一切衆生《いっさいしゅじょう》を得脱《とくだつ》せしむ。かくのごとき仏陀《ぶっだ》、何《なに》をもって我《われ》ら凡夫《ぼんぷ》の己心《こしん》に住《じゅう》せしめんや。

また迹門《しゃくもん》・爾前《にぜん》の意《い》をもってこれを論《ろん》ずれば、教主釈尊《きょうしゅしゃくそん》は始成正覚《しじょうしょうがく》の仏《ほとけ》なり。過去《かこ》の因行《いんぎょう》を尋《たず》ね求《もと》むれば、あるいは能施太子《のうせたいし》、あるいは儒童菩薩《じゅどうぼさつ》、あるいは尸毘王《しびおう》、あるいは薩埵王子《さったおうじ》、あるいは三祇百劫《さんぎひゃっこう》、あるいは動逾塵劫《どうゆじんごう》、あるいは無量阿僧祇劫《むりょうあそうぎこう》、あるいは初発心時《しょほっしんじ》、あるいは三千塵点等《さんぜんじんてんとう》の間《あいだ》、七万《ななまん》・五千《ごせん》・六千《ろくせん》・七千等《ななせんとう》の仏《ほとけ》を供養《くよう》し、劫《こう》を積《つ》み行満《ぎょうまん》じて、今《いま》、教主釈尊《きょうしゅしゃくそん》と成《な》りたもう。かくのごとき因位《いんい》の諸行《しょぎょう》は皆《みな》、我《われ》らが己心所具《こしんしょぐ》の菩薩界《ぼさつかい》の功徳《くどく》なるか。

果位《かい》をもってこれを論《ろん》ずれば、教主釈尊《きょうしゅしゃくそん》は始成正覚《しじょうしょうがく》の仏《ほとけ》、四十余年《しじゅうよねん》の間《あいだ》、四教《しきょう》の色身《しきしん》を示現《じげん》し、爾前《にぜん》・迹門《しゃくもん》・涅槃経等《ねはんぎょうとう》を演説《えんぜつ》して、一切衆生《いっさいしゅじょう》を利益《りやく》したもう。いわゆる、華蔵《けぞう》の時《とき》の十方台上《じっぽうだいじょう》の盧舎那《るしゃな》、阿含経《あごんぎょう》の三十四《さんじゅうし》心断結成道《しんだんけつじょうどう》の仏《ほとけ》、方等《ほうどう》・般若《はんにゃ》の千仏等《せんぶつとう》、大日《だいにち》・金剛頂等《こんごうちょうとう》の千二百余尊《せんにひゃくよそん》、ならびに迹門宝塔品《しゃくもんほうとうほん》の四土色身《しどしきしん》。涅槃経《ねはんぎょう》の、あるいは丈六《じょうろく》と見《み》、あるいは小《しょう》身《しん》・大身《だいしん》と現《げん》じ、あるいは盧舎那《るしゃな》と見《み》、あるいは身《み》虚空《こくう》に同《おな》じと見《み》るとの四種《ししゅ》の身《み》。乃至《ないし》八十《はちじゅう》御入滅《ごにゅうめつ》したまいて舎利《しゃり》を留《とど》めて正像末《しょうぞうまつ》を利益《りやく》したもう。

本門《ほんもん》をもってこれを疑《うたが》わば、教主釈尊《きょうしゅしゃくそん》は五百塵点已前《ごひゃくじんてんいぜん》の仏《ほとけ》なり。因位《いんい》もまたかくのごとし。それより已来《このかた》、十方世界《じっぽうせかい》に分身《ふんじん》し、一代聖教《いちだいしょうぎょう》を演説《えんぜつ》して、塵数《じんじゅ》の衆生《しゅじょう》を教化《きょうけ》したもう。本門《ほんもん》の所化《しょけ》をもって迹門《しゃくもん》の所化《しょけ》に比校《ひきょう》すれば、一渧《いったい》と大海《たいかい》と、一塵《いちじん》と大山《たいざん》となり。本門《ほんもん》の一菩薩《いちぼさつ》を迹門《しゃくもん》の十方世界《じっぽうせかい》の文殊《もんじゅ》・観音等《かんのんとう》に対向《たいこう》すれば、猿猴《えんこう》をもって帝釈《たいしゃく》に比《ひ》するになお及《およ》ばず。

その外《ほか》、十方世界《じっぽうせかい》の断惑証果《だんわくしょうか》の二乗《にじょう》、ならびに梵天《ぼんてん》・帝釈《たいしゃく》・日月《にちがつ》・四天《してん》・四輪王《しりんおう》、乃至《ないし》無間大城《むけんだいじょう》の大火炎等《だいかえんとう》、これらは皆《みな》、我《わ》が一念《いちねん》の十界《じっかい》なるか、己心《こしん》の三千《さんぜん》なるか。仏説《ぶっせつ》たりといえども、これを信《しん》ずべからず。

通解

問《と》うて言う。教主釈尊《きょうしゅしゃくそん》は〔これより以下は固く秘《ひ》す〕三惑《さんわく》をすでに断じ尽《つ》くした仏である。また十方《じっぽう》の世界の国主であり、一切《いっさい》の菩《ぼ》薩《さつ》・二乗《にじょう》・人《にん》・天《てん》らの主君《しゅくん》である。釈尊がどこかへ行かれる時は、梵天《ぼんてん》は左に、帝釈天《たいしゃくてん》は右に伴《とも》をし、四衆《ししゅ》や八部衆《はちぶしゅ》は後ろに従《したが》い、金《こん》剛神《ごうじん》は前にあって導《みちび》き、八万法蔵《はちまんほうぞう》といわれる無数の教えを説《と》いて、一切衆生《いっさいしゅじょう》を得脱《とくだつ》させる。

このように尊《とうと》い仏陀《ぶっだ》が、どうして私たち凡《ぼん》夫《ぷ》の己心《こしん》にお住まいになることがあるだろうか。

また、法華経迹門《しゃくもん》および爾前経《にぜんきょう》の意をもっ

て論ずると、教主釈尊《きょうしゅしゃくそん》は始成正覚《しじょうしょうがく》の仏である。過去にどのような因行《いんぎょう》を積《つ》んだのかを尋《たず》ねてみると、あるいは能施太子《のうせたいし》と生まれて万民《ばんみん》に施《ほどこ》しを与え、あるいは儒童菩薩《じゅどうぼさつ》と生まれて仏を供養《くよう》し、あるいは尸毘王《しびおう》と生まれて鳩《はと》に代わって身を鷹《たか》に与え、あるいは薩埵王子《さったおうじ》と生まれて飢《う》えた虎《とら》にわが身を施した。このように三祇《さんぎ》・百劫《ひゃっこう》、あるいは動踰塵劫《どうゆじんごう》、あるいは無量阿僧祇劫《むりょうあそうぎこう》の間、あるいは初めて覚《さと》りを求める心を発《おこ》した時に、あるいは三千塵点劫《さんぜんじんてんごう》などの長遠《ちょうおん》の間、7万5千、7万6千、7万7千などの多くの仏を供養し、劫《こう》を積み、修行を満足《まんぞく》させて、ついに今、教主釈尊《きょうしゅしゃくそん》となられたのである。

このような因位《いんい》におけるもろもろの修行が、皆、私たちの己心《こしん》に具《そな》わった菩薩界《ぼさつかい》による善行《ぜんぎょう》だというのか。

仏果《ぶっか》の位《くらい》からこれを論ずれば、教主釈尊《きょうしゅしゃくそん》は始成正覚《しじょうしょうがく》の仏である。成道《じょうどう》してから40余《よ》年の間、四教《しきょう》（＝蔵《ぞう》・通《つう》・別《べつ》・円《えん》）を説《と》くたびにそれぞれの仏身《ぶっしん》を示現《じげん》し、爾前経《にぜんきょう》・法華経迹《しゃく》門《もん》・涅槃経《ねはんぎょう》などを説いて、一切衆生《いっさいしゅじょう》に利益《りやく》を与えた。

すなわち、華蔵世界《けぞうせかい》が説《と》かれた華厳経《けごんぎょう》の説《せっ》法《ぽう》の時は、十方《じっぽう》の台上《だいじょう》の盧舎那仏《るしゃなぶつ》と現《あらわ》れ、阿《あ》含経《ごんぎょう》の時には三十四の智慧《ちえ》をもって見思惑《けんじわく》を断じ成道《じょうどう》した仏として現れ、方等経《ほうどうきょう》や般若経《はんにゃきょう》の時には千仏《せんぶつ》などとして、大日経《だいにちきょう》・金剛頂経《こんごうちょうきょう》の時には千二百余尊《よそん》として現れ、ならびに法華経迹門《しゃくもん》の宝塔品《ほうとうほん》では、四土《しど》（＝同居土《どうごど》・方《ほう》便土《べんど》・実報土《じっぽうど》・寂光土《じゃっこうど》）の仏の色身《しきしん》を示現《じげん》した。涅槃経《ねはんぎょう》の時には、あるいは1丈《じょう》6尺《しゃく》の仏《ぶっ》身《しん》と現れたり、あるいは小身《しょうしん》・大身《だいしん》と現れ、あるいは盧舎那仏と現れたり、あるいはその身は虚空《こくう》と同じ大きさと現れたりしたように、4種の身（＝劣応身《れつおうじん》・勝応身《しょうおうじん》・報身《ほうしん》・法《ほっ》身《しん》）を示された。さらに、80歳で御入滅《ごにゅうめつ》の後は、舎利《しゃり》（＝仏の遺骨《いこつ》）を留《とど》めて、正法《しょうほう》・像《ぞう》法《ほう》・末法《まっぽう》の一切衆生《いっさいしゅじょう》に利益《りやく》を与えた。

法華経本門《ほんもん》の意をもって、人界《にんかい》に仏界《ぶっかい》が具《そな》わることを疑《うたが》ってみれば、教主釈尊《きょうしゅしゃくそん》は五百塵《ごひゃくじん》点劫《てんごう》以前からの仏である。因位《いんい》もまた同じく長遠《ちょうおん》である。それ以来、十方《じっぽう》の世界に分身《ふんじん》して出現され、一代聖教《いちだいしょうぎょう》（＝生涯《しょうがい》にわたる尊《とうと》い教え）を説《と》いて無数の衆生《しゅじょう》を教化《きょうけ》された。

本門《ほんもん》における教化《きょうけ》の弟子の数を、迹門《しゃくもん》における弟子に比較《ひかく》すれば、一滴《いってき》の水と大海《たいかい》、一《いち》塵《じん》と大山《たいざん》とを比《くら》べるようなものである〈それほど本門における弟子の数は多い〉。本門の一菩薩《ぼさつ》（地涌《じゆ》の菩薩の一人）を迹門の十方《じっぽう》の世界の文殊《もんじゅ》・観音《かんのん》らの菩薩に比べると、猿《さる》と帝《たい》釈天《しゃくてん》を比較しても、その差はなお及《およ》ばない〈それほど本門の菩薩は立派《りっぱ》である〉。

そのほか、十方《じっぽう》の世界の中の、煩悩《ぼんのう》を断じ覚《さと》りの果を証得《しょうとく》した二乗《にじょう》や、梵天《ぼんてん》・帝釈天《たいしゃくてん》・日天《にってん》・月天《がってん》・四天王《してんのう》、四輪王《しりんおう》から無間大城《むけんだいじょう》の大火炎《だいかえん》に至《いた》るまで、これら十界《じっかい》が、皆わが一《いち》念《ねん》の十界であるというのか、己心《こしん》の三千世間《せけん》であるというのか。たとえ仏説《ぶっせつ》といえども、信じることはできない。

語訳

【三惑已断《さんわくいだん》の仏】三惑の煩悩《ぼんのう》をすべて断じ尽《つ》くした仏のこと。三惑とは、①見思惑《けんじわく》（偏《かたよ》った誤《あやま》った見識《けんしき》・思考に関わる煩悩である見惑《けんわく》と、感情に関わる煩悩である思惑《しわく》）②塵沙惑《じんじゃわく》（大乗《だいじょう》の菩薩《ぼさつ》が他を救済《きゅうさい》する時に障《さわ》りとなる無数の迷《まよ》い）③無明惑《むみょうわく》（仏法の根本の真理に暗く受け入れない根源的《こんげんてき》な無知）。

【帝釈《たいしゃく》】帝釈天。須弥山《しゅみせん》に住み、四天王《してんのう》を従《したが》えて三十三天《さんじゅうさんてん》を統領《とうりょう》する。梵天《ぼんてん》（第6章、本書61ジペー【大梵天王《だいぼんてんのう》】を参照）とともに仏法を守護《しゅご》する諸天善神《しょてんぜんじん》。

【四衆《ししゅ》】出家《しゅっけ》の男女である比丘《びく》・比丘尼《びくに》と在家《ざいけ》の男女である優婆塞《うばそく》・優婆夷《うばい》。

【八部《はちぶ》】仏法を守護《しゅご》する八部衆《はちぶしゅ》のこと。天《てん》・竜《りゅう》・夜叉《やしゃ》など、天神《てんじん》・鬼神《きじん》に当たる8種の衆生《しゅじょう》。天竜八部《てんりゅうはちぶ》・竜神八部《りゅうじんはちぶ》ともいう。

【金剛《こんごう》】金剛杵《こんごうしょ》（もとは古代インドの武器。密教《みっきょう》で煩悩《ぼんのう》を断じる象徴《しょうちょう》となる仏具《ぶつぐ》）を持って仏法を守護《しゅご》する神。

【八万法蔵《はちまんほうぞう》】釈尊《しゃくそん》が生涯《しょうがい》にわたって説《と》いたすべての法門のこと。8万（8万4千ともいう）ほどの多数の教え。

【始成正覚《しじょうしょうがく》】「始《はじ》めて正覚を成《じょう》ず」と読む。釈尊《しゃくそん》が今世《こんぜ》で初めて正覚（仏の最高の正しい覚《さと》り）を成就《じょうじゅ》したこと。

【能施太子《のうせたいし》／儒童菩薩《じゅどうぼさつ》／尸毘王《しびおう》／薩埵王子《さったおうじ》】いずれも釈尊《しゃくそん》が過去世《かこせ》に菩薩行《ぼさつぎょう》を修《おさ》めていた時の名。鳩《はと》を救《すく》うために、鳩を追う飢《う》えた鷹《たか》に自《みずか》らの肉を与える（尸毘王）などした。通解参照。

【三祇百劫《さんぎひゃっこう》／動喩塵劫《どうゆじんごう》／無量阿僧祇劫《むりょうあそうぎこう》】いずれも、諸経に説《と》かれる釈尊《しゃくそん》の過去の修行位における期間の長さ。三祇は三つの阿僧祇劫（数えることのできない長い期間）。劫は長遠《ちょうおん》な時間の単位。百劫は百大劫《ひゃくだいこう》の間、百福《ひゃくふく》を修《おさ》めて三十二相《さんじゅうにそう》の一相《いっそう》一相を身に付けた。動喩塵劫は、「動《やや》もすれば塵劫を喩《こ》ゆ」と読み、通教《つうぎょう》の菩薩《ぼさつ》の修行の期間が、ややもすれば塵劫（塵《ちり》のように数えきれない劫）を超《こ》えるほど長いこと。無量阿僧祇劫は、量《はか》ることも数えることもできないくらい長い時間。

【四教《しきょう》】釈尊《しゃくそん》一代の教えを天台大師《てんだいだいし》が内容から4種に分類した「化法《けほう》の四教」のこと。①蔵教《ぞうきょう》は、主として二乗《にじょう》を対象とした経律論《きょうりつろん》の三蔵《さんぞう》の教え。②通教《つうぎょう》は、二乗と菩薩《ぼさつ》に通じる教え。③別教《べっきょう》は特別に菩薩のために明かされた教え。④円教《えんぎょう》は、仏の覚《さと》りを円満《えんまん》に（完全に）説《と》いた教え。

【涅槃経《ねはんぎょう》】釈尊《しゃくそん》の臨終《りんじゅう》を舞台《ぶたい》にした大乗《だいじょう》経典。仏身《ぶっしん》が常住《じょうじゅう》で、あらゆる衆生《しゅじょう》に仏性《ぶっしょう》があると説《と》く。天台《てんだい》教学では、法華経の利益《りやく》にもれた者を救《すく》う教えと位置づけられた。

【十方台上《じっぽうだいじょう》の盧舎那《るしゃな》】華厳経《けごんぎょう》に説《と》かれる仏。華蔵世界《けぞうせかい》の中央の蓮華山《れんげざん》の上に教主《きょうしゅ》・盧舎那仏がいて、周辺の十方の千葉《せんよう》の蓮華に化身《けしん》である無数の仏がいるとされる。

【阿含経《あごんぎょう》】阿含は、伝承《でんしょう》された聖典《せいてん》の意。各部派《かくぶは》が伝承した釈尊《しゃくそん》の教説。歴史上の釈尊に比較的《ひかくてき》近い時代の伝承を伝えている。中国や日本では、大乗《だいじょう》との対比《たいひ》で、小乗《しょうじょう》の経典と位置づけられた。

【三十四心断結成道《さんじゅうししんだんけつじょうどう》】蔵教《ぞうきょう》の菩薩《ぼさつ》が三十四の智慧《ちえ》をもって見思惑《けんじわく》を断じ成道《じょうどう》すること。

【千仏《せんぶつ》】般若経《はんにゃきょう》では「空《くう》」の思想が明かされ、覚《さと》りの存在も自由自在に種々の様相となるとされ、千仏という種々の仏が説《と》かれる。

【金剛頂《こんごうちょう》】金剛頂経《こんごうちょうきょう》。大日経《だいにちきょう》とともに密教《みっきょう》の根本聖典《せいてん》とされる。漢訳には唐《とう》の金剛智《こんごうち》や不空《ふくう》による訳がある。金剛界という密教における仏の世界、またそれを表現した曼荼羅《まんだら》とその供養法《くようほう》が説《と》かれる。

【千二百余尊《せんにひゃくよそん》】密教《みっきょう》における仏の世界を図示した曼荼羅《まんだら》に描《か》かれる1200の仏や菩薩《ぼさつ》などのこと。

【四土色身《しどしきしん》】凡聖同居土《ぼんしょうどうごど》・方便有余土《ほうべんうよど》・実報無障礙土《じっぽうむしょうげど》・常寂光土《じょうじゃっこうど》の四土と、それぞれに住む衆生《しゅじょう》（色身）。

四土とは、諸経典に説《と》かれる国土を天台大師《てんだいだいし》が4種に分類したもの。①凡聖同居土《ぼんしょうどうごど》（人・天などの凡夫《ぼんぶ》も二乗《にじょう》・菩薩《ぼさつ》・仏の聖者《せいじゃ》も共《とも》に住む国土）②方便有余土《ほうべんうよど》（見思惑《けんじわく》を断じたが無明惑《むみょうわく》を残す二乗や菩薩が住む国土）③実報無障礙土《じっぽうむしょうげど》（無明惑を断じた菩薩が住む国土）④常寂光土《じょうじゃっこうど》（仏が本来住む国土）の四土。それぞれの国土に応《おう》じて4種の仏身《ぶっしん》がそれぞれ出現する。

【丈六《じょうろく》】1丈《じょう》6尺《しゃく》（約4・85《メートル》）の身。蔵教《ぞうきょう》の教主《きょうしゅ》としての釈尊《しゃくそん》をいう。

【四種《ししゅ》の身《み》】仏の身体（本体）を4種に分類したもの。①劣応身《れつおうじん》（生身《なまみ》の人間としての身体）②勝応身《しょうおうじん》（衆《しゅ》生《じょう》の願いに応《おう》じて救済《きゅうさい》のために現《あらわ》した身体）③報身《ほうしん》（修行の報《むく》いとして得た特別な能力や特徴《とくちょう》を具《そな》えた身体）④法身《ほっしん》（仏が覚《さと》った真理そのもの）。

【所化《しょけ》】教化《きょうけ》される人。弟子。

【観音《かんのん》】観世音菩薩《かんぜおんぼさつ》。観世音とは「世（の悩める衆生《しゅじょう》）の音声《おんじょう》を観《かん》ずる」の意。

【断惑証果《だんわくしょうか》の二乗《にじょう》】もろもろの惑《わく》を断じて聖果《しょうか》を証得《しょうとく》した声聞《しょうもん》・縁覚《えんがく》。

【日月《にちがつ》】日天子《にってんし》と月天子《がってんし》。法華経守護《しゅご》の諸天善神《しょてんぜんじん》の一つ。

【四天《してん》】四天王《してんのう》の略《りゃく》。持国天《じこくてん》・増長天《ぞうちょうてん》・広目天《こうもくてん》・多聞天《たもんてん》のこと。須弥山《しゅみせん》の四面《しめん》の中腹《ちゅうふく》にある四王天《しおうてん》の主《しゅ》で、仏法を護持《ごじ》する。

【四輪王《しりんおう》】金《こん》・銀《ごん》・銅《どう》・鉄《てつ》の4人の転輪聖王《てんりんじょうおう》。三十二相《さんじゅうにそう》を具《そな》え、王位《おうい》につく時、天から輪宝《りんぽう》を得た。

解説

冒頭《ぼうとう》に、「これより堅固《けんご》にこれを秘《ひ》す」と注《ちゅう》されている。ここから、末法《まっぽう》における一切衆生《いっさいしゅじょう》の成仏《じょうぶつ》の要諦《ようてい》である受持即観心《じゅじそくかんじん》の法門を明かす重要な問答《もんどう》が始まるからである。

第11章・第12章では、質問者が、十界互具《じっかいごぐ》、人界所具《にんかいしょぐ》の仏界《ぶっかい》に対する疑問《ぎもん》をさらに強く述べている。

第11章は、教主釈尊《きょうしゅしゃくそん》に関する疑問《ぎもん》である。

すなわち、初めに釈尊は、三惑《さんわく》というすべての煩悩《ぼんのう》を断じた仏であり、全世界のすべての国主・菩薩《ぼさつ》・二乗《にじょう》・人《にん》・天《てん》の衆生《しゅじょう》にとって偉大な主《しゅ》であり、八万法蔵《はちまんほうぞう》と呼ばれる多くの教えを説《と》き示して一切衆生《いっさい》を成仏《じょうぶつ》させる師である。この偉大な仏が、私たち凡夫《ぼんぷ》の心に具《そな》わるとはとても信じられない、という疑問である。

この問《と》いの中では、さらに釈尊《しゃくそん》がどれだけ偉大な仏であるかを、因行《いんぎょう》（成仏《じょうぶつ》の原因となる仏道修行）と果徳《かとく》（修行の結果として得る仏としての偉大な徳）の両方の点から語られている。

まず、爾前経《にぜんきょう》および法華経迹門《しゃくもん》によれば、釈尊《しゃくそん》はまだ始成正覚《しじょうしょうがく》の立場である。その因行《いんぎょう》は、膨大《ぼうだい》な期間にわたる、不惜身命《ふしゃくしんみょう》の修行であった。

仏界《ぶっかい》が私たちの己心《こしん》に具《そな》わるというのなら、この釈尊《しゃくそん》の過去世《かこせ》の菩薩行《ぼさつぎょう》も、私たちの己心に具わる菩薩界《ぼさつかい》の功徳《くどく》となることになる。

しかし、このことはとても信じられない。

さらに、果徳《かとく》を見ると、仏は諸経典ですばらしい種々の姿《すがた》を示している。釈尊《しゃくそん》は、華厳《けごん》・阿含《あごん》・方等《ほうどう》・般若《はんにゃ》・法華経迹門《しゃくもん》・涅槃《ねはん》と生涯《しょうがい》をかけて多くの経典を説《と》いてきたが、それぞれの教えに応《おう》じてさまざまな仏の姿《すがた》を示して、衆生《しゅじょう》を教え導《みちび》いてきた。滅後《めつご》も、その仏舎利《ぶっしゃり》で正法《しょうほう》・像法《ぞうほう》・末法《まっぽう》の衆生を救《すく》ってきた（釈尊の遺骨《いこつ》とそれを祭《まつ》った仏塔《ぶっとう》は、釈尊を慕《した》い仏に触《ふ》れようとの求道心《きゅうどうしん》を人々に起こさせ、また礼拝《らいはい》すれば利益《りやく》があると信じられた）。

まして本門《ほんもん》では、久遠実成《くおんじつじょう》を明かされた。釈尊《しゃくそん》は、五百塵点劫《ごひゃくじんてんごう》というはるか昔《むかし》に成仏《じょうぶつ》して以来、法を説《と》いて考えられないほど多くの衆生《しゅじょう》を救《すく》っており、その弟子の数は、始成正覚《しじょうしょうがく》の釈尊とは比《くら》べものにならない。

しかも、久遠《くおん》の釈尊《しゃくそん》に化導《けどう》された本門《ほんもん》の地涌《じゆ》の菩薩《ぼさつ》は、文殊《もんじゅ》・観音《かんのん》などの菩薩とは比《くら》べものにならないほど立派《りっぱ》であって、その差は、帝釈《たいしゃく》と猿《さる》の差もなお及《およ》ばないほど大きい。

そのほか、梵天《ぼんてん》・帝釈《たいしゃく》などの天界《てんかい》の衆生《しゅじょう》から、地獄界《じごくかい》の無間大城《むけんだいじょう》の大火炎《だいかえん》まで、十界《じっかい》すべてが、私たちの一念《いちねん》の中に具《そな》わるとの教えは、仏説《ぶっせつ》であっても到底《とうてい》信じられない。

このように論難《ろんなん》している。

以上の疑問《ぎもん》においては、仏の境涯《きょうがい》がいかに広大であるかが強調され、そのような偉大な仏の生命をはじめとして、十界《じっかい》の生命が、卑小《ひしょう》な私たち凡夫《ぼんぷ》の生命に具《そな》わるとはとても信じられないと、疑《うたが》いを強めているのである。

第12章　経典・論書《ろんしょ》に関して尋《たず》ねる

（新130ページ8行目〜131ページ9行目）
（全243ページ11行目〜244ページ6行目）

これをもってこれを思《おも》うに、爾前《にぜん》の諸経《しょきょう》は実事《じつじ》なり実語《じつご》なり。華厳経《けごんぎょう》に云《い》わく「究竟《くきょう》して虚妄《こもう》を離《はな》れ、染無《ぜんな》きこと虚空《こくう》のごとし」。仁王経《にんのうきょう》に云《い》わく「源《みなもと》を窮《きわ》め性《しょう》を尽《つ》くして、妙智存《みょうちそん》せり」。金剛般若経《こんごうはんにゃきょう》に云《い》わく「清浄《しょうじょう》の善《ぜん》のみ有《あ》り」。馬鳴菩薩《めみょうぼさつ》、起信論《きしんろん》に云《い》わく「如来蔵《にょらいぞう》の中《なか》に清浄《しょうじょう》の功徳《くどく》のみ有《あ》り」。天親菩薩《てんじんぼさつ》、唯識論《ゆいしきろん》に云《い》わく「謂《い》わく、余《よ》の有漏《うろ》と劣《れつ》の無漏《むろ》との種《しゅ》は、金剛喩定《こんごうゆじょう》の現在前《げんざいぜん》する時《とき》、極円明純浄《ごくえんみょうじゅんじょう》の本識《ほんじき》を引《ひ》く。彼《か》の依《え》にあらざるが故《ゆえ》に、皆《みな》、永《なが》く棄捨《きしゃ》す」等云々《とううんぬん》。爾前《にぜん》の経々《きょうぎょう》と法華経《ほけきょう》とこれを校量《きょうりょう》するに、彼《か》の経々《きょうぎょう》は無数《むすう》なり。時説既《じせつすで》に長《なが》し。一仏二言《いちぶつにごん》、彼《かれ》に付《つ》くべし。馬鳴菩薩《めみょうぼさつ》は付法蔵第十一《ふほうぞうだいじゅういち》にして仏記《ぶっき》これ有《あ》り。天親《てんじん》は千部《せんぶ》の論師《ろんじ》にして四依《しえ》の大士《だいじ》なり。天台大師《てんだいだいし》は辺鄙《へんぴ》の小僧《しょうそう》にして一論《いちろん》をも宣《の》べず。誰《たれ》かこれを信《しん》ぜん。

その上《うえ》、多《た》を捨《す》て少《しょう》に付《つ》くとも、法華経《ほけきょう》の文分明《もんふんみょう》ならば少《すこ》し恃怙《じこ》有《あ》らんも、法華経《ほけきょう》の文《もん》にいずれの所《ところ》にか十界互具《じっかいごぐ》・百界千如《ひゃっかいせんにょ》・一念三千《いちねんさんぜん》の分明《ふんみょう》なる証文《しょうもん》これ有《あ》りや。したがって経文《きょうもん》を開拓《かいたく》するに、「諸法《しょほう》の中《なか》の悪《あく》を断《だん》じたまえり」等云々《とううんぬん》。天親菩薩《てんじんぼさつ》の法華論《ほっけろん》、堅慧菩薩《けんえぼさつ》の宝性論《ほうしょうろん》に十界互具《じっかいごぐ》これ無《な》く、漢土《かんど》南北《なんぼく》の諸大人師《しょだいにんし》、日本七寺《にほんしちじ》の末師《まっし》の中《なか》にもこの義《ぎ》無《な》し。ただ天台一人《てんだいいちにん》のみの僻見《びゃっけん》なり。伝教一人《でんぎょういちにん》のみの謬伝《みょうでん》なり。故《ゆえ》に、清涼国師《しょうりょうこくし》云《い》わく「天台《てんだい》の謬《あやま》りなり」。慧苑法師《えおんほっし》云《い》わく「しかるに、天台《てんだい》は小乗《しょうじょう》を呼《よ》んで三蔵教《さんぞうきょう》となし、その名《な》謬濫《みょうらん》するをもって」等《とう》云々《うんぬん》。了洪《りょうこう》云《い》わく「天台独《てんだいひと》りいまだ華厳《けごん》の意《い》を尽《つ》くさず」等《とう》云々《うんぬん》。得一《とくいつ》云《い》わく「咄《つたな》いかな智公《ちこう》よ。汝《なんじ》はこれ誰《た》が弟子《でし》ぞ。三寸《さんずん》に足《た》らざる舌根《ぜっこん》をもって、覆面舌《ふめんぜつ》の所説《しょせつ》の教時《きょうじ》を謗《ぼう》ず」等《とう》云々《うんぬん》。弘法大師《こうぼうだいし》云《い》わく「震旦《しんたん》の人師等《にんしとう》、諍《あらそ》って醍醐《だいご》を盗《ぬす》んで各自宗《おのおのじしゅう》に名《な》づく」等《とう》云々《うんぬん》。

夫《そ》れ、一念三千《いちねんさんぜん》の法門《ほうもん》は、一代《いちだい》の権実《ごんじつ》に名目《みょうもく》を削《けず》り、四依《しえ》の諸論師《しょろんじ》その義《ぎ》を載《の》せず。漢土《かんど》・日域《にちいき》の人師《にんし》もこれを用《もち》いず。いかんがこれを信《しん》ぜん。

通解

以上のことから考えてみると、爾前《にぜん》の諸経に説《と》かれていることのほうが事実であり、仏の真実の言葉であると思われる。

華厳経《けごんぎょう》には「究極の覚《さと》りは（煩悩《ぼんのう》という）虚妄《こもう》を離《はな》れ、虚空《こくう》のように清浄《せいじょう》で汚《けが》れがない」とある。仁王経《にんのうきょう》には「根源《こんげん》、本性《ほんせい》を窮《きわ》め尽《つ》くして、仏界《ぶっかい》の智慧《ちえ》だけがある」とある。金剛般若経《こんごうはんにゃきょう》には「（覚りに至《いた》れば）清浄な善《ぜん》だけがある」と説《と》かれている。

馬鳴菩薩《めみょうぼさつ》の『大乗起信論《だいじょうきしんろん》』には「如来蔵《にょらいぞう》の中には清浄《せいじょう》な功徳《くどく》だけがある」と。天親《てんじん》菩薩の唯識《ゆいしき》の釈《しゃく》には「煩悩《ぼんのう》のある状態の種子《しゅし》と（仏に比べれば）劣《おと》った智慧《ちえ》の種子は、金剛《こんごう》のように堅固《けんご》なる禅定《ぜんじょう》が現《あらわ》れれば、極《きわ》めて円満《えんまん》明了《めいりょう》にして清浄なる根本の識《しき》が起こり、そうした劣った種子のよりどころとならないので、そうした劣った種子はすべて永久に捨《す》てられるのである」とある。爾前《にぜん》の諸経と法華経とを比《くら》べ考えてみれば、爾前の諸経は無数である。説《と》かれた期間も法華経よりはるかに長い。一仏《いちぶつ》による二つの教えのうちでは爾前経につくべきである。

馬鳴菩薩《めみょうぼさつ》は、釈尊《しゃくそん》の教法《きょうほう》を順次付嘱《じゅんじふぞく》して伝えてきた11番目の人で、仏の予言に記《しる》されている。天親菩薩《てんじん》は、千部もの論を著《あらわ》した論師《ろんじ》であり、(衆生《しゅじょう》が頼《たよ》るべき)四依《しえ》の大菩薩である。それに比《くら》べ天台大師《てんだいだいし》は、インドからみれば辺地《へんち》の小僧《しょうそう》で、一つの論をも述べていない。誰が天台大師を信じることができるだろうか。

そのうえ、たとえ多いほうの爾前経《にぜんきょう》を捨《す》て、少ないほうの法華経につくとしても、その法華経の文《もん》が明らかであれば、少しはよりどころとなるだろうが、法華経の文のどこに十界互具《じっかいごぐ》・百界千如《ひゃっかいせんにょ》・一念三千《いちねんさんぜん》を説《と》いた明らかな証文《しょうもん》があるのか。法華経の経文を開いてみると、むしろ「如来《にょらい》は諸法《しょほう》の中の悪《あく》を断じている」(方便品《ほうべんぽん》)とある。

天親菩薩《てんじんぼさつ》の『法華論《ほっけろん》』、堅慧《けんえ》菩薩の『宝性論《ほうしょうろん》』にも、十界互具《じっかいごぐ》は説《と》かれておらず、中国の南三北七《なんさんほくしち》のもろもろの大人師《だいにんし》、また彼らを継承《けいしょう》する日本の七寺《しちじ》の末師《まっし》のなかにも、十界互具の義はない。ただ天台《てんだい》一人の誤《あやま》った考えである。それを伝教《でんぎょう》一人が誤り伝えたのである。ゆえに(中国華厳宗《けごんしゅう》第4祖《そ》の)清涼国師《しょうりょうこくし》(澄観《ちょうかん》)は「天台の誤りである」と言っている。（中国華厳宗の）慧苑法師《えおんほっし》は「（三蔵《さんぞう》は大乗《だいじょう》教《きょう》・小乗教《しょうじょうきょう》に通ずるものであるにもかかわらず）天台は小乗教を三蔵と呼んで、その名を混乱させているからである」と言っている。了洪《りょうこう》は「天台一人が、いまだ華厳の深意《じんい》を理解していない」と言っている。（日本法相宗《ほっそうしゅう》の）得《とく》一《いつ》は「つたないかな、智公《ちこう》（＝天台大師）よ、おまえはいったい誰の弟子か。3寸《ずん》にも足らない凡夫《ぼんぷ》の舌《した》で、仏の広く長い舌をもって説《と》かれた三時教判《さんじきょうはん》を謗る《そし》とは」と言っている。

弘法《こうぼう》大師（空海《くうかい》）は「中国の人師たちは、競《きそ》って密教《みっきょう》に説かれる醍醐《だいご》を盗《ぬす》んで、それぞれ自宗《じしゅう》を醍醐の宗と名づけている」と言っている。

このように、一念三千《いちねんさんぜん》の法門は釈尊《しゃくそん》一代の権教《ごんきょう》・実教《じっきょう》にもその名称《めいしょう》はなく、（正法《しょうほう》時代の）四依《しえ》の諸論師《しょろんじ》もそのような教えを著書《ちょしょ》に載《の》せていない。（像法《ぞうほう》時代の）中国や日本の人《にん》師《し》もそのような教えは用《もち》いていない。どうしてこれを信じることができるだろうか。

語訳

【仁王経《にんのうきょう》】鳩摩羅什《くまらじゅう》訳の仁王般若波羅蜜経《にんのうはんにゃはらみつきょう》。

【金剛般若経《こんごうはんにゃきょう》】鳩摩羅什《くまらじゅう》訳の金剛般若波羅蜜経《こんごうはんにゃはらみつきょう》。

【馬鳴菩薩《めみょうぼさつ》】2～3世紀ごろ、インドの大乗論師《だいじょうろんじ》。アシュヴァゴーシャのこと。付法蔵《ふほうぞう》第11祖《そ》。馬鳴作と伝えられる『大乗起信論《だいじょうきしんろん》』では、大乗仏教の根本教義を説《と》いて、衆生《しゅじょう》に正しい信を起こさせようとしている。

【如来蔵《にょらいぞう》】如来の胎児《たいじ》の意。すべての衆生《しゅじょう》に具《そな》わっている仏としての可能性。仏性《ぶっしょう》と同じとされる。

【天親菩薩《てんじんぼさつ》】4～5世紀ごろ、インドの学僧《がくそう》・ヴァスバンドゥ。新訳《しんやく》では「世親《せしん》」という。『倶舎論《くしゃろん》』や『法華論《ほっけろん》』(法華経の注釈書《ちゅうしゃくしょ》)の著者。ここでは、天親の『唯識三十論頌《ゆいしきさんじゅうろんじゅ》』の注釈書である『成唯識《じょうゆいしき》論《ろん》』を引用されている。

【有漏《うろ》】煩悩《ぼんのう》。漏《ろ》とは漏泄《ろうせつ》(漏《も》れる)の意。

【付法蔵《ふほうぞう》】釈尊《しゃくそん》の正統《せいとう》な後継者《こうけいしゃ》とされる人たちで、23人または24人。釈尊の教え(法蔵)を順次付嘱《ふぞく》し、伝え広めてきた。

【堅慧菩薩《けんえぼさつ》】4～6世紀ごろ、インドの学僧《がくそう》・サーラマティ。

【漢土南北の諸大人師《かんどなんぼくのしょだいにんし》】中国の南北朝時代《なんぼくちょう》（5～6世紀）に、北の黄河流域《こうがりゅういき》と南の長江流域《ちょうこう》の双方《そうほう》に現れ、仏教の教相判釈《きょうそうはんじゃく》を行《おこな》った学者たち。その住んでいた地域を踏《ふ》まえて、南三北七《なんさんほくしち》の10師という。いずれも天台大師《てんだいだいし》によって破折《はしゃく》された。

【日本七寺の末師《にほんしちじのまっし》】七寺とは南都七大寺《なんとしちだいじ》のことで、奈良《なら》時代までに伝わった仏教学派を研究する中心となった七つの寺。「末師」とは、ここでは前述の人師《にんし》の教えを継承《けいしょう》する僧《そう》たちのこと。

【清涼国師《しょうりょうこくし》】8～9世紀、中国・唐《とう》の華厳宗《けごんしゅう》第4祖《そ》・澄観《ちょうかん》。

【慧苑《えおん》】7～8世紀、唐《とう》の華厳僧《けごんそう》。

【了洪《りょうこう》】伝不詳《でんふしょう》。奈良《なら》の華厳宗《けごんしゅう》の僧《そう》か。

【得一《とくいつ》】日本の法相宗《ほっそうしゅう》の僧《そう》。徳一《とくいつ》、徳溢《とくいつ》とも書く。天台宗《てんだいしゅう》の法華一乗《ほっけいちじょう》を批判《ひはん》し、伝教大師《でんぎょうだいし》と論争《ろんそう》した。

【覆面舌《ふめんぜつ》】仏の舌《した》は顔を覆《おお》うほど長くて広いという。不妄語《ふもうご》の相《そう》を示す。

【弘法《こうぼう》】8～9世紀、真言宗《しんごんしゅう》の開祖《かいそ》。空海《くうかい》。大日経《だいにちきょう》を釈尊《しゃくそん》一代の諸経の中で第一の経とし、法華経をそれより劣《おと》る第三とした。

【醍醐《だいご》】五味《ごみ》のうち最高の教えを譬《たと》えた醍醐味《だいごみ》のこと。

五味とは、釈尊《しゃくそん》一代の教えを牛乳が精製《せいせい》される時に生じる5段階の味に譬え位置づけたもの。①乳味《にゅうみ》（牛乳そのもの）②酪味《らくみ》（発酵乳《はっこうにゅう》、ヨーグルトの類《たぐ》い）③生蘇味《しょうそみ》（サワークリームの類い）④熟蘇味《じゅくそみ》（発《はっ》酵《こう》バターの類い）⑤醍醐味（バターオイルの類い）の五つをいう。

解説

質問者の第2の疑問《ぎもん》は、経論《きょうろん》に関するものである。

すなわち、質問者はどうしても、十界《じっかい》の隔絶《かくぜつ》を説《と》く爾前《にぜん》の諸経こそ事実であり実語《じつご》であると主張《しゅちょう》し、さらに法華経と爾前の諸経、正像《しょうぞう》の論師《ろんじ》・人師《にんし》と天台《てんだい》・伝教《でんぎょう》を対比《たいひ》したうえで、一念《いちねん》三千《さんぜん》の法門は誤《あやま》った考えや伝承《でんしょう》であると論難《ろんなん》している。

華厳経《けごんぎょう》・仁王経《にんのうきょう》などの諸経や諸論《しょろん》には、仏の生命にはただ清浄《せいじょう》な善《ぜん》のみがあるとして、仏界《ぶっかい》が九界《きゅうかい》と隔絶《かくぜつ》することが強調され、十界互具《じっかいごぐ》に反する内容が説《と》かれている。

しかも、そうした諸経と法華経を比較《ひかく》すると、爾前経《にぜんきょう》は無数だが法華経は一経《いっきょう》であり、説法《せっぽう》された期間も爾前経は40余《よ》年だが法華経はただ8年だから、爾前経につくべきだと主張《しゅちょう》する。

論師《ろんじ》について見ても、十界互具《じっかいごぐ》と相反《あいはん》する内容を述べている馬鳴《めみょう》や天親《てんじん》（世親《せしん》）が仏法上、由緒《ゆいしょ》正しい人々であるのに対し、天台大師《てんだいだいし》はインドから離《はな》れた辺地《へんち》の小僧《しょうそう》にすぎない。

また仮に法華経につくとしても、その法華経にも明確に十界互具《じっかいごぐ》・百界千如《ひゃっかいせんにょ》・一念三千《いちねんさんぜん》を説《と》く経文は見当たらない。

むしろ、よくよく見てみれば方便品《ほうべんぼん》に「（仏は）諸法《しょほう》の中の悪《あく》を断じている」（法華経130ページ、趣意）とあって、仏界《ぶっかい》の善《ぜん》には九界《きゅうかい》の悪《あく》が具《そな》わっていないという十界互具《じっかいごぐ》を否定する経文があるではないか、と疑問《ぎもん》を呈《てい》している。

十界互具《じっかいごぐ》の言葉は、天親《てんじん》の『法華論《ほっけろん》』や堅慧《けんえ》の『宝性論《ほうしょうろん》』などのインドの論書《ろんしょ》をはじめとして、中国・日本の人師《にんし》も説《と》いてはおらず、天台大師《てんだいだいし》一人の誤《あやま》った考えであり、それを伝教大師《でんぎょうだいし》が誤って伝えたのであるとしている。そして、華厳宗《けごんしゅう》の清涼国師《しょうりょうこくし》（澄観《ちょうかん》）や慧苑法師《えおんほっし》らが天台を非難《ひなん》した文《もん》、日本法相宗《ほっそうしゅう》の得一《とくいつ》が天台を非難した文などを引いて、天台が説いた一念三千《いちねんさんぜん》の法門は信じ難《がた》い、と述べている。

第13章　経典・論書《ろんしょ》に関する難問《なんもん》に答える

（新131ページ10行目～132ページ6行目）
（全244ページ7行目～17行目）

答《こた》えて曰《い》わく、この難《なん》、最《もっと》も甚《はなは》だし、最《もっと》も甚《はなは》だし。ただし、諸経《しょきょう》と法華《ほっけ》との相違《そうい》は経文《きょうもん》より事《こと》起《お》こって分明《ふんみょう》なり。未顕《みけん》と已顕《いけん》と、証明《しょうみょう》と舌相《ぜっそう》と、二乗《にじょう》の成《じょう》・不《ふ》、始成《しじょう》と久成《くじょう》と等《とう》、これを顕《あらわ》す。

諸論師《しょろんじ》のことは、天台大師《てんだいだいし》云《い》わく「天親《てんじん》・竜樹《りゅうじゅ》、内《うち》に鑑《かんが》みるに冷然《れいねん》にして、外《そと》には時《とき》の宜《よろ》しきに適《かな》い、各《おのおの》権《かり》に拠《よ》るところあり。しかるに、人師《にんし》はひとえに解《げ》し、学者《がくしゃ》はいやしくも執《しゅう》し、ついに矢石《しせき》を興《おこ》し、各《おのおの》一辺《いっぺん》を保《たも》って、大《おお》いに聖道《しょうどう》に乖《そむ》けり」等云々《とううんぬん》。章安大師《しょうあんだいし》云《い》わく「天竺《てんじく》の大論《だいろん》すら、なおその類《たぐ》いにあらず。真旦《しんたん》の人師《にんし》、何《なん》ぞ労《わずら》わしく語《かた》るに及《およ》ばん。これは誇耀《こよう》にあらず。法相《ほっそう》のしからしむるのみ」等云々《とううんぬん》。天親《てんじん》・竜樹《りゅうじゅ》・馬鳴《めみょう》・堅慧等《けんえとう》は内鑑冷然《ないかんれいねん》たり。しかりといえども、時《とき》いまだ至《いた》らざるが故《ゆえ》にこれを宣《の》べざるか。人師《にんし》においては、天台已前《てんだいいぜん》は、あるいは珠《たま》を含《ふく》み、あるいは一向《いっこう》にこれを知《し》らず。已後《いご》の人師《にんし》は、あるいは初《はじ》めにこれを破《は》して後《のち》に帰《き》伏《ぶく》する人有《ひとあ》り。あるいは一向用《いっこうもち》いざる者《もの》もこれ有《あ》り。

ただし、「諸法《しょほう》の中《なか》の悪《あく》を断《だん》じたまえり」の経文《きょうもん》を会《え》すべきなり。彼《かれ》は法《ほ》華経《けきょう》に爾前《にぜん》を載《の》せたる経文《きょうもん》なり。往《い》ってこれを見《み》るに、経文分明《きょうもんふんみょう》に十界互《じっかいご》具《ぐ》これを説《と》く。いわゆる「衆生《しゅじょう》をして仏知見《ぶっちけん》を開《ひら》かしめんと欲《ほっ》す」等云々《とううんぬん》。天台《てんだい》この経文《きょうもん》を承《う》けて云《い》わく「もし衆生《しゅじょう》に仏知見《ぶっちけん》無《な》くんば、何《なん》ぞ開《かい》を論《ろん》ずるところあらん。当《まさ》に知《し》るべし、仏《ほとけ》の知見《ちけん》、衆生《しゅじょう》に蘊在《うんざい》することを」云々《うんぬん》。章安大師《しょうあんだいし》云《い》わく「衆生《しゅじょう》にもし仏《ほとけ》の知見《ちけん》無《な》くんば、何《なん》ぞ開悟《かいご》するところあらん。もし貧女《ひんにょ》に蔵《ぞう》無《な》くんば、何《なん》ぞ示《しめ》すところあらんや」等云々《とううんぬん》。

通　解

答えて言う。この難問《なんもん》は、最も厳《きび》しいものである。最も厳しいものである。

ただし、爾前《にぜん》の諸経と法華経との違《ちが》いに関していえば、経文を見れば、その違いは明らかである。すなわち釈尊《しゃくそん》自身、爾前経は未顕《みけん》真実《しんじつ》、法華経は已顕真実《いけんしんじつ》と説《と》かれている。また、法華経には多宝如来《たほうにょらい》や十方《じっぽう》の諸仏《しょぶつ》による証明《しょうみょう》（＝真実であるとの保証《ほしょう》）があるが、爾前経にはわずかに広長舌相《こうちょうぜっそう》があるだけである。爾前また教えの内容も、爾前経の二乗不作仏《にじょうふさぶつ》と法華経の二乗作仏《にじょうさぶつ》、爾前経の始成正覚《しじょうしょうがく》と法華経の久遠実成《くおんじつじょう》など、はっきりとした違いがある。

諸論師《しょろんじ》の問題について、天台大師《てんだいだいし》は「天親《てんじん》菩薩《ぼさつ》や竜樹《りゅうじゅ》菩薩は、一念三千《いちねんさんぜん》を心の中で明らかに覚《さと》っていたが、外に対しては、時代に適《てき》した教えを説《と》こうとし、自分の立場をそれに合わせた。ところが、人師《にんし》は偏《かたよ》って解釈し、その後の学者たちはそれらを無批判《むひはん》に信じて執着《しゅうちゃく》し、ついには互《たが》いに争《あらそ》いを起こし、各派《かくは》は自己の偏頗《へんぱ》な主張にとらわれて、正しい覚りの道にまったく背《そむ》いてしまったのである」（『摩訶止観《まかしかん》』）と言っている。

章安大師《しょうあんだいし》は「インドの優《すぐ》れた論書《ろんしょ》ですら比《ひ》較《かく》にならない。まして、中国の人師《にんし》たちは、論ずるまでもない。これは誇張《こちょう》して言うのではない。まったく天台大師《てんだいだいし》が説《と》いた教えが優れているからそのように言うのである」と言っている。

天親《てんじん》・竜樹《りゅうじゅ》・馬鳴《めみょう》・堅慧《けんえ》ら（の正法《しょうほう》時代の論師《ろんじ》たち）は、一念三千《いちねんさんぜん》を心の中では明らかに覚《さと》っていたが、いまだ時が来ていなかったので、これを述べなかったのだろうか。（像《ぞう》法《ほう》時代の）人師《にんし》たちにおいては天台大師《てんだいだいし》以前は、あるいは一念三千という宝《たから》の珠《たま》を内心《ないしん》に含《ふく》んで外に説《と》かなかった人もいれば、あるいはまったくこれを知らない人もいた。天台大師以後の人師は、あるいは最初は天台大師の説《せつ》を批判《ひはん》したが後《のち》に屈服《くっぷく》した人がいた。あるいは最後までこれを用《もち》いない者もいた。

ただし（先に引かれた）「如来は諸法の中の悪を断じている」の経文について説明しておかなければならない。この方便品《ほうべんぽん》の文《もん》は、法華経に爾前《にぜん》の経文の趣旨《しゅし》を載《の》せているのである。法華経をよく見てみると、そこにははっきりと十界互具《じっかいごぐ》が説《と》かれている。すなわち方便品に「衆生に仏知見《ぶっちけん》（仏の智慧《ちえ》）を開《ひら》かせようとする」とある文がそれである。

天台大師《てんだいだいし》は、この経文を受けて「もし衆生《しゅじょう》の中に仏知見《ぶっちけん》（仏の智慧《ちえ》）がないなら、どうしてそれを開《ひら》かせようと論じるだろうか。仏の智慧が、衆生の生命の奥底《おうてい》にあることがわかるのである」と言っている。

章安大師《しょうあんだいし》は「衆生《しゅじょう》にもし仏の智慧《ちえ》がないなら、どうしてそれを開き悟《さと》ることができるだろうか。もし貧《まず》しい女性の家に金《きん》が埋《う》まっていないなら、どうしてその金を示すことができるだろうか」と言っている。

語訳

【未顕《みけん》と已顕《いけん》】未顕真実《みけんしんじつ》（未《いま》だ真実を顕《あらわ》さず）の爾前経《にぜんきょう》と、已顕真実《いけんしんじつ》の実経《じっきょう》との相対《そうたい》。法華経の開経《かいきょう》である無量義経《むりょうぎきょう》に、40余《よ》年の説法《せっぽう》ではいまだ真実を明らかにしていない（法華経29ページ）と表明され、法華経のみが真実の教えであることが示されている。

【証明《しょうみょう》】法華経では、多宝如来《たほうにょらい》と三世十方《さんぜじっぽう》の諸仏《しょぶつ》による法華経が真実であるとの保証《ほしょう》が説《と》かれている（法華経373ページ）。これらは爾前経《にぜんきょう》にはない。

【舌相《ぜっそう》】法華経の諸仏《しょぶつ》の証明《しょうみょう》に対して、爾前《にぜん》の諸経における阿弥陀《あみだ》などの舌相を指している。

【二乗《にじょう》の成《じょう》・不《ふ》】爾前経《にぜんきょう》では二乗不作仏《にじょうふさぶつ》（二乗は成仏できない）、法華経では二乗作仏《にじょうさぶつ》を説《と》く。

【始成《しじょう》と久成《くじょう》】始成正覚《しじょうしょうがく》と久遠実成《くおんじつじょう》。爾前経《にぜんきょう》や法華経迹門《しゃくもん》では、釈尊《しゃくそん》はインドに生まれ菩提樹《ぼだいじゅ》の下《もと》で今《こん》世《ぜ》で初めて成道《じょうどう》したと説《と》く（始成正覚）が、法華経本門《ほんもん》では、五百塵点劫《ごひゃくじんてんごう》の過去久遠からすでに仏であった（久遠実成）と説く。

【竜樹《りゅうじゅ》】2〜3世紀、インドの仏教思想家・ナーガールジュナのこと。主著『中論《ちゅうろん》』などで大乗《だいじょう》仏教の「空《くう》」の思想にもとづいて実在論を批判《ひはん》し、以後の仏教思想に大きな影響《えいきょう》を与えた。

【内鑑冷然《ないかんれいねん》】『摩訶止観《まかしかん》』に「内《うち》に鑑《かんが》みるに冷然《れいねん》にして、外には時の宜《よろ》しきに適《かな》い（内鑑冷然外適時宜《げちゃくじぎ》）」

とある。内心には明瞭《めいりょう》な覚《さと》りを得ているが、外には時に合わせて法を説《と》くこと。

解説

ここから日蓮大聖人は、先の二つの疑問《ぎもん》に答えるにあたって、質問とは順序《じゅんじょ》を変え、初めに経論《きょうろん》に関する疑問から答えられていく。

まず、法華経と爾前経《にぜんきょう》との間に根本的な相違《そうい》があることについて、経文自体に説《と》かれる内容によって明らかである、と答えられる。

その第1は「未顕《みけん》と已顕《いけん》」である。これは、教主《きょうしゅ》である釈尊《しゃくそん》自身が爾前経《にぜんきょう》を「未顕真実《みけんしんじつ》」と断じ、法華経こそ真実の教えを明らかにした経としているということである。

第2の「証明《しょうみょう》と舌相《ぜっそう》」とは、法華経の会座《えざ》では、多宝《たほう》・十方《じっぽう》の諸仏《しょぶつ》の証明（真実であるとの保証《ほしょう》）があるのに対して、爾前《にぜん》の諸経には、ごく一部の経に、わずかな仏による舌相（舌《した》を出して真実であると保証すること）が見られるだけである。

第3の「二乗《にじょう》の成《じょう》・不《ふ》」は衆生《しゅじょう》の救済《きゅうさい》の可否《かひ》に関するもので、二乗は救《すく》えないというのが爾《に》前《ぜん》、その二乗も含《ふく》め一切《いっさい》衆生の成仏《じょうぶつ》を説《と》いたのが法華経である。

第4の「始成《しじょう》と久成《くじょう》」は、教主《きょうしゅ》の境地《きょうち》の深さに格段《かくだん》の相違《そうい》があるということである。

次に、仏滅後《ぶつめつご》のインドの論師《ろんじ》が一念三千《いちねんさんぜん》を説《と》いていないという論難《ろんなん》について答えられる。

まず、『摩訶止観《まかしかん》』の「天親《てんじん》・竜樹《りゅうじゅ》、内《うち》に鑑《かんが》みるに冷然《れいねん》にして、外《そと》には時《とき》の宜《よろ》しきに適《かな》い、各《おのおの》権《かり》に拠《よ》るところあり」の文《もん》を引用して、彼らは内心では一念三千《いちねんさんぜん》を覚知《かくち》していたが、時が来ていなかったので外に向かってそのまま説《と》くことはなかったのだと反論《はんろん》されている。

さらに中国の人師《にんし》については、天台大師《てんだいだいし》以前にも一念三千《いちねんさんぜん》をうすうす覚知《かくち》していた者もいて、あるいはまったく知らない者もいた。

天台大師《てんだいだいし》が一念三千《いちねんさんぜん》を説《と》いた以後は、初めは批判《ひはん》しても最後には屈服《くっぷく》した者もいたのであって、質問者が言うように「天台一人《いちにん》のみの僻見《びゃっけん》」「伝教《でんぎょう》一人のみの謬伝《みょうでん》」というのは誤認識《ごにんしき》である。

最後に、法華経方便品《ほうべんぼん》の「諸法《しょほう》の中《なか》の悪《あく》を断《だん》じたまえり」については、この文《もん》は法華経に爾前《にぜん》の経文の考えを載《の》せたものであると答えられている。

法華経の経文自体に十界互具《じっかいごぐ》・百界千如《ひゃっかいせんにょ》・一念三千《いちねんさんぜん》の証文《しょうもん》がないではないか、との問《と》いに対しては、法華経の経文をよく見るとはっきりと書いてある、と答えられている。

そして、第6・9章に続き3度目となる方便品《ほうべんぽん》の「衆生《しゅじょう》をして仏知見《ぶっちけん》を開《ひら》かしめんと欲《ほっ》す」の文《もん》を引き、さらにこの文を注釈《ちゅうしゃく》した天台《てんだい》・章安《しょうあん》の言葉を引用されている。衆生の生命の内に仏知見があるから「開《ひら》く」と言われているのであり、このことからも十界互具《じっかいごぐ》の法理は明らかであると確認されている。

第14章　教主《きょうしゅ》の難問《なんもん》に答えるにあたり、まず難信難解《なんしんなんげ》を示す

（新132ページ7行目〜133ページ1行目）
（全244ページ18行目〜245ページ8行目）

ただし、会《え》し難《がた》きところは、上《かみ》の教主釈尊等《きょうしゅしゃくそんとう》の大難《だいなん》なり。このことを仏《ほとけ》遮会《しゃえ》して云《のたま》わく「已今当《いこんとう》の説《せつ》に最《もっと》もこれ難信難解《なんしんなんげ》なり」。次下《つぎしも》の「六難九《ろくなんく》易《い》」これなり。天台大師《てんだいだいし》云《い》わく「二門《にもん》ことごとく昔《むかし》と反《はん》すれば、難信難解《なんしんなんげ》なり。鋒《ほこ》に当《あ》たる難事《なんじ》なり」。章安大師《しょうあんだいし》云《い》わく「仏《ほとけ》これをもって大事《だいじ》となす。何《なん》ぞ解《げ》し易《やす》きことを得《う》べけんや」。伝教大師《でんぎょうだいし》云《い》わく「この法華経《ほけきょう》は最《もっと》もこれ難信難解《なんしんなんげ》なり。随自意《ずいじい》の故《ゆえ》に」等云々《とううんぬん》。

夫《そ》れ、仏《ほとけ》より滅後《めつご》一千八百余年《いっせんはっぴゃくよねん》に至《いた》るまで、三国《さんごく》に経歴《きょうりゃく》して、ただ三人《さんにん》のみ有《あ》って始《はじ》めてこの正法《しょうほう》を覚知《かくち》せり。いわゆる、月支《がっし》の釈尊《しゃくそん》、真旦《しんたん》の智《ち》者大師《しゃだいし》、日域《にちいき》の伝教《でんぎょう》、この三人《さんにん》は内典《ないてん》の聖人《しょうにん》なり。

問《と》うて曰《い》わく、竜樹《りゅうじゅ》・天親等《てんじんとう》はいかん。

答《こた》えて曰《い》わく、これらの聖人《しょうにん》は知《し》って言《い》わざるの仁《じん》なり。あるいは迹門《しゃくもん》の一分《いちぶん》これを宣《の》べて、本門《ほんもん》と観心《かんじん》とを云《い》わず。あるいは機《き》有《あ》って時無《ときな》きか、あるいは機《き》と時《とき》と共《とも》にこれ無《な》きか。天台《てんだい》・伝教已後《でんぎょういご》はこれを知《し》る者《もの》多々《たた》なり。二聖《にしょう》の智《ち》を用《もち》いるが故《ゆえ》なり。いわゆる、三論《さんろん》の嘉祥《かじょう》、南三北七《なんさんほくしち》の百余人《ひゃくよにん》、華厳宗《けごんしゅう》の法蔵《ほうぞう》・清涼等《しょうりょうとう》、法相宗《ほっそうしゅう》の玄奘三蔵《げんじょうさんぞう》・慈恩大師等《じおんだいしとう》、真言《しんごん》宗《しゅう》の善無畏三蔵《ぜんむいさんぞう》・金剛智三蔵《こんごうちさんぞう》・不空三蔵等《ふくうさんぞうとう》、律宗《りっしゅう》の道宣等《どうせんとう》、初《はじ》めには反逆《ほんぎゃく》を存《そん》し、後《のち》には一向《いっこう》に帰伏《きぶく》せしなり。

通解

ただし説明することが難《むずか》しいのは、先に挙《あ》げた、教主釈尊《きょうしゅしゃくそん》が私たちの己心《こしん》に住むとは考えられないとの大難問《だいなんもん》である。

仏は、この点についてあらかじめ説明して、次のように言われている。「已《すで》に説《と》き（爾前経《にぜんきょう》）、今《いま》説き（無量義経《むりょうぎきょう》）、当《まさ》に説こうとする（涅槃経《ねはんぎょう》）経典のなかで、法華経が最も信じ難《がた》く理解し難い」（法華経法師品《ほっしほん》）と。またその次の「六難九易《ろくなんくい》」（宝塔品《ほうとうほん》）で示されていることもこれである。

天台大師《てんだいだいし》は「法華経迹門《しゃくもん》・本門《ほんもん》の二門ともに、昔《むかし》に説《と》いた爾前経《にぜんきょう》と反しているので信じ難《がた》く理解し難いのである。戦場《せんじょう》で先陣《せんじん》を切って敵《てき》に当たるように第一に難《むずか》しいことである」（『法華文句《ほっけもんぐ》』）と言っている。

章安大師《しょうあんだいし》は「仏は十界互具《じっかいごぐ》・百界千如《ひゃっかいせんにょ》を大事とした。どうして理解しやすいわけがあるだろうか」と言っている。

伝教大師《でんぎょうだいし》は「この法華経は、最も難信難解《なんしんなんげ》である。なぜなら仏が覚《さと》りの真実をそのまま説《と》いた随自意《ずいじい》の教えであるからである」と言っている。

仏滅後《ぶつめつご》1800余《よ》年の間に、インド・中国・日本の三国にわたって、ただ3人だけが、はじめてこの正法《しょうほう》を覚知《かくち》した。すなわちインドの釈尊《しゃくそん》、中国の天台智者大師《てんだいちしゃだいし》、日本の伝教《でんぎょう》大師であり、この3人は仏教における聖《しょう》人《にん》である。


問《と》うて言う。それでは竜樹菩薩《りゅうじゅぼさつ》や天親《てんじん》菩薩たちはどうか。

答えて言う。これらの聖人《しょうにん》たちは、心の中では知っていたが、外に向かって言わなかった人たちである。あるいは迹門《しゃくもん》の一部分の教えを述べて、本門《ほんもん》と観心《かんじん》の教えについては説《と》き示さなかった。あるいは衆生《しゅじょう》の機根《きこん》はあっても説くべき時ではなかったからだろうか、あるいは機根も時も、ともになかったからだろうか。

天台《てんだい》・伝教《でんぎょう》以後は、一念三千《いちねんさんぜん》の法門を知った者が多くいた。それは、この2人の聖人《しょうにん》の智慧《ちえ》を用《もち》いたからである。

すなわち、三論宗《さんろんしゅう》の嘉祥《かじょう》（吉蔵《きちぞう》）、南三北《なんさんほく》

七《しち》の各学派《かくがくは》の100余《よ》人、華厳宗《けごんしゅう》の法蔵《ほうぞう》や清《しょう》涼《りょう》（澄観《ちょうかん》）ら、法相宗《ほっそうしゅう》の玄奘三蔵《げんじょうさんぞう》や慈恩大師《じおんだいし》（基《き》）ら、真言宗《しんごんしゅう》の善無畏《ぜんむい》三蔵・金剛智《こんごうち》三蔵・不空《ふくう》三蔵ら、律宗《りっしゅう》の道宣《どうせん》らは、はじめは一念《いちねん》三千《さんぜん》の説《せつ》に反発《はんぱつ》していたが、後《のち》にはまったく屈服《くっぷく》したのである。

語訳

【已今当《いこんとう》】法華経法師品《ほっしほん》第10に「我《わ》が説《と》く所の経典は無量千万億《むりょうせんまんのく》にして、已《すで》に説き、今《いま》説き、当《まさ》に説くべし。而《しか》も其《そ》の中に於《お》いて、此《こ》の法華経は最も為《こ》れ難信難解《なんしんなんげ》なり」（法華経362ページ）とある。天台大師《てんだいだいし》は、已説《いせつ》とは40余《よ》年の爾前経《にぜんきょう》、今説《こんせつ》とは法華経と同じ霊鷲山《りょうじゅせん》で説かれた無量義経《むりょうぎきょう》、当説《とうせつ》とは釈尊《しゃくそん》が入滅《にゅうめつ》の前に説いた涅槃経《ねはんぎょう》をいうと解釈している。法華経は、釈尊の覚《さと》りをそのまま説いているゆえに最も難信難解であり、この已今当の三説を超《こ》えた真実が説き明かされた経典である。

【随自意《ずいじい》】既出。第7章、本書67ページを参照。

【三論《さんろん》の嘉祥《かじょう》】嘉祥大師吉蔵《かじょうだいしきちぞう》。6～7世紀、中国の隋《ずい》・唐《とう》の三論宗《さんろんしゅう》の僧《そう》。三論教学を大成《たいせい》した後、法華経について天台大師《てんだいだいし》と書を交《か》わし、法華経の研究を進めた。

【華厳宗《けごんしゅう》の法蔵《ほうぞう》】7～8世紀、唐《とう》の華厳宗第3祖《そ》。華厳教学の大成者《たいせいしゃ》。

【玄奘《げんじょう》】7世紀、唐《とう》の法相宗《ほっそうしゅう》の祖《そ》。インドに渡《わた》り、経典を中国に持ち帰った。

【慈恩《じおん》】慈恩大師基《じおんだいしき》。7世紀、法相宗《ほっそうしゅう》の事実上の開祖《かいそ》。玄奘《げんじょう》の弟子。

【善無畏《ぜんむい》】7〜8世紀、インド出身の密教僧《みっきょうそう》。唐《とう》に渡《わた》り、中国に初めて本格的な密教を伝えた。大日経《だいにちきょう》などを訳出《やくしゅつ》。

【金剛智《こんごうち》】7〜8世紀、インド出身の密教僧《みっきょうそう》。唐《とう》に渡《わた》り、金剛頂経《こんごうちょうきょう》を訳し弘《ひろ》めた。

【不空《ふくう》】8世紀、インド出身の密教僧《みっきょうそう》。金剛智《こんごうち》の弟子。唐《とう》に渡《わた》り玄宗皇帝《げんそうこうてい》の帰依《きえ》を受け、密教を弘《ひろ》めた。

【律宗《りっしゅう》の道宣《どうせん》】6〜7世紀、唐《とう》の南山律宗《なんざんりっしゅう》の祖《そ》。

解説

ここでは、もう一つの疑問《ぎもん》、つまり〝仏が明らかに説《と》かれていることではあるけれども、偉大な教主釈尊《きょうしゅしゃくそん》のような仏の境涯《きょうがい》が凡夫《ぼんぷ》の心に具《そな》わるとは思えない〟との疑問に答えるにあたり、再度、この問題こそ難信難解《なんしんなんげ》であることを経・釈《しゃく》を引いて示されている。

初めに、法華経法師品《ほっしほん》の「（法華経は）已説《いせつ》（爾前経《にぜんきょう》）、今説《こんせつ》（無量義経《むりょうぎきょう》）、当説《とうせつ》（涅槃経《ねはんぎょう》）の中で、最も難信難解《なんしんなんげ》である」の文《もん》、および宝塔品《ほうとうほん》の六難九易《ろくなんくい》を挙《あ》げ、関連する天台《てんだい》・章安《しょうあん》・伝教《でんぎょう》の釈《しゃく》を示されている。

次に、このように法華経の一念三千《いちねんさんぜん》は難信難解《なんしんなんげ》であるゆえに、仏教史上、この正法《しょうほう》を覚知《かくち》したのは、インドの釈尊《しゃくそん》、中国の天台大師《てんだいだいし》、日本の伝教《でんぎょう》大師の3人に限られることを指摘されている。日蓮大聖人は「顕仏未来記《けんぶつみらいき》」で、この3人に御自身《ごじしん》を加えられ「三国四師《さんごくしし》」（新612ページ・全509ページ）と呼ばれている。

この3人以外で、インドの大乗論師《だいじょうろんじ》であった竜樹《りゅうじゅ》や天親《てんじん》も、この正法《しょうほう》を知ってはいたが、時が至《いた》っていないゆえに、外に向かってはほとんど説《と》かず、説いてもせいぜい迹門《しゃくもん》の一部分にすぎなかった、と明かされている。

また、天台大師《てんだいだいし》や伝教大師《でんぎょう》が一念三千《いちねんさんぜん》を説《と》いたあと、最初は反発《はんぱつ》しても、後《のち》には天台・伝教の正しさを認《みと》めてその説《せつ》を用《もち》いた人や、表面上は対立していても、実質上、屈服《くっぷく》した者もいると指摘されて、それらの名だけを挙《あ》げられている。

釈尊《しゃくそん》以後、正法《しょうほう》・像法《ぞうほう》の2000年にわたって、一念三千《いちねんさんぜん》の法門を理解できるだけの優《すぐ》れた智慧《ちえ》のある人は、極《きわ》めて少数しかいなかった。それゆえ、そのような智慧のない末法《まっぽう》の凡夫《ぼんぷ》には、一念三千は当然、難信難解《なんしんなんげ》なのである。

第15章　教主《きょうしゅ》に関する難問《なんもん》に答える

（新133ページ2行目〜134ページ10行目）（全245ページ9行目〜246ページ9行目）

ただし、初《はじ》めの大難《だいなん》を遮《しゃ》せば、無量義経《むりょうぎきょう》に云《い》わく「譬《たと》えば、国王《こくおう》と夫人《ぶにん》の新《あら》たに王子《おうじ》を生《しょう》ぜんがごとし。もしは一日《いちにち》、もしは二日《ににち》、もしは七日《しちにち》に至《いた》り、もしは一月《ひとつき》、もしは二月《ふたつき》、もしは七月《ななつき》に至《いた》り、もしは一歳《いっさい》、もしは二歳《にさい》、もしは七歳《ななさい》に至《いた》り、また国事《こくじ》を領理《りょうり》すること能《あた》わずといえども、すでに臣民《しんみん》の宗敬《しゅうぎょう》するところとなり、諸《もろもろ》の大王《だいおう》の子《こ》をば、もって伴侶《ばんりょ》となさん。王《おう》および夫人《ぶにん》は、愛心《あいしん》ひとえに重《おも》くして、常《つね》にともに語《かた》らん。所以《ゆえん》はいかん。稚小《ちしょう》なるをもっての故《ゆえ》なり。善男子《ぜんなんし》よ。この持経者《じきょうしゃ》もまたかくのごとく、諸仏《しょぶつ》の国王《こくおう》とこの経《きょう》の夫人《ぶにん》と和合《わごう》して、共《とも》にこの菩薩《ぼさつ》の子《こ》を生《しょう》ず。もし菩薩《ぼさつ》、この経《きょう》のもしは一句《いっく》、もしは一偈《いちげ》、もしは一転《いってん》、もしは二《に》転《てん》、もしは十《じゅう》、もしは百《ひゃく》、もしは千《せん》、もしは万《まん》、もしは億万恒河沙無量無《おくまんごうがしゃむりょうむ》数転《しゅてん》ずるを聞《き》くことを得《え》ば、また真理《しんり》の極《ごく》を体《さと》ること能《あた》わずといえども乃至《ないし》すでに一切《いっさい》の四衆八部《ししゅはちぶ》の宗仰《しゅうごう》するところとなり、諸《もろもろ》の大菩薩《だいぼさつ》をば、もって眷属《けんぞく》となさん乃至《ないし》常《つね》に諸仏《しょぶつ》の護念《ごねん》するところとなり、慈愛《じあい》にひとえに覆《おお》われん。新学《しんがく》なるをもっての故《ゆえ》なり」等云々《とううんぬん》。

普賢経《ふげんぎょう》に云《い》わく「この大乗経典《だいじょうきょうてん》は、諸仏《しょぶつ》の宝蔵《ほうぞう》なり。十方三世《じっぽうさんぜ》の諸仏《しょぶつ》の眼目《げんもく》なり。乃至《ないし》、三世《さんぜ》の諸《もろもろ》の如来《にょらい》を出生《しゅっしょう》する種《たね》なり乃至《ないし》汝《なんじ》は大乗《だいじょう》を行《ぎょう》じて、仏種《ぶっしゅ》を断《た》たざれ」等云々《とううんぬん》。また云《い》わく「この方等経《ほうどうきょう》は、これ諸仏《しょぶつ》の眼《まなこ》なり。諸仏《しょぶつ》はこれに因《よ》って五眼《ごげん》を具《ぐ》することを得《え》たまえり。仏《ほとけ》の三種《さんしゅ》の身《み》は、方等《ほうどう》より生《しょう》ず。これ大法印《だいほういん》なり。涅槃海《ねはんかい》を印《いん》す。かくのごとき海中《かいちゅう》より能《よ》く三種《さんしゅ》の仏《ほとけ》の清浄《しょうじょう》の身《み》を生《しょう》ず。この三種《さんしゅ》の身《み》は、人天《にんてん》の福田《ふくでん》なり」等《とう》云々《うんぬん》。

夫《そ》れ以《おも》んみれば、釈迦如来一代《しゃかにょらいいちだい》の顕密《けんみつ》・大小《だいしょう》の二教《にきょう》、華厳《けごん》・真言等《しんごんとう》の諸《しょ》宗《しゅう》の依経《えきょう》、往《い》ってこれを勘《かん》がうるに、あるいは十方台葉《じっぽうだいよう》の毘盧遮那仏《びるしゃなぶつ》、大集《だいじゅう》の雲集《うんじゅう》の諸仏如来《しょぶつにょらい》、般若《はんにゃ》の染浄《ぜんじょう》の千仏示現《せんぶつじげん》、大日《だいにち》・金剛頂等《こんごうちょうとう》の千二百尊《せんにひゃくそん》、ただその近因近果《ごんいんごんか》のみを演説《えんぜつ》して、その遠因果《おんいんが》を顕《あらわ》さず。速疾頓成《そくしつとんじょう》これを説《と》けども、三《さん》・五《ご》の遠化《おんけ》を亡失《もうしつ》し、化導《けどう》の始終跡《しじゅうあと》を削《けず》って見《み》えず。華厳《けごん》経《ぎょう》・大日経等《だいにちきょうとう》は、一往《いちおう》これを見《み》るに別《べつ》・円《えん》・四蔵等《しぞうとう》に似《に》たれども、再往《さいおう》これを勘《かんが》うれば蔵《ぞう》・通二教《つうにきょう》に同《どう》じていまだ別《べつ》・円《えん》にも及《およ》ばず。本有《ほんぬ》の三因《さんいん》これ無《な》し。何《なに》をもってか仏《ほとけ》の種子《しゅし》を定《さだ》めん。

しかるに、新訳《しんやく》の訳者等《やくしゃとう》、漢土《かんど》に来入《らいにゅう》するの日《ひ》、天台《てんだい》の一念三千《いちねんさんぜん》の法門《ほうもん》を見聞《けんもん》して、あるいは自《みず》ら持《たも》つところの経々《きょうぎょう》に添加《てんか》し、あるいは天竺《てんじく》より受持《じゅじ》するの由《よし》これを称《しょう》す。天台《てんだい》の学者等《がくしゃとう》、あるいは自宗《じしゅう》に同《どう》ずるを悦《よろこ》び、あるいは遠《とお》きを貴《たっと》んで近《ちか》きを蔑《さげす》み、あるいは旧《ふる》きを捨《す》てて新《あたら》しきを取《と》り、魔心《ましん》・愚心《ぐしん》出来《しゅったい》す。しかりといえども、詮《せん》ずるところは、一念三千《いちねんさんぜん》の仏種《ぶっしゅ》にあらずんば、有情《うじょう》の成仏《じょうぶつ》、木画《もくえ》二像《にぞう》の本尊《ほんぞん》は有名無実《うみょうむじつ》なり。

通解

さて、あなたが初めに挙《あ》げた、偉大な釈尊《しゃくそん》が凡夫《ぼんぷ》の劣《おと》った心に具《そな》わるのかという最大の難問《なんもん》を解決《かいけつ》しよう。

無量義経《むりょうぎきょう》に次のようにある。

「たとえば国王と夫人との間に新たに王子が生まれたようなものである。この王子が1日、2日、あるいは7日と日がたち、または1カ月、2カ月、あるいは7カ月に至《いた》り、あるいは1歳、2歳、あるいは7歳になって、いまだ国の政治を執《と》ることはできないにしても、すでに臣民《しんみん》に尊《とうと》び敬《うやま》われ、多くの大王の子どもを友だちとするようになるだろう。国王とその夫人がこの子を愛する心はただただ重《おも》く、常にこの王子のことを語り合うだろう。なぜならこの王子は、幼《おさな》く小さいからである。善男子《ぜんなんし》よ、この経を信じ持《たも》つ者もまたこれと同じである。諸仏《しょぶつ》という国王とこの経という夫人が和合《わごう》して、この菩薩《ぼさつ》という子が生まれた。この菩薩は、この経を聞くことがあって、その一句一偈《いっくいちげ》を、あるいは1回、2回、10回、100回、1000回、万回、億《おく》万恒河沙《まんごうがしゃ》というように無量無数回《むりょうむすうかい》、転読《てんどく》するなら、いまだ真理の究極を体得《たいとく》することはできなくても、〈中略〉すでに一切《いっさい》の四衆《ししゅ》や八《はち》部衆《ぶしゅ》に尊《とうと》び仰《あお》がれ、もろもろの大菩薩を眷属《けんぞく》とし、〈中略〉常に諸仏に護念《ごねん》され、ひたすら慈愛《じあい》に覆《おお》われるだろう。なぜなら、仏法を新たに学びはじめた者だからである」とある。

普賢経《ふげんぎょう》には「この大乗経典《だいじょうきょうてん》は、諸仏《しょぶつ》の宝蔵《ほうぞう》である。十方三世《じっぽうさんぜ》の諸仏の眼目《がんもく》である。〈中略〉三世のもろもろの如来《にょらい》を出生《しゅっしょう》する種《たね》である。〈中略〉あなたは大乗経典を受持《じゅじ》し行じて、仏種《ぶっしゅ》を断《た》ち切ってはならない」とある。

また「この方等経《ほうどうきょう》は、諸仏《しょぶつ》の眼《まなこ》である。諸仏はこの方等経を受持《じゅじ》し行じた因《いん》によって五《ご》眼《げん》を具《そな》えることができた。仏の三身《さんじん》（＝法《ほっ》身《しん》・報身《ほうしん》・応身《おうじん》）は、方等より生《しょう》じる。この経は偉大なる法の証《あか》しである。海のように広大な涅槃《ねはん》の境涯《きょうがい》の証しとなるものである。このような涅槃の海中から、法報応《ほっぽうおう》の3種の仏の清浄《せいじょう》な身を生じる。この3種の身は人界《にんかい》・天界《てんかい》の衆生《しゅじょう》に利益《りやく》をもたらす福田《ふくでん》である」とある。

さて、釈迦如来《しゃかにょらい》一代の説法《せっぽう》の、顕教《けんきょう》と密教《みっきょう》、大乗《だいじょう》と小乗《しょうじょう》の二教、華厳宗《けごんしゅう》・真言宗《しんごんしゅう》などの諸宗がよりどころとしている経典を、一つ一つ考えてみると、華厳経《けごんぎょう》には十方《じっぽう》の蓮華《れんげ》の上に分身《ふんじん》の仏を現《あらわ》す毘盧遮那仏《びるしゃなぶつ》が説《と》かれ、大集経《だいじっきょう》には雲《くも》のように多く湧《わ》き集まった諸仏《しょぶつ》如来、般若経《はんにゃきょう》には染浄《ぜんじょう》の千仏《せんぶつ》が示現《じげん》したと説かれ、また大日経《だいにちきょう》や金剛頂経《こんごうちょうきょう》などには千二百尊《そん》が説かれているが、いずれも、ただその近因《ごんいん》近果《ごんか》を説くだけで、久遠《くおん》の本因本果《ほんいんほんが》を明らかにしていない。

速《すみ》やかに成仏《じょうぶつ》できるとは説《と》いても、三千塵《さんぜんじん》点劫《てんごう》・五百塵点劫《ごひゃくじんてんごう》という久遠《くおん》の過去における教化《きょうけ》を見失《みうしな》い、化導《けどう》の始終《しじゅう》についてまったく述べられていない。

華厳経《けごんぎょう》や大日経《だいにちきょう》などは、表面的に見れば、別教《べっきょう》・円教《えんぎょう》、四蔵《しぞう》などに似《に》ているようであるが、さらに立ち入って考えてみれば、蔵教《ぞうきょう》・通教《つうぎょう》の二教に同じで、いまだ別教・円教にも及《およ》ばない。一切衆生《いっさいしゅじょう》に本来具《そな》わっている正《しょう》・了《りょう》・縁《えん》の三因仏性《さんいんぶっしょう》が説《と》かれていない。何をもって成仏の種子《しゅし》とするのだろうか。

ところが、（善無畏三蔵《ぜんむいさんぞう》ら）新訳《しんやく》の訳者らは、中国に来入《らいにゅう》した際に、天台《てんだい》の一念三千《いちねんさんぜん》の法門を見聞して、あるいは自《みずか》らが持ってきた経典に付け加え、あるいはインドから一念三千の法門を受持《じゅじ》してきたなどと主張《しゅちょう》した。

天台宗《てんだいしゅう》の学者らは、あるいは自宗《じしゅう》に同じであると喜《よろこ》び、あるいは遠いインドを尊《とうと》んで近くの中国に出現した天台をあなどり、あるいは古い天台の法門を捨《す》てて新しい宗派《しゅうは》の教義を取り、というように魔心《ましん》・愚心《ぐしん》が出てきたのである。

しかし、結局は、一念三千《いちねんさんぜん》という仏種《ぶっしゅ》でなければ、有情《うじょう》の成仏《じょうぶつ》も、木画二像《もくえにぞう》の本尊も有《ゆう》名無実《めいむじつ》である。

語訳

【無量義経《むりょうぎきょう》】法華経を説《と》くための準備《じゅんび》として直前に説かれた経典、開経《かいきょう》と位置づけられる。

【眷属《けんぞく》】一族、親族。従者《じゅうしゃ》、家来。仏・菩薩《ぼさつ》などの脇士《きょうじ》や従《したが》う人たち。

【新学《しんがく》】新たに菩提心《ぼだいしん》を起こして仏道修行を始めた菩薩《ぼさつ》。新発意《しんぼっち》ともいう。

【普賢経《ふげんぎょう》】法華経の直後にその内容を承《う》けて締《し》めくくる経典、結経《けっきょう》と位置づけられる。観普賢菩薩行法経《かんふげんぼさつぎょうぼうきょう》。法華経普賢菩薩勧発品《ふげんぼさつかんぼっぽん》第28を受けて、普賢菩薩を観《かん》ずる方法とその功徳《くどく》を説《と》き、経の流布《るふ》を勧《すす》めている。

【仏種《ぶっしゅ》】成仏《じょうぶつ》の種子《しゅし》。仏種子《ぶっしゅし》ともいい、衆生《しゅじょう》の成仏得道《とくどう》の因《いん》を草木《そうもく》の種子に譬《たと》えたもの。

【方等経《ほうどうきょう》】方正《ほうせい》・平等《びょうどう》な教え。広くは大乗経典《だいじょうきょうてん》を指す。ここでは法華経のこと。

【五眼《ごげん》】肉眼《にくげん》・天眼《てんげん》・慧眼《えげん》・法眼《ほうげん》・仏眼《ぶつげん》。それぞれ人界《にんかい》の眼《まなこ》、天界《てんかい》の眼、二乗《にじょう》の智慧《ちえ》の眼、菩薩《ぼさつ》の智慧の眼、仏の智慧の眼をいう。

【三種《さんしゅ》の身《み》】仏としての本質的な3種の特性《とくせい》。法身《ほっしん》・報身《ほうしん》・応身《おうじん》の三身《さんじん》。①法身は、仏が覚《さと》った真実・真理。②報身は、最高の覚りの智慧《ちえ》をはじめ、仏となって報《むく》いとして得た種々の特性。③応身は、人々を苦悩から救《すく》うために、それぞれに応じて現実に表した姿《すがた》、慈悲《じひ》の側面《そくめん》をいう。

【大法印《だいほういん》】仏法である印《しるし》。仏法たるゆえんとなる妙法のこと。印《いん》は偽《いつわ》りない証《あか》しの意。

【涅槃海《ねはんかい》】涅槃とは覚《さと》りの平安な境涯《きょうがい》。それが甚深《じんじん》、広大であることから海に譬《たと》えたもの。

【福田《ふくでん》】福徳《ふくとく》を生《しょう》ずる田。仏をはじめ尊敬し供養《くよう》する価値がある人。田畑《たはた》が作物を実《みの》らせるように、福徳を生ずることからいう。

【顕密《けんみつ》】顕教《けんきょう》と密教《みっきょう》のこと。密教とは、インドの伝統的な民間信仰を取り入れ、呪術《じゅじゅつ》や秘密《ひみつ》の儀礼《ぎれい》を実践の中核《ちゅうかく》にすえた仏教をいう。顕教とは、それ以前の通常の仏教をいう。

【毘盧遮那仏《びるしゃなぶつ》】盧舎那仏《るしゃなぶつ》の異訳《いやく》。華厳経《けごんぎょう》で説《と》かれる仏。

【大集《だいじゅう》】大集経《だいじっきょう》のこと。中国・北涼《ほくりょう》の曇無讖《どんむしん》らの訳。大乗《だいじょう》の諸経を集めて一部の経としたもの。釈尊滅《しゃくそんめつ》後《ご》に正法《しょうほう》が衰退《すいたい》していく様相を500年ごとに五つに区分する「五《ご》の五百歳《ごひゃくさい》」を説《と》き、これが日蓮大聖人の御在世当時の日本において、釈尊滅後２０００年以降を末法《まっぽう》とする根拠《こんきょ》とされた。

【般若《はんにゃ》の染浄《ぜんじょう》の千仏示現《せんぶつじげん》】染浄とは、染法《ぜんぼう》（迷《まよ》い）と浄法《じょうほう》（覚《さと》り）のこと。般若経《はんにゃきょう》では、染浄の二法が一体となった千仏が現《あらわ》れる。

【近因近果《ごんいんごんか》】爾前《にぜん》諸経における成仏《じょうぶつ》の因果《いんが》。近い過去世《かこせ》における修行（近因）と今世《こんぜ》における成仏（近果）。これは、始成正覚《しじょうしょうがく》の成仏の因果である。

【遠因果《おんいんが》】法華経本門《ほんもん》の成仏《じょうぶつ》の因果。久遠《くおん》における本因《ほんいん》・本果《ほんが》。

【速疾頓成《そくしつとんじょう》】速《すみ》やかに成仏《じょうぶつ》すること。歴劫《りゃっこう》修行による成仏に対する語。爾前経《にぜんきょう》の一部で速疾頓成を説《と》いても、本因《ほんいん》の下種《げしゅ》が定《さだ》まらないので有名無実《ゆうめいむじつ》の成仏である。

【三《さん》・五《ご》の遠化《おんけ》】三千塵点劫《さんぜんじんてんごう》・五百塵点劫《ごひゃくじんてんごう》以来の化導《けどう》（仏が衆生《しゅじょう》を教化《きょうけ》し仏道に導《みちび》くこと）。

【化導《けどう》の始終《しじゅう》】化導の始まりから終わりまで。化城喩品《けじょうゆほん》第7では、在世《ざいせ》の衆生《しゅじょう》に対する釈尊《しゃくそん》の化導は三《さん》千塵点劫《ぜんじんてんごう》の昔《むかし》の下種《げしゅ》に始まり、今の法華経で得脱《とくだつ》させて終わることが明かされる。同品《ほん》では、過去の下種も法華経によるとされており、法華経が下種の法でもあることが示唆《しさ》されている。爾前経《にぜんきょう》では、この化導の始終が明かされていないので、下種の法が現《あらわ》れない。

【一往《いちおう》／再往《さいおう》】一往は、一応とも書く。一通り、ひとまず表面的に考察《こうさつ》するといった意味。再往は、再度のこと。転じて、一重立ち入って考察することをいう。

【別《べつ》・円《えん》】別教《べっきょう》と円教《えんぎょう》のこと。既出。第11章、本書１００ページの【四教《しきょう》】を参照。

【四蔵《しぞう》】四つの教え。別の御書では、大日経《だいにちきょう》は声聞乗《しょうもんじょう》・縁覚乗《えんがくじょう》・菩薩乗《ぼさつじょう》・仏乗《ぶつじょう》の四乗《しじょう》を説《と》くとされているが、結局は劣《おと》った教えであると破折《はしゃく》されている（新1650ページ・全1204ページ参照）。

【蔵《ぞう》・通《つう》】蔵教《ぞうきょう》と通教《つうぎょう》のこと。既出。第11章、本書100ページの【四教《しきょう》】を参照。

【本有《ほんぬ》の三因《さんいん》】正因《しょういん》・了因《りょういん》・縁因《えんいん》の三因仏性《さんいんぶっしょう》。衆生《しゅじょう》に本来具《そな》わるゆえに本有の三因という。第4章、本書44ページの【縁《えん》・了《りょう》】を参照。

【新訳《しんやく》】唐《とう》の玄奘《げんじょう》以後に漢訳《かんやく》された経典。

【有名無実《うみょうむじつ》】名《な》のみあって実《じつ》のないこと。

解説

難信難解《なんしんなんげ》であることを確認したうえで、ここから、偉大な教主釈尊《きょうしゅしゃくそん》のような尊極《そんごく》の仏界《ぶっかい》が凡夫《ぼんぷ》の劣心《れっしん》に具《そな》わっているというのは信じ難《がた》いという論難《ろんなん》に答えられていく。

まず、法華経の開経《かいきょう》である無量義経《むりょうぎきょう》と結経《けっきょう》である普賢経《ふげんぎょう》の文《もん》を挙《あ》げられる。

これらの経文は、いずれも凡夫《ぼんぷ》の成仏《じょうぶつ》の因果《いんが》を明かした文である。その中で、仏を仏たらしめる成仏の根本因《こんぽんいん》すなわち「仏種《ぶっしゅ》」の力《ちから》が示されている。

最初の無量義経《むりょうぎきょう》の文《もん》では、まず次のような譬《たと》えが挙《あ》げられる。王と王妃《おうひ》が結婚《けっこん》して王子が生まれる。この王子は未熟《みじゅく》な赤《あか》ん坊《ぼう》でも、将来《しょうらい》は王となるべき存在として大切にされ、人々からも尊敬される。これは、この王子に王の威徳《いとく》があるからである。王とは、諸仏《しょぶつ》のことである。王妃《おうひ》とは、「この経《きょう》」すなわち仏の覚《さと》りの真実の教えである。王と王妃《おうひ》が結婚《けっこん》するというのは、仏が智慧《ちえ》によって真実の覚《さと》りを得ることを意味する。「この経《きょう》」とは、仏の覚りの真実をそのまま説《と》いた法華経であり、「この経」には、仏が仏となった根本因《こんぽんいん》すなわち仏種《ぶっしゅ》が秘《ひ》められている。

この王と王妃《おうひ》から生まれた未熟《みじゅく》な赤《あか》ん坊《ぼう》とは、「この経《きょう》」を初めて聞いて信じ発心《ほっしん》したばかりの菩薩《ぼさつ》である。

この菩薩《ぼさつ》は仏種《ぶっしゅ》を秘《ひ》めている経を信受《しんじゅ》したので、その心に下種《げしゅ》され、仏種が具《そな》わっている。とはいえ、発心《ほっしん》したばかりであるから、まだ菩薩としての特質《とくしつ》も現《あらわ》れておらず、まして仏としての働《はたら》きも発揮《はっき》していない。

けれども、仏の正統《せいとう》な後継者《こうけいしゃ》である「仏子《ぶっし》」であるから、大切に育てていけば、必ず仏になるのである。それゆえ、諸仏《しょぶつ》はもちろん、それに従《したが》う菩薩《ぼさつ》・諸天善神《しょてんぜんじん》なども、功徳《くどく》を発揮《はっき》して、この仏子である菩薩を加護《かご》し、成仏《じょうぶつ》へと導《みちび》くのである。

どんな未熟《みじゅく》な機根《きこん》の衆生《しゅじょう》であっても、仏の覚《さと》りの真実であり仏種《ぶっしゅ》を信じ持《たも》つなら、菩薩《ぼさつ》であり仏子《ぶっし》であるから、仏力《ぶつりき》と法力《ほうりき》によって守られ、また諸天《しょてん》などの加護《かご》も受けて、やがては必ず成仏《じょうぶつ》できることを示しているのである。

次に、普賢経《ふげんぎょう》の二つの文《もん》を引かれている。

一つ目の経文では、「大乗経典《だいじょうきょうてん》」すなわち妙法が、「諸仏の眼《しょぶつのまなこ》」すなわち仏の智慧《ちえ》そのものであり、一切《いっさい》諸仏を生み出す種《たね》、仏種《ぶっしゅ》であると説《と》かれている。

二つ目の経文では、この仏種《ぶっしゅ》から3種の仏身《ぶっしん》（仏としての三つの特性《とくせい》である法身《ほっしん》・報身《ほうしん》・応身《おうじん》）という仏果《ぶっか》が生み出されると説《と》かれている。

以上のように、ここで示される仏種《ぶっしゅ》とは三世十方《さんぜじっぽう》の諸仏《しょぶつ》を仏ならしめた能生《のうしょう》の種子《しゅし》であり、無量《むりょう》の果徳《かとく》もこの仏種から開《ひら》かれてくるから、もろもろの因行《いんぎょう》も帰着《きちゃく》するところは、「仏の種子（成仏《じょうぶつ》の種子）」による修行となる。

大木《たいぼく》となる植物も初めは一粒《ひとつぶ》の種《たね》である。その種をいくら見ても、豊《ゆた》かな実をもたらす原因となる多くの根や幹《みき》や枝葉《えだは》や花が、その中にあるようには見えない。また、種が成長した結果として、多くの実がなるようにも見えない。けれども、種の中には、それらを開き顕《あらわ》す要素《ようそ》がすべて具《そな》わっている。道理として事実として因果《いんが》が具わっているのである。

以上の引用の後、仏因《ぶついん》であり仏果《ぶっか》を生み出す仏種《ぶっしゅ》が法華経にのみ説《と》き明かされ、爾前経《にぜんきょう》には説かれていない点を再度、確認されている。

爾前権教《にぜんごんきょう》には、釈尊《しゃくそん》の近因近果《ごんいんごんか》（近い過去世《かこせ》の修行と今世《こんぜ》における成仏《じょうぶつ》）しか明かされず、釈尊の真実の成仏の因果《いんが》である久遠《くおん》の本因本果《ほんいんほんが》が明かされていない。また、衆生《しゅじょう》の化導《けどう》にしても、種《しゅ》・熟《じゅく》・脱《だつ》という化導の全体像が説《と》かれていない。したがって、成仏の種子《しゅし》そのものは明らかにされていない。

これに対して法華経にのみ、久遠《くおん》の本因本果《ほんいんほんが》と種《しゅ》・熟《じゅく》・脱《だつ》が説《と》かれており、真実の成仏《じょうぶつ》の種子《しゅし》が示されるのである。その仏種《ぶっしゅ》を秘《ひ》めた法華経を踏《ふ》まえて、天台大師《てんだいだいし》は一念三千《いちねんさんぜん》を明かしたのである。

ところが、天台大師《てんだいだいし》以後に現《あらわ》れた華厳宗《けごんしゅう》と真言宗《しんごんしゅう》の開祖《かいそ》たちは、一念三千《いちねんさんぜん》の法門を自分の訳《やく》した爾前《にぜん》の経典に挿入《そうにゅう》したり、もともと一念三千の載《の》っている経をインドから持ってきたなどとうそをついたりした。この大うそを、天台大師の後継者《こうけいしゃ》であるはずの天台宗の僧《そう》たちも見破《みやぶ》れず、むしろすすんでそれらの経典を良いものと見なしたことで、一念三千の法門を捨《す》ててしまったと指摘されている。

最後に、結局は一念三千《いちねんさんぜん》の仏種《ぶっしゅ》でなければ、たとえ衆生《しゅじょう》の成仏《じょうぶつ》を説《と》き木像《もくぞう》や絵像《えぞう》の本尊をつくっても、名ばかりにすぎず真実のものではない（有名無実《うみょうむじつ》）と破折《はしゃく》されている。

第16章　受持即観心《じゅじそくかんじん》を明かす

（新134ページ11行目～135ページ17行目）
（全246ページ10行目～247ページ8行目）

問《と》うて曰《い》わく、上《かみ》の大難《だいなん》いまだその会通《えつう》を聞《き》かず、いかん。

答《こた》えて曰《い》わく、無量義経《むりょうぎきょう》に云《い》わく「いまだ六波羅蜜《ろくはらみつ》を修行《しゅぎょう》することを得《え》ずといえども、六波羅蜜《ろくはらみつ》は自然《じねん》に在前《ざいぜん》す」等云々《とううんぬん》。法華経《ほけきょう》に云《い》わく「具足《ぐそく》の道《どう》を聞《き》きたてまつらんと欲《ほっ》す」等云々《とううんぬん》。涅槃経《ねはんぎょう》に云《い》わく「薩《さ》とは具足《ぐそく》に名《な》づく」等云々《とううんぬん》。竜樹菩薩《りゅうじゅぼさつ》云《い》わく「薩《さ》とは六《ろく》なり」等云々《とううんぬん》。無依無得大乗《むえむとくだいじょう》四論玄義記《しろんげんぎき》に云《い》わく「沙《さ》とは訳《やく》して六《ろく》と云《い》う。胡法《こほう》には六《ろく》をもって具足《ぐそく》の義《ぎ》となすなり」。吉蔵《きちぞう》の疏《しょ》に云《い》わく「沙《さ》とは翻《ほん》じて具足《ぐそく》となす」。天台大師《てんだいだいし》云《い》わく「薩《さ》とは梵語《ぼんご》、ここには妙《みょう》と翻《ほん》ず」等云々《とううんぬん》。

私《わたくし》に会通《えつう》を加《くわ》えば本文《ほんもん》を黷《けが》すがごとし。しかりといえども、文《もん》の心《こころ》は、釈尊《しゃくそん》の因行果徳《いんぎょうかとく》の二法《にほう》は妙法蓮華経《みょうほうれんげきょう》の五字《ごじ》に具足《ぐそく》す、我《われ》らこの五字《ごじ》を受持《じゅじ》すれば、自然《じねん》に彼《か》の因果《いんが》の功徳《くどく》を譲《ゆず》り与《あた》えたもう。

四大声聞《しだいしょうもん》の領解《りょうげ》に云《い》わく「無上《むじょう》の宝珠《ほうしゅ》は、求《もと》めざるに自《おの》ずから得《え》たり」云々《うんぬん》。我《われ》らが己心《こしん》の声聞界《しょうもんかい》なり。「我《わ》がごとく等《ひと》しくして異《こと》なることなからしめん。我《わ》が昔《むかし》の願《ねが》いしところのごときは、今《いま》、すでに満足《まんぞく》しぬ。一切衆生《いっさいしゅじょう》を化《け》して、皆仏道《みなぶつどう》に入《い》らしむ」。妙覚《みょうかく》の釈尊《しゃくそん》は我《われ》らが血肉《けつにく》なり。因果《いんが》の功徳《くどく》は骨髄《こつずい》にあらずや。

宝塔品《ほうとうほん》に云《い》わく「それ能《よ》くこの経法《きょうぼう》を護《まも》ることあらば、則《すなわ》ちこれ我《われ》および多宝《たほう》を供養《くよう》す乃至《ないし》また諸《もろもろ》の来《きた》りたまえる化仏《けぶつ》の諸《もろもろ》の世界《せかい》を荘厳《しょうごん》し光飾《こうじき》したもう者《もの》を供養《くよう》す」等云々《とううんぬん》。釈迦《しゃか》・多宝《たほう》・十方《じっぽう》の諸仏《しょぶつ》は我《わ》が仏界《ぶっかい》なり。その跡《あと》を紹継《しょうけい》して、その功徳《くどく》を受得《じゅとく》す。「須臾《しゅゆ》もこれを聞《き》かば、即《すなわ》ち阿耨多《あのくた》羅三藐三菩提《らさんみゃくさんぼだい》を究竟《くきょう》することを得《う》」とは、これなり。

寿量品《じゅりょうほん》に云《い》わく「しかるに、我《われ》は実《じつ》に成仏《じょうぶつ》してより已来《このかた》、無量無辺百千《むりょうむへんひゃくせん》万億那由他劫《まんおくなゆたこう》なり」等云々《とううんぬん》。我《われ》らが己心《こしん》の釈尊《しゃくそん》は、五百塵点乃至所顕《ごひゃくじんてんないししょけん》の三《さん》身《じん》にして無始《むし》の古仏《こぶつ》なり。経《きょう》に云《い》わく「我《われ》は本《もと》菩薩《ぼさつ》の道《どう》を行《ぎょう》じて、成《じょう》ぜしところの寿命《じゅみょう》は、今《いま》なおいまだ尽《つ》きず、また上《かみ》の数《かず》に倍《ばい》せり」等云々《とううんぬん》。我《われ》らが己心《こしん》の菩薩等《ぼさつとう》なり。地涌千界《じゆせんがい》の菩薩《ぼさつ》は己心《こしん》の釈尊《しゃくそん》の眷属《けんぞく》なり。例《れい》せば、太公《たいこう》・周公旦等《しゅうこうたんとう》は周武《しゅうぶ》の臣下《しんか》、成王幼稚《せいおうようち》の眷属《けんぞく》、武内大臣《たけうちのおとど》は神功皇后《じんぐうこうごう》の棟梁《とうりょう》、仁徳王子《にんとくおうじ》の臣下《しんか》なるがごとし。上行《じょうぎょう》・無辺行《むへんぎょう》・浄行《じょうぎょう》・安立行等《あんりゅうぎょうとう》は我《われ》らが己心《こしん》の菩薩《ぼさつ》なり。

妙楽大師《みょうらくだいし》云《い》わく「当《まさ》に知《し》るべし、身土《しんど》は一念《いちねん》の三千《さんぜん》なり。故《ゆえ》に、成道《じょうどう》の時《とき》、この本理《ほんり》に称《かな》って、一身一念法界《いっしんいちねんほうかい》に遍《あまね》し」等云々《とううんぬん》。

通解

問《と》うて言う。先の大きな疑《うたが》い（偉大な教主《きょうしゅ》釈尊《しゃくそん》が凡夫《ぼんぷ》の劣《おと》った心に具《そな》わるのかという疑い）について、まだその答えを聞いていないが、どうなのだろうか。

答えて言う。無量義経《むりょうぎきょう》（十功徳品第3《じゅうくどくほん》）には「いまだ六波羅蜜《ろくはらみつ》を修行していなくとも、六波羅蜜は自然に具《そな》わる」とある。法華経方便品《ほうべんぼん》には「(一切《いっさい》の功徳を）具足《ぐそく》する道《どう》を聞かせていただきたい」とある。涅槃経《ねはんぎょう》には「薩《さ》とは具足のことをいう」とある。また竜樹菩薩《りゅうじゅぼさつ》は『大智度論《だいちどろん》』に「薩《さ》とは六《ろく》である」と言っている。慧均《えきん》の『無依無得大乗四論玄義《むえむとくだいじょうしろんげんぎ》記《き》』には「沙《さ》とは訳《やく》して六という。胡法《こほう》（＝西域《せいいき》・インドの習慣）では六をもって具足の義とする」とある。吉蔵《きちぞう》の『法華義疏《ほっけぎしょ》』には「沙《さ》とは翻訳《ほんやく》して具足とする」とある。天台《てんだい》大師《だいし》は『法華玄義《ほっけげんぎ》』に「薩《さ》とは梵語《ぼんご》である。ここ中国では妙《みょう》と翻訳される」と言っている。

私の解釈を交《まじ》えれば、引用の本《もと》の文《もん》の意を汚《けが》すようなものである。しかし、これらの文の心は、以下のことである。釈尊《しゃくそん》の因行果徳《いんぎょうかとく》の二法は妙法蓮華経の五字に具足《ぐそく》しており、私たちは、この妙法蓮華経の五字を受持《じゅじ》すれば、おのずと釈尊の因果《いんが》の功徳《くどく》を譲《ゆず》り与えられるのである。

信解品《しんげほん》で、四大声聞《しだいしょうもん》（＝須菩提《しゅぼだい》・迦旃延《かせんねん》・迦《か》葉《しょう》・目犍連《もっけんれん》）が説法《せっぽう》を聞いて理解して「この上ない宝《たから》の珠《たま》を、求めずしておのずから得ることができた」と言っている。これは、私たちの己心《こしん》の声聞界《しょうもんかい》である。

方便品《ほうべんぽん》には「衆生《しゅじょう》を私（釈尊《しゃくそん》）のように等《ひと》しくして異《こと》なることがないようにしたいと、私がその昔《むかし》、願《ねが》ったことが、今はすでに満足《まんぞく》した。一切《いっさい》衆生を教化《きょうけ》して、皆、仏道に入らせることができた」と述べられている。妙覚《みょうかく》の位《くらい》の釈尊は、私たちの血肉《けつにく》である。この仏の因果《いんが》の功徳《くどく》は、私たちの骨髄《こつずい》ではないだろうか。

宝塔品《ほうとうほん》では「この経法《きょうぼう》を護持《ごじ》する者は、すなわち私（釈尊《しゃくそん》）および多宝仏《たほうぶつ》を供養《くよう》することになる。〈中略〉また、集まって来られたもろもろの化仏《けぶつ》、すなわちもろもろの世界を荘厳《そうごん》し輝《かがや》かしく飾《かざ》る諸仏《しょぶつ》を供養することになるのである」とある。この釈迦《しゃか》、多宝、十方《じっぽう》の諸仏は私たちの仏界《ぶっかい》である。私たちは、仏の跡《あと》を継《つ》いで、その功徳《くどく》を受得《じゅとく》するのである。

法師品《ほっしほん》に「わずかの間でもこれを聞くなら、すぐに阿耨多羅三藐三菩提《あのくたらさんみゃくさんぼだい》を究《きわ》め尽《つ》くすことができる」とあるのはこれである。

寿量品《じゅりょうほん》には「ところが、私（釈尊《しゃくそん》）は実際には成仏《じょうぶつ》してから今まで、無量無辺百千万億《むりょうむへんひゃくせんまんおく》那由佗劫《なゆたこう》を経《へ》ているのである」と説《と》かれている。私たちの己心《こしん》の釈尊は、五百塵点劫《ごひゃくじんてんごう》の当《とう》初《しょ》に顕《あらわ》された三身《さんじん》であり、無始無終《むしむしゅう》の永遠の仏である。

寿量品《じゅりょうほん》には「私（釈尊《しゃくそん》）は過去世《かこせ》において菩薩道《ぼさつどう》を修行して、それによって得た寿命《じゅみょう》は、今なお尽《つ》きておらず、その寿命は、前に述べた五百塵点劫《ごひゃくじんてんごう》の倍の長さである」と説《と》かれている。これは私たちの己心《こしん》の菩薩などである。

無数の地涌《じゆ》の菩薩《ぼさつ》は、私たちの己心《こしん》の釈尊《しゃくそん》の眷属《けんぞく》なのである。例えば、太公《たいこう》（＝太公《たいこう》望《ぼう》）は周《しゅう》の武王《ぶおう》の臣下《しんか》であり、周公旦《しゅうこうたん》は幼《おさな》い成王《せいおう》の眷属、武内大臣《たけうちのおとど》は神功皇后《じんぐうこうごう》の重臣《じゅうしん》であるとともに仁徳皇子《にんとくおうじ》の臣下であったようなものである。上行《じょうぎょう》菩薩・無辺行《むへんぎょう》菩薩・浄行《じょうぎょう》菩薩・安立行《あんりゅうぎょう》菩薩などは、私たちの己心の菩薩である。

妙楽大師《みょうらくだいし》は、『止観輔行伝弘決《しかんぶぎょうでんぐけつ》』に「まさに知るべきである。正報《しょうほう》である身も依報《えほう》の国土も、私たち衆生《しゅじょう》の一念《いちねん》に具《そな》わる三千の諸法《しょほう》である。ゆえに成仏《じょうぶつ》の時には、この本来の妙法の理にかなって、一身《いっしん》も一念も、ともに法《ほう》界《かい》に遍満《へんまん》するのである」と言っている。

語　訳

【会通《えつう》】説明・解釈。会《え》とは、理解、照《て》らしあわせるの意。通《つう》は筋道《すじみち》が通る意で、疑問《ぎもん》に対する納得《なっとく》できる答え。

【六波羅蜜《ろくはらみつ》】波羅蜜は梵語《ぼんご》（サンスクリット）で完成の意。彼岸《ひがん》に至《いた》るの意と解釈される。大乗《だいじょう》の菩薩《ぼさつ》が成仏《じょうぶつ》をめざして実践する6種の修行（布施《ふせ》・持戒《じかい》・忍辱《にんにく》・精進《しょうじん》・禅定《ぜんじょう》・智慧《ちえ》）。

【無依無得大乗四論玄義記《むえむとくだいじょうしろんげんぎき》】中国・唐《とう》の僧《そう》、慧均《えきん》の著作。三論宗《さんろんしゅう》の教義を説《と》いた書。

【胡法《こほう》】「胡」とは漢民族《かんみんぞく》が西域《せいいき》からインドにわたる地域を指して言った呼称《こしょう》。「胡法」とは西域・インドの習慣《しゅうかん》・伝統。

【吉蔵《きちぞう》の疏《じょ》】中国の隋《ずい》・唐《とう》の嘉祥大師《かじょうだいし》吉蔵が著《あらわ》した『法華義疏《ほっけぎしょ》』のこと。

【梵語《ぼんご》】サンスクリット。古代インドの文章語。仏典の編纂《へんさん》・伝承《でんしょう》に用《もち》いられた。

【因行果徳《いんぎょうかとく》の二法《にほう》】因行とは、仏果《ぶっか》をめざして菩薩《ぼさつ》として行う六波羅蜜《ろくはらみつ》などの修行。果徳とは、その修行の結果、仏として身に具《そな》えている徳。

【四大声聞《しだいしょうもん》】法華経譬喩品《ひゆほん》第3の説法《せっぽう》を領解《りょうげ》（仏の説法《せっぽう》を聞いて心に覚《さと》り会得《えとく》すること）し、信解品《しんげほん》第4で長者窮子《ちょうじゃぐうじ》の譬《たと》えを述べた譬説周《ひせつしゅう》（中根《ちゅうこん》）の声聞。須菩提《しゅぼだい》・迦旃延《かせんねん》・迦葉《かしょう》・目犍連《もっけんれん》の4人をさす。

【無上《むじょう》の宝珠《ほうしゅ》は……】信解品《しんげほん》第4の文《もん》（法華経224ジペー）。法華経の原文は「宝聚」だが、真筆は「宝珠」となっている。「無上」とは、この上がない、最高という意。

【我《わ》がごとく等《ひと》しくして異《こと》なることなからしめん】方便品《ほうべんぼん》第2の「如我等無異《にょがとうむい》」（法華経130ジペー）の文《もん》。釈尊《しゃくそん》の誓願《せいがん》が、一切衆生《いっさいしゅじょう》を仏である自身と等しい境涯《きょうがい》とすることにあったことを示している。

【妙覚《みょうかく》の釈尊《しゃくそん》】妙覚とは、菩薩《ぼさつ》の修行の位《くらい》である五十二位《ごじゅうにい》のうちの最高位で、仏の覚《さと》りの境涯《きょうがい》をいう。妙覚の釈尊とは、妙覚（仏果《ぶっか》）を具足《ぐそく》した釈尊のこと。

【化仏《けぶつ》】神通力《じんずうりき》によって仮に化現《けげん》した仏。

【十方《じっぽう》の諸仏《しょぶつ》】十方は東西南北・東北・東南・西北・西南の八方に上下を加えたもの。この十方に無数の仏土《ぶつど》があるとされ、これらの仏をまとめて十方の諸仏という。

【須臾《しゅゆ》もこれを聞かば……】法師品《ほっしほん》第10の文《もん》（法華経359ジペー）。須臾とは、時の長さ（一昼夜《ちゅうや》の30分の1とされる）を表す語で、しばらくの間の意。

【阿耨多羅三藐三菩提《あのくたらさんみゃくさんぼだい》】最高の完全な覚《さと》り。仏の覚り。

【太公《たいこう》】太公望《たいこうぼう》。紀元前11世紀ごろ、中国・周《しゅう》の文王《ぶんおう》に見いだされて軍師《ぐんし》となる。後に文王の子・武王《ぶおう》を補佐《ほさ》した。

【周公旦《しゅうこうたん》】周の文王《ぶんおう》の子で、武王《ぶおう》の弟。武王を補佐《ほさ》し、その没後《ぼつご》、武王の子・成王《せいおう》を補佐した。

【武内大臣《たけうちのおとど》】武内宿禰《たけうちのすくね》。『日本書紀《にほんしょき》』などに見られる伝説上の人物。景行《けいこう》・成務《せいむ》・仲哀《ちゅうあい》・応神《おうじん》・仁徳《にんとく》の

5代の天皇《てんのう》に仕《つか》えたという。

【神功皇后《じんぐうこうごう》】第14代仲哀天皇《ちゅうあいてんのう》の皇后。応神《おうじん》天皇の母。

【仁徳王子《にんとくおうじ》】第15代応神天皇《おうじんてんのう》の皇子《おうじ》。仁徳天皇。

【上行《じょうぎょう》・無辺行《むへんぎょう》・浄行《じょうぎょう》・安立行《あんりゅうぎょう》】従地涌出品《じゅうじゆじゅっぽん》第15に説《と》かれる、地より涌出《ゆじゅつ》した地涌《じゆ》の菩薩《ぼさつ》のリーダー。四菩薩《しぼさつ》という（法華経455㌻）。

解説

前章では、経文を引いて、釈尊《しゃくそん》の因行果徳《いんぎょうかとく》が仏種《ぶっしゅ》に具《そな》わることを示した。質問者はそれでもなお、「上《かみ》の大難《だいなん》」、すなわち、釈尊のような偉大な仏が私たち凡夫《ぼんぷ》の劣心《れっしん》に具わるとはとても信じられない、という疑問《ぎもん》が解消《かいしょう》されていないと言うのである。

この章では、この疑問《ぎもん》に対する答えとして「受持即観心《じゅじそくかんじん》」の法門を明かされている。最初に、この法門の文証《もんしょう》となる経論《きょうろん》の文《もん》が挙《あ》げられている。

無量義経《むりょうぎきょう》の文《もん》は、歓喜《かんき》の心で受持《じゅじ》・読誦《どくじゅ》などの修行、自行化他《じぎょうけた》の実践を行えば、本来、菩薩《ぼさつ》の修行の要諦《ようてい》とされている六波羅蜜《ろくはらみつ》の一つ一つを修行しなくとも、自然に六波羅蜜の功徳《くどく》が具《そな》わり、現《あらわ》れてくるとの内容である。

法華経には仏の因位《いんい》の万行《まんぎょう》が具足《ぐそく》しているのであり、この法華経を受持《じゅじ》すれば、仏が成仏《じょうぶつ》するために行じたあらゆる修行（万行）を行じなくとも、それを行じたことになるとの意である。

次の法華経の文《もん》は、方便品《ほうべんぼん》において、舎利弗《しゃりほつ》らが釈尊《しゃくそん》に説法《せっぽう》を要請《ようせい》して述べた言葉である。

これに対して釈尊《しゃくそん》は、開示悟入《かいじごにゅう》の四仏知見《しぶっちけん》、すなわち、すべての衆生《しゅじょう》を一仏乗《いちぶつじょう》の法によって成仏《じょうぶつ》させるということが仏の一大事因縁《いちだいじいんねん》であることを明かしたのである。「具足《ぐそく》の道《どう》」とは、一切《いっさい》の仏と同じ功徳《くどく》を具《そな》えて成仏する完全な道ということである。

妙法（梵語《ぼんご》でサッダルマといい、それを漢字で薩達磨《さだるま》などと表記する）が一切《いっさい》を具足《ぐそく》することは、以下の経釈《きょうしゃく》でも示されている。

涅槃経《ねはんぎょう》の文《もん》は「薩《さ》」の一字に具足《ぐそく》の意味があるとしている。竜樹《りゅうじゅ》の『大智度論《だいちどろん》』では、この「薩」を「六《ろく》」と訳《やく》しているが、この両者の解釈を踏《ふ》まえて、中国の慧均《えきん》は「インドの習《なら》わしでは六を具足の義とした」と説明している。さらに吉蔵《きちぞう》が「沙《さ》とは翻訳《ほんやく》して具足とする」と述べ、天台大師《てんだいだいし》が「薩《さ》とは梵語《ぼんご》である。ここ中国では妙《みょう》と翻訳される」と述べている。

これらを踏《ふ》まえると「妙法蓮華経」の「妙《みょう》」が、具足《ぐそく》を意味する「薩《さ》」に当たることになる。したがって、法華経の精髄《せいずい》である妙法蓮華経こそが、衆生《しゅじょう》を成仏《じょうぶつ》させる完全な道であり、仏の果徳《かとく》を生《しょう》じさせるということがわかる。

以上のように、釈尊《しゃくそん》が菩薩《ぼさつ》として修行した因行《いんぎょう》も、仏として具《そな》えている果徳《かとく》も、妙法蓮華経の中に具足《ぐそく》していることが、確認された。

受持即観心《じゅじそくかんじん》を明かす

次に大聖人は、「私《わたくし》に会通《えつう》を加えば」と、これらの経文に対して御自身《ごじしん》の立場からの解釈を明示《めいじ》される。

それが「釈尊《しゃくそん》の因行果徳《いんぎょうかとく》の二法《にほう》は妙法蓮華経《みょうほうれんげきょう》の五字《ごじ》に具足《ぐそく》す、我《われ》らこの五字を受持《じゅじ》すれば、自然《じねん》に彼の因果《いんが》の功徳《くどく》を譲《ゆず》り与《あた》えたもう」という「受持即観心《じゅじそくかんじん》」の御文である。

釈尊《しゃくそん》の因行《いんぎょう》と果徳《かとく》は「妙法蓮華経の五字」に具《そな》わっている。したがって、私たち末法《まっぽう》の凡夫《ぼんぷ》は、この妙法蓮華経を受持《じゅじ》することによって、「自然《じねん》に」（凡身《ぼんしん》を改《あらた》めることなく、そのままの姿《すがた》で）仏の因果《いんが》の功徳《くどく》を譲《ゆず》り受けることができる。つまり、末法の凡夫の成仏《じょうぶつ》のための修行は、法華経の題目たる「妙法蓮華経の五字」すなわち南無妙法蓮華経の受持に尽《つ》きることを明かされたのである。

正法《しょうほう》・像法《ぞうほう》時代には、瞑想《めいそう》で自分の心のありようを観《かん》じて、法を覚知《かくち》し、仏の境涯《きょうがい》を成就《じょうじゅ》する修行（観心《かんじん》）が行われていた。

末法《まっぽう》においては、日蓮大聖人が己心《こしん》に成就《じょうじゅ》された一念三千《いちねんさんぜん》をそのまま「妙法五字」（南無妙法蓮華経）の文字曼荼羅《まんだら》に顕《あらわ》された。それゆえ、この文字曼荼羅を事《じ》の一念三千と拝《はい》する。

末法《まっぽう》の衆生《しゅじょう》にとっては、この南無妙法蓮華経の御本尊を受持《じゅじ》することが、成仏《じょうぶつ》のための修行であり、観心《かんじん》に当たる。

私たちにとって、御本尊（妙法）を受持《じゅじ》すること、すなわち「信心」が「観心《かんじん》」となる。これを「受持即観心《じゅじそくかんじん》」という。

御本尊の広大無辺な仏力《ぶつりき》・法力《ほうりき》を拝《はい》し、自身の仏界《ぶっかい》を顕現《けんげん》するためには、御本尊に対する信《しん》力《りき》・行力《ぎょうりき》が不可欠である。「受持《じゅじ》」とは具体的には「信心」であり「口唱《くしょう》（唱題行《しょうだいぎょう》）」である。

私たちの信心と唱題行の実践があってこそ「観心《かんじん》の本尊」の意義が成就《じょうじゅ》することを銘記《めいき》したい。

本尊受持《じゅじ》で不求自得《ふぐじとく》の功徳《くどく》

続いて、法華経の経文と妙楽大師《みょうらくだいし》の言葉を引用しつつ、それらを観心《かんじん》の面から解釈して、妙法蓮華経の受持《じゅじ》によって〝自然《じねん》に譲《ゆず》り与《あた》え〟られる功徳《くどく》の内容を示されている。その功徳とは、本尊に顕《あらわ》されている仏の境地《きょうち》に、本尊を信受《しんじゅ》する法華経の行者《ぎょうじゃ》の境地が一体不二《ふに》となることである。

最初に信解品《しんげほん》の「無上《むじょう》の宝珠《ほうしゅ》は、求《もと》めざるに自《おの》ずから得《え》たり」の文《もん》が挙《あ》げられる。

この文《もん》は、教相《きょうそう》（経文の上に説《と》かれた教えの様相《ようそう》）でいえば、三車火宅《さんしゃかたく》の譬《たと》え（譬喩品《ひゆほん》）を聞いた四大声聞《しだいしょうもん》（摩訶迦葉《まかかしょう》・迦旃延《かせんねん》・須菩提《しゅぼだい》・目犍連《もっけんれん》）の領解《りょうげ》の言葉である。これは、法華経を聞いて、思いもよらず一仏乗《いちぶつじょう》が得られ成仏《じょうぶつ》できることを知った喜《よろこ》びを述べたものである。

私たちの修行に即《そく》して読む観心《かんじん》の面から解釈すれば、この声聞《しょうもん》とは「我《われ》らが己心《こしん》の声聞界《しょうもんかい》なり」と明かされているのである。

すなわち、この経文は、末法《まっぽう》の衆生《しゅじょう》は妙法五字を受持《じゅじ》することによって、仏の因行果徳《いんぎょうかとく》の功《く》徳《どく》をすべて集めた「無上《むじょう》の宝珠《ほうしゅ》」（最高の宝《たから》の珠《たま》）を、意識《いしき》して求めなくとも得られる（求《もと》めざるに自《おの》ずから得《え》たり）ことを表しているのである。

ゆえに、「無上《むじょう》の宝珠《ほうしゅ》は、求《もと》めざるに自《おの》ずから得《え》たり」は、私たちが受持即観心《じゅじそくかんじん》によって、成仏《じょうぶつ》の法を得た喜《よろこ》びを表現した言葉である。

なお、法華経の原文では「宝聚」（宝の集まり）となっているが、真筆は「宝珠」となっている。本抄末尾、第31章の「一念三千《いちねんさんぜん》を識《し》らざる者には、仏《ほとけ》、大慈悲《だいじひ》を起《お》こし、五字の内《うち》にこの珠《たま》を裹《つつ》み……」（新一四六ジペー・全二五四ジペー）の「珠」に通じているとも拝される。

妙法受持《じゅじ》の生命

次の「我《わ》がごとく等《ひと》しくして」以下の方便品《ほうべんぼん》の文《もん》は、教相《きょうそう》での意味は、自分が仏になったように、一切衆生《いっさいしゅじょう》を自分と同じ仏にならせたいというのが、釈尊《しゃくそん》の過去世《かこせ》からの願《ねが》いであったということである。

この経文について大聖人は、「妙覚《みょうかく》の釈尊《しゃくそん》は我《われ》らが血肉《けつにく》なり。因果《いんが》の功徳《くどく》は骨髄《こつずい》にあらずや」と仰《おお》せである。

「妙覚《みょうかく》の釈尊《しゃくそん》」とは、究極の覚《さと》りを得た仏としての釈尊のことである。この究極の仏身《ぶっしん》は、妙法と一体であると拝《はい》することができる。

「因果《いんが》の功徳《くどく》は骨髄《こつずい》にあらずや」と仰《おお》せである。妙法蓮華経の受持《じゅじ》によって成仏《じょうぶつ》の因果の功徳が、われわれの「骨髄」、生命の中心として確立されたときに、「妙覚《みょうかく》の釈尊《しゃくそん》」が、「我《われ》らが血肉《けつにく》」、私たちの身となって現《あらわ》れて成仏できるのである。

つまり、「我《わ》がごとく等《ひと》しくして」以下の経文は、妙法を受持《じゅじ》する私たちが、その釈尊《しゃくそん》とまったく等《ひと》しい仏身《ぶっしん》となることを示している。

次に引かれている宝塔品《ほうとうほん》の文《もん》では、「この経法《きょうぼう》」すなわち法華経を護《まも》る人は、釈迦《しゃか》・多宝《たほう》・十方《じっぽう》の諸仏《しょぶつ》の三仏《さんぶつ》を供養《くよう》することになると説《と》かれている。

この文《もん》を受けて大聖人は、「釈迦《しゃか》・多宝《たほう》・十方《じっぽう》の諸仏《しょぶつ》は我《わ》が仏界《ぶっかい》なり。その跡《あと》を紹継《しょうけい》して、その功徳《くどく》を受得《じゅとく》す」と仰《おお》せである。

妙法を受持《じゅじ》する私たちは、仏種《ぶっしゅ》を持《たも》つ仏の子であるから、三仏《さんぶつ》の跡《あと》を継《つ》いで、三仏の功徳《くどく》を受得《じゅとく》することができるのである。

永遠の仏の生命に伴《ともな》う永遠の菩薩界《ぼさつかい》

さらに、寿量品《じゅりょうほん》から二つの文《もん》を引用されている。

まず最初の「しかるに、我《われ》は実《じつ》に成仏《じょうぶつ》してより已来《このかた》」以下の文《もん》は、釈尊《しゃくそん》自身の五百塵点劫《ごひゃくじんてんごう》の成道《じょうどう》という本果《ほんが》を明かしたものである。

この文《もん》について大聖人は、「我《われ》らが己心《こしん》の釈尊《しゃくそん》は、五百塵点乃至所顕《ごひゃくじんてんないししょけん》の三身《さんじん》にして無始《むし》の古《こ》仏《ぶつ》なり」と仰《おお》せである。

受持即観心《じゅじそくかんじん》によってわれわれ衆生《しゅじょう》の生命の中に現《あらわ》れる「我《われ》らが己心《こしん》の釈尊《しゃくそん》」とは、釈尊が成《じょう》道《どう》した五百塵点劫《ごひゃくじんてんごう》に顕《あらわ》された無始無終《むしむしゅう》の永遠の仏であると示《しめ》されているのである。われわれの生命にある仏界は、釈尊のそれとまったく等しいのである。

そして、この「五百塵点乃至所顕《ごひゃくじんてんないししょけん》の三身《さんじん》」とは、仏法を信受《しんじゅ》したばかりの凡夫《ぼんぷ》に直《ただ》ちに現《あらわ》れるのであるから、「無作《むさ》の三身」（独特《どくとく》の容貌《ようぼう》や特徴《とくちょう》などで飾《かざ》らない、ありのままの姿《すがた》の仏）である。

続いて、釈尊《しゃくそん》の久遠《くおん》における本因《ほんいん》の修行を明かした「我《われ》は本菩薩《もとぼさつ》の道《どう》を行《ぎょう》じて」以下の文《もん》を挙《あ》げられている。

この文《もん》について、大聖人は「我《われ》らが己心《こしん》の菩薩等《ぼさつとう》なり」と明かされている。

すなわち、釈尊《しゃくそん》の本因《ほんいん》の修行では、菩薩《ぼさつ》をはじめさまざまな修行の姿《すがた》を取っていたが、それらはすべて、われわれ衆生《しゅじょう》の己心《こしん》の菩薩を示したものなのである。それゆえ、「無始《むし》の九界《きゅうかい》」

となる。

教相《きょうそう》では、久遠《くおん》の釈尊《しゃくそん》は本果《ほんが》の仏界《ぶっかい》も本因《ほんいん》の九界《きゅうかい》もともに常住《じょうじゅう》である。それに基《もと》づいて、大聖人は、私たちの己心《こしん》に具《そな》わる仏界も九界も、ともに無始《むし》であると明かされているのである。

さらに大聖人は、「地涌《じゆ》千界《せんがい》の菩薩《ぼさつ》は己心《こしん》の釈尊《しゃくそん》の眷属《けんぞく》なり」と仰《おお》せである。教相《きょうそう》では、地涌の菩薩は久遠《くおん》の本仏《ほんぶつ》の本眷属《ほんけんぞく》であるが、観心《かんじん》の面から釈《しゃく》せば、私たちの己心に具《そな》わる釈尊の眷属となると明かされている。

そして「上行《じょうぎょう》・無辺行《むへんぎょう》・浄行《じょうぎょう》・安立行等《あんりゅうぎょうとう》は我《われ》らが己心《こしん》の菩薩《ぼさつ》なり」と仰《おお》せのように、教相《きょうそう》の地涌《じゆ》の菩薩とは、私たちの己心に具《そな》わる菩薩である。己心《こしん》の菩薩《ぼさつ》である地涌《じゆ》の菩薩は己心の釈尊《しゃくそん》の眷属《けんぞく》であるから、釈尊も、地涌の菩薩も、私たちの一心《いっしん》に具《そな》わるのである。

以上の御文は、いずれも、仏と衆生《しゅじょう》（九界《きゅうかい》）の一体、つまり十界互具《じっかいごぐ》・一念三千《いちねんさんぜん》を示している。

南無妙法蓮華経の御本尊を私たちが受持《じゅじ》すれば、その功徳《くどく》として、これまで観心《かんじん》の修行で得ようと目指した一念三千《いちねんさんぜん》が成就《じょうじゅ》し、成仏《じょうぶつ》が実現するのである。これが、受持即観心《じゅじそくかんじん》なのである。

仏界《ぶっかい》の身土《しんど》に一念三千《いちねんさんぜん》が顕現《けんげん》

最後に引かれた妙楽大師《みょうらくだいし》の文《もん》は、『止観輔行伝弘決《しかんぶぎょうでんぐけつ》』にあり、『摩訶止観《まかしかん》』の一念三千《いちねんさんぜん》の文を受けて釈《しゃく》したものである。すなわち、この妙楽大師の文は、〝一念は三千を具《ぐ》し、一念は三千に広がる〟ことを示しているのである。

「身土《しんど》」とは、衆生《しゅじょう》の境涯《きょうがい》を現実に構成《こうせい》する身《み》と国土である。一念三千《いちねんさんぜん》の三世間《さんせけん》でいえば、「身」は五陰《ごおん》世間と衆生《しゅじょう》世間であり、「土《ど》」は国土世間である。

第4章で確認されたように、非情《ひじょう》である国土も、生命の因果《いんが》の理法《りほう》に基《もと》づいて、十界《じっかい》の違《ちが》いがある。すなわち、一念《いちねん》が十界のどれに定《さだ》められているかによって、自身の身と国土に十界のどれが現《あらわ》れるかが変わるということである。

衆生《しゅじょう》の境涯《きょうがい》、すなわち衆生が住んで感じている世界の全体を法界《ほうかい》という。この法界は、自身が則《のっと》っている法に応《おう》じて現《あらわ》れる世界である。それに10種の違《ちが》いがあるので十法界《じっぽうかい》なのである。

例えば、地獄《じごく》の因果《いんが》の法に則れば、身も国土も地獄を現《あらわ》す地獄界となる。仏の因果の法に則れば、身も国土も仏を現《あらわ》す仏界《ぶっかい》となる。

「この本理《ほんり》」とは、十界互具《じっかいごぐ》・一念三千《いちねんさんぜん》という根本の真理であり、それはすなわち因果倶時《いんがぐじ》の妙法である。

したがって「成道《じょうどう》の時」には、「この本理《ほんり》」を体得《たいとく》してそれに合致《がっち》するので、その一身《いっしん》・一念《いちねん》は、十法界《じっぽうかい》全体に広くゆきわたり、一念三千《いちねんさんぜん》を体現するのである。

末法《まっぽう》の凡夫《ぼんぷ》の実践に即《そく》していえば、成仏《じょうぶつ》する時には、因果倶時《いんがぐじ》であり境智冥合《きょうちみょうごう》の法である妙法に合致《がっち》して、自身の身（一身《いっしん》）も心（一念《いちねん》）も十法界《じっぽうかい》全体に広くゆきわたり、身も国土も仏界を現《あらわ》していくのである。

大聖人は、法華経の身読《しんどく》によって、御自身《ごじしん》の凡夫《ぼんぷ》の身に、己心《こしん》に本来具《そな》わっている、釈尊と等しい仏の境涯《きょうがい》を開き顕《あらわ》された。発迹顕本《ほっしゃくけんぽん》である。「開目抄《かいもくしょう》」では、その事実を明かされている。

その大聖人が、自行化他《じぎょうけた》の御振《おふ》る舞《ま》いとして体現されている一念三千《いちねんさんぜん》（事《じ》の一念三千）、すなわち妙法を、そのまま直《ただ》ちに、末法《まっぽう》の凡夫《ぼんぷ》が成仏《じょうぶつ》するための御本尊として顕《あらわ》されたのである。それが「観心本尊抄《かんじんのほんぞんしょう》」の真意となる。

このあと「本尊」を論じられていく本抄の後半に入るが、大聖人は、釈尊《しゃくそん》の教えの中では本《ほん》門寿量品《もんじゅりょうほん》の娑婆即寂光《しゃばそくじゃっこう》の世界が、真実の一念三千《いちねんさんぜん》が顕現《けんげん》した仏界《ぶっかい》の身土《しんど》であることを示されたうえで、その寿量品の世界を借《か》りて、妙法を成就《じょうじゅ》されている御自身《ごじしん》の御生命を御本尊として顕《あらわ》すことを明かされていく。

◆池田先生の講義から(『人間革命の宗教』)

戸田先生は、『観心本尊抄講義《かんじんのほんぞんしょうこうぎ》』を発刊《はっかん》された1955年(昭和30年)頃《ごろ》、各地で、繰《く》り返《かえ》し「受持即観心《じゅじそくかんじん》」の法理《ほうり》を語られました。

ある時には――人間は皆、平等《びょうどう》でありたいと思っていても、現実には、千差万別《せんさばんべつ》の悩みや苦しみがある。しかし、御本尊を受持《じゅじ》して、妙法を唱《とな》えきっていけば、偉大《いだい》な「果徳《かとく》」が厳然《げんぜん》と現《あらわ》れ、「宿命《しゅくめい》の転換《てんかん》、貧乏《びんぼう》、病人《びょうにん》、家庭の悩み等、いっさい人生の苦を解決することは、絶対に疑《うたが》いない事実である」と。

また、ある時には――御本尊を受持《じゅじ》すれば、自分が過去世《かこせ》につくらなかった、裕福《ゆうふく》になるなどの幸福の「原因」を即座《そくざ》にくださる。「あとは自分の信心と、折伏《しゃくぶく》によって、結果を勝ちとらなければいけない」と。

「万人《ばんにん》成仏の法」を、一人一人が実践し、その一人一人が人間革命を成《な》し遂《と》げる。そのために御本尊があるのです。

大段第二(2)　本尊《ほんぞん》を明かす（新136ジペー～146ジペー・全247ジペー～254ジペー）

第17章　権経《ごんきょう》・法華経迹門《しゃくもん》の国土

（新136ジペー1行目～3行目）
（全247ジペー9行目～11行目）

夫《そ》れ、始《はじ》め寂滅道場《じゃくめつどうじょう》・華蔵世界《けぞうせかい》より沙羅林《しゃらりん》に終《お》わるまで五十余年《ごじゅうよねん》の間《あいだ》、華蔵《けぞう》・密厳《みつごん》・三変《さんぺん》・四見等《しけんとう》の三土《さんど》・四土《しど》は、皆《みな》、成劫《じょうこう》の上《うえ》の無常《むじょう》の土《ど》に変《へん》化《げ》するところの方便《ほうべん》・実報《じっぽう》・寂光《じゃっこう》、安養《あんよう》・浄瑠璃《じょうるり》・密厳等《みつごんとう》なり。能変《のうへん》の教《きょう》主涅槃《しゅねはん》に入《い》りぬれば、所変《しょへん》の諸仏随《しょぶつしたが》って滅尽《めつじん》す。土《ど》もまたもってかくのごとし。

通解

釈尊《しゃくそん》が寂滅道場《じゃくめつどうじょう》で成道《じょうどう》して最初に説法《せっぽう》した華厳経《けごんぎょう》の華蔵世界《けぞうせかい》から、沙羅林《しゃらりん》で入滅《にゅうめつ》するまで、50余《よ》年の間には、華厳経に説《と》く浄土《じょうど》である華蔵世界、大日如来《だいにちにょらい》が住むという密厳《みつごん》世界、法華経迹門宝塔品《しゃくもんほうとうほん》で3度にわたって清浄《せいじょう》にされた国土、涅槃経《ねはんぎょう》で説く四見《しけん》の四土《しど》が説かれてきたが、これらは、皆、成劫《じょうこう》の時に無《む》常《じょう》の国土において作り変えた方便土《ほうべんど》・実報《じっぽう》土《ど》・寂光土《じゃっこうど》であり、阿弥陀仏《あみだぶつ》の安養《あんよう》、薬師《やくし》如来の浄瑠璃《じょうるり》、大日如来の密厳などの世界である。

能変《のうへん》の教主《きょうしゅ》すなわち、これらの諸仏《しょぶつ》・国土を作り出した釈尊《しゃくそん》が涅槃《ねはん》に入ってしまうなら、作り出された諸仏も釈尊の入滅《にゅうめつ》にしたがって滅尽《めつじん》する。その国土もまた同様である。

語訳

【寂滅道場《じゃくめつどうじょう》】釈尊《しゃくそん》が成道《じょうどう》した場所。

【沙羅林《しゃらりん》】釈尊《しゃくそん》の入滅《にゅうめつ》の地。インドのクシナガラを流れる跋提河《ばつだいが》の畔《ほとり》にある沙羅樹《しゃらじゅ》の林。

【密厳《みつごん》】密厳世界。密厳経《みつごんぎょう》で説《と》かれる大日如来《だいにちにょらい》が住む浄土《じょうど》。

【三変《さんぺん》】三変土田《さんぺんどでん》のこと。法華経見宝塔品《けんほうとうほん》第11で、釈尊《しゃくそん》が3度、国土を変じて浄土《じょうど》としたこと（法華経378ページ以下）。

【四見《しけん》】衆生《しゅじょう》が同じ沙羅林《しゃらりん》を見ても、その機根《きこん》によって同居《どうご》・方便《ほうべん》・実報《じっぽう》・寂光《じゃっこう》の四土《しど》に違《ちが》って見えることをいう。

【三土《さんど》・四土《しど》】凡聖同居土《ぼんしょうどうごど》・方便有余土《ほうべんうよど》・実報無障礙土《じっぽうむしょうげど》の三土に常寂光土《じょうじゃっこうど》を加え四土とする。四土の詳細は第11章、本書101ページを参照。

【成劫《じょうこう》】一世界の成立期《せいりつき》。『倶舎論《くしゃろん》』などに説《と》かれる四劫《しこう》の最初。

四劫とは一つの世界が①成立し（成劫）、②存続《そんぞく》し（住劫《じゅうこう》）、③崩壊《ほうかい》し（壊劫《えこう》）、④再び成立する（空《くう》劫《こう》）経過《けいか》を4つの時期に分けたもの。

【安養《あんよう》】安養世界。極楽《ごくらく》世界の異訳《いやく》。娑婆《しゃば》世界から西方《さいほう》にある阿弥陀仏《あみだぶつ》が住む浄土《じょうど》。浄土教では、念仏《ねんぶつ》をとなえて死後に極楽世界に生まれることを目指す。

【浄瑠璃《じょうるり》】浄瑠璃世界。娑婆《しゃば》世界から東方にある薬師如来《やくしにょらい》が住む浄土《じょうど》。

解説

これより、末法《まっぽう》の衆生《しゅじょう》が受持《じゅじ》すべき本尊について明かされていく（第17章〜第30章）。

この章では、爾前経《にぜんきょう》・法華経迹門《しゃくもん》で説《と》かれた熟益《じゅくやく》の本尊について論破《ろんぱ》されている。

前章の引用文《いんようもん》で確認されたように、生命に持《たも》つ法がその国土にあまねく広がり、境涯《きょうがい》、世界全体となって現《あらわ》れる。それぞれの経典に登場する仏は、それぞれに自身の成仏《じょうぶつ》の因果《いんが》を明かし、その教えに応《おう》じた国土を現している。したがって、それぞれの仏とその世界、すなわちその仏の境涯全体が、その経を信じる人が実現すべき目標となる。

末法《まっぽう》の衆生《しゅじょう》にとって、実現すべき仏の境涯《きょうがい》全体が顕《あらわ》された本尊とは何かを、これから日蓮大聖人は明かされていくのである。

ここではまず、釈尊《しゃくそん》が寂滅道場《じゃくめつどうじょう》で成道《じょうどう》して初めに説《と》いた華厳経《けごんぎょう》から法華経迹門《しゃくもん》、および沙羅《しゃら》林《りん》で最後に説いた涅槃経《ねはんぎょう》に至《いた》るまでの諸経に説かれた諸仏《しょぶつ》の国土は、成《じょう》・住《じゅう》・壊《え》・空《くう》を免《まぬか》れない無常《むじょう》の国土であると指摘される。

爾前《にぜん》・迹門《しゃくもん》では、教主《きょうしゅ》である釈尊《しゃくそん》が始成正覚《しじょうしょうがく》の立場にあり、今世《こんぜ》で初めて成仏《じょうぶつ》して入滅《にゅうめつ》していくという今世限りの無常《むじょう》の仏である。したがって、その釈尊によって示された爾前・迹門の仏国土《ぶっこくど》も、そこに住む諸仏《しょぶつ》も、釈尊の入滅にともなって滅尽《めつじん》してしまう無常の存在にすぎないのである。

第18章　本門《ほんもん》の国土

（新1336ジページ4行目〜6行目）
（全247ページ12行目〜14行目）

今《いま》、本時《ほんじ》の娑婆世界《しゃばせかい》は、三災《さんさい》を離《はな》れ四劫《しこう》を出《い》でたる常住《じょうじゅう》の浄土《じょうど》なり。仏《ほとけ》、既《すで》に過去《かこ》にも滅《めっ》せず、未来《みらい》にも生《しょう》ぜず、所化《しょけ》もって同体《どうたい》なり。これは即《すなわ》ち己心《こしん》の三千具足《さんぜんぐそく》、三種《さんしゅ》の世間《せけん》なり。迹門十四品《しゃくもんじゅうよんほん》にはいまだこれを説《と》かず。法華経《ほけきょう》の内《うち》においても時機未熟《じきみじゅく》の故《ゆえ》なるか。

通解

今、法華経本門《ほんもん》で説《と》かれた時の娑婆世界《しゃばせかい》は、三災《さんさい》におかされることもなく、四劫《しこう》（＝成《じょう》・住《じゅう》・壊《え》・空《くう》）を超《こ》え出た常住《じょうじゅう》の浄土《じょうど》である。その浄土における仏は、過去にも滅《めっ》したことはなく、未来に生《しょう》ずることもない常住不《ふ》滅《めっ》の仏であり、その仏に化導《けどう》された弟子もまた、同じく常住である。これが、私たちの己《こ》心《しん》に具《そな》わる、三千の世界がすべて具わった三種の世間《せけん》なのである。

迹門《しゃくもん》14品《ほん》には、いまだこのことを説《と》かなかった。それは、法華経の内においても、時と衆生《しゅじょう》の機根《きこん》がまだ熟《じゅく》していなかったからだろうか。

語訳

【本時《ほんじ》】法華経本門《ほんもん》の如来寿量品《にょらいじゅりょうほん》第16において仏の久遠《くおん》の本地《ほんじ》が明かされた時。

【娑婆世界《しゃばせかい》】娑婆とは堪忍《かんにん》と訳し、あらゆる苦悩を耐《た》え忍《しの》ぶ世界の意。現実世界。

【三災《さんさい》】大の三災と小の三災がある。ここは大の三災。大の三災は四劫《しこう》のうち壊劫《えこう》の終末《しゅうまつ》に起こる火《か》災《さい》・水災《すいさい》・風災《ふうさい》をいう。

解説

次に、法華経本門《ほんもん》の本尊を明かしている。

すなわち、寿量品《じゅりょうほん》において釈尊《しゃくそん》の久遠実成《くおんじつじょう》という本地《ほんじ》（本来の真実の境地《きょうち》）が説《と》かれた時、釈尊の本因《ほんいん》（常住《じょうじゅう》の九界《きゅうかい》）と本果《ほんが》（常住の仏界《ぶっかい》）、すなわち因果《いんが》の常住が明かされた。

それゆえ、釈尊《しゃくそん》の本国土《ほんこくど》である娑婆世界《しゃばせかい》はそれを反映《はんえい》して、寿量品《じゅりょうほん》の自我偈《じがげ》に、劫《こう》の末《まつ》に起こり世界を破壊《はかい》する大火《たいか》によっても破壊されず、「我《わ》が此《こ》の土《ど》は安穏《あんのん》」（法華経４９１ページ）と記《しる》されているように、無常《むじょう》を免《まぬか》れた「常住《じょうじゅう》の浄土《じょうど》」という本来の姿《すがた》を現《あらわ》す。

そして、常住《じょうじゅう》の仏の常住の浄土《じょうど》で、寿量品《じゅりょうほん》の久遠実成《くおんじつじょう》の説法《せっぽう》の場に集っていて、教えを受けている衆生《しゅじょう》も、同様に永遠常住の存在なのである。

それゆえ、自我偈《じがげ》に「時に我及《われおよ》び衆僧《しゅそう》は　倶《とも》に霊鷲山《りょうじゅせん》に出《い》ず」（法華経４９０ページ）と説《と》かれているように、釈尊《しゃくそん》の滅後《めつご》の悪世《あくせ》に「一心《いっしん》に仏を見ようとして、身命《しんみょう》をも惜《お》しまない（一心欲見《いっしんよくけん》仏《ぶつ》　不自惜身命《ふじしゃくしんみょう》）」人のもとに、永遠の仏が現出《げんしゅつ》する。

日蓮大聖人は、常住《じょうじゅう》の仏と常住の九界《きゅうかい》の衆生《しゅじょう》と常住の国土が明かされたことに対して、「これは即《すなわ》ち己心《こしん》の三千具足《ぐそく》、三種の世間《せけん》なり」と仰《おお》せである。

このように、法華経本門《ほんもん》では、永遠の仏国土《ぶっこくど》と永遠の仏、永遠の衆生《しゅじょう》が示され、真の一念三《いちねんさん》千《ぜん》が現出《げんしゅつ》するのである。

この教えは、迹門《しゃくもん》14品《ほん》においてもまだ説《と》かれていなかったのであるが、それは、同じ法華経の説法《せっぽう》であっても、時がまだ来ておらず、機根《きこん》も十分に調《ととの》っていなかったからではないか、と述べられている。

第19章　本門《ほんもん》の本尊《ほんぞん》を明かす

（新１３６㌻７行目〜16行目）
（全２４７㌻15行目〜２４８㌻３行目）

この本門《ほんもん》の肝心《かんじん》・南無妙法蓮華経《なんみょうほうれんげきょう》の五字《ごじ》においては、仏《ほとけ》なお文殊《もんじゅ》・薬王《やくおう》等《とう》にもこれを付嘱《ふぞく》したまわず。いかにいわんや、その已下《いげ》をや。ただ地涌《じゆ》千界《せんがい》を召《め》して、八品《はっぽん》を説《と》いてこれを付嘱《ふぞく》したもう。

その本尊《ほんぞん》の為体《ていたらく》は、本師《ほんし》の娑婆《しゃば》の上《うえ》に宝塔空《ほうとうくう》に居《こ》し、塔中《とうちゅう》の妙法蓮華経《みょうほうれんげきょう》の左右《さゆう》に釈迦牟尼仏《しゃかむにぶつ》・多宝仏《たほうぶつ》、釈尊《しゃくそん》の脇士《きょうじ》たる上行等《じょうぎょうとう》の四菩薩《しぼさつ》、文殊《もんじゅ》・弥《み》勒等《ろくとう》は四菩薩《しぼさつ》の眷属《けんぞく》として末座《まつざ》に居《こ》し、迹化《しゃっけ》・他方《たほう》の大小《だいしょう》の諸《もろもろ》の菩薩《ぼさつ》は万《ばん》民《みん》の大地《だいち》に処《しょ》して雲客月卿《うんかくげっけい》を見《み》るがごとく、十方《じっぽう》の諸仏《しょぶつ》は大地《だいち》の上《うえ》に処《しょ》したもう。迹仏《しゃくぶつ》・迹土《しゃくど》を表《ひょう》する故《ゆえ》なり。

かくのごとき本尊《ほんぞん》は在世《ざいせ》五十余年《ごじゅうよねん》にこれ無《な》し。八年《はちねん》の間《あいだ》にもただ八品《はっぽん》に限《かぎ》る。正像二千年《しょうぞうにせんねん》の間《あいだ》は、小乗《しょうじょう》の釈尊《しゃくそん》は迦葉《かしょう》・阿難《あなん》を脇士《きょうじ》となし、権大乗《ごんだいじょう》ならびに涅槃《ねはん》・法華経《ほけきょう》の迹門等《しゃくもんとう》の釈尊《しゃくそん》は文殊《もんじゅ》・普賢等《ふげんとう》をもって脇士《きょうじ》となす。これらの仏《ほとけ》をば正像《しょうぞう》に造《つく》り画《えが》けども、いまだ寿量《じゅりょう》の仏《ほとけ》有《ましま》さず。末法《まっぽう》に来入《らいにゅう》して始《はじ》めてこの仏像出現《ぶつぞうしゅつげん》せしむべきか。

通解

この本門《ほんもん》の肝心《かんじん》である南無妙法蓮華経の五字については、仏（釈尊《しゃくそん》）は文殊師利菩薩《もんじゅしりぼさつ》や薬王《やくおう》菩薩らにさえも付嘱《ふぞく》されなかった。ましてそれ以外の者に付嘱されるわけがない。ただ無数の地涌《じゆ》の菩薩を召《め》し出《だ》して、涌出品《ゆじゅっぽん》第15から嘱累品《ぞくるいほん》第22までの8品《ぽん》を説《と》いて、この弘通《ぐつう》を付嘱されたのである。

この南無妙法蓮華経の本尊のありさまを言えば、本師《ほんし》（久遠《くおん》の本仏《ほんぶつ》）が常住《じょうじゅう》する娑婆世《しゃばせ》界《かい》の上に宝塔《ほうとう》が空中に浮《う》かび、その宝塔の中の妙法蓮華経の左右に釈迦牟尼仏《しゃかむにぶつ》と多宝仏《たほうぶつ》が並び、釈尊《しゃくそん》の脇士《きょうじ》として上行《じょうぎょう》らの地涌《じゆ》の四菩《しぼ》薩《さつ》が並び、文殊《もんじゅ》菩薩や弥勒《みろく》菩薩らはこの地涌の四菩薩の眷属《けんぞく》として末座《まつざ》にいて、迹化《しゃっけ》や他《た》方《ほう》の大小の諸《しょ》菩薩は万民《ばんみん》が大地にあって王侯《おうこう》貴族《きぞく》を仰《あお》ぎ見るように二仏・四菩薩らを仰ぎ見ており、十方《じっぽう》から集まってきた分身《ふんじん》の諸仏《しょぶつ》は大地の上にいる。それは、彼らが迹仏《しゃくぶつ》であり、その国土が迹土《しゃくど》であることを表すためである。

このような本尊は、釈尊《しゃくそん》の在世《ざいせ》50余《よ》年の間にはまったくなかった。法華経が説《と》かれた8年の間にも涌出品《ゆじゅっぽん》第15から嘱累品《ぞくるいほん》第22までのただ8品《ぽん》に限るのである。

正法《しょうほう》・像法《ぞうほう》時代の2000年の間は、小乗《しょうじょう》教《きょう》の釈尊《しゃくそん》は迦葉《かしょう》と阿難《あなん》を脇士《きょうじ》とし、権大乗教《ごんだいじょうきょう》および涅槃経《ねはんぎょう》・法華経迹門《しゃくもん》などの釈尊は文殊《もんじゅ》菩《ぼ》薩《さつ》や普賢《ふげん》菩薩らを脇士としている。正法・像法時代には、これらの仏は造《つく》り画《えが》かれたが、いまだ寿量《じゅりょう》の仏はいらっしゃらなかった。この仏像《ぶつぞう》（文字曼荼羅《もじまんだら》の御本尊《ごほんぞん》）は、末法《まっぽう》の時代に入って初めて、出現させるべきものだからだろうか。

語訳

【薬王《やくおう》】薬王菩薩《やくおうぼさつ》。法華経の会座《えざ》においては、迹化《しゃっけ》の菩薩として滅後《めつご》の弘通《ぐつう》を誓《ちか》っている。

【八品《はっぽん》】法華経従地涌出品《じゅうじゆじゅっぽん》第15から嘱累品《ぞくるいほん》第22に至《いた》る8品《ぼん》。地涌《じゆ》の菩薩《ぼさつ》が登場してから退去《たいきょ》するまでに当たる。この8品で、地涌の菩薩への付嘱《ふぞく》の儀式《ぎしき》が行われた。

【為体《ていたらく》】すがた、ありさま、容貌《ようぼう》。

【宝塔《ほうとう》】見宝塔品《けんほうとうほん》第11で涌出《ゆじゅつ》する多宝《たほう》の塔。

【塔中《とうちゅう》の妙法蓮華経《みょうほうれんげきょう》】御本尊には中央に南無妙法蓮華経と認《したた》められている。

【脇士《きょうじ》】中尊《ちゅうそん》（中心）の仏の左右あるいは周囲にあって、仏の功徳《くどく》と働《はたら》きを表す声聞《しょうもん》・菩薩《ぼさつ》らのこと。脇士の位《くらい》・様相《ようそう》によって、その本尊の功徳と働きの高下《こうげ》が判《はん》じられる。

【迹化《しゃっけ》】迹化の菩薩《ぼさつ》。本地《ほんじ》（久遠実成《くおんじつじょう》）を明かしていない迹仏《しゃくぶつ》としての釈尊《しゃくそん》の化導《けどう》を受けた弟子。

【他方《たほう》】娑婆世界《しゃばせかい》から見て他方の国土に住む菩薩《ぼさつ》。

【雲客月卿《うんかくげっけい》】雲客とは、雲の上の人、殿上人《てんじょうびと》（昇殿《しょうでん》を許《ゆる》された者）。月卿とは公卿《くぎょう》（高位《こうい》の貴族《きぞく》）。

【迦葉《かしょう》】摩訶迦葉《まかかしょう》。頭陀《ずだ》第一といわれる釈尊《しゃくそん》の十大弟子《じゅうだいでし》の一人。

【普賢《ふげん》】普賢菩薩《ふげんぼさつ》。法華経の説法《せっぽう》が終わろうとする時、東方の宝威徳上王仏《ほういとくじょうおうぶつ》の国より来て、悪世末法《あくせまっぽう》に法華経を受持《じゅじ》する行者《ぎょうじゃ》を守護《しゅご》することを誓《ちか》った。

解説

この章で、いよいよ、末法《まっぽう》の衆生《しゅじょう》のための「本門《ほんもん》の本尊」が明かされる。

まず、本門《ほんもん》の肝心《かんじん》たる南無妙法蓮華経の五字は、ただ地涌《じゆ》の菩薩《ぼさつ》にのみ付嘱《ふぞく》されたことが説《と》かれている。

「本門《ほんもん》の肝心《かんじん》」とは、先に見たように本門寿量品《じゅりょうほん》の教説《きょうせつ》で指し示されている釈尊《しゃくそん》の因行果徳《いんぎょうかとく》を納《おさ》めた仏種《ぶっしゅ》、すなわち一念三千《いちねんさんぜん》・因果倶時《いんがぐじ》の妙法であり、具体的には「南無妙法蓮華経の五字」である。

この仏種《ぶっしゅ》の法は、文殊《もんじゅ》や薬王《やくおう》などの偉大な菩薩《ぼさつ》にすら付嘱《ふぞく》されておらず、もちろん他の衆生《しゅじょう》には付嘱されない。地涌《じゆ》の菩薩を呼び出して、この菩薩だけに付嘱された。

また「八品《はっぽん》を説《と》いて」の「八品」とは、地涌《じゆ》の菩薩《ぼさつ》が法華経の会座《えざ》に出現している涌出品《ゆじゅっぽん》第15から嘱累品《ぞくるいほん》第22までを指しており、「八品を説いて」とは、釈尊《しゃくそん》から地涌の菩薩へ付嘱《ふぞく》が行われた始終《しじゅう》を言われたものである。

すなわち地涌《じゆ》の菩薩《ぼさつ》は涌出品《ゆじゅっぽん》第15において出現し、神力品《じんりきほん》第21で付嘱《ふぞく》を受けて、嘱累品《ぞくるいほん》第22で虚空会《こくうえ》の場を去《さ》るので、その一連《いちれん》の過程《かてい》を「八品《はっぽん》を説《と》いて」と言われたのである。

次に「その本尊の為体《ていたらく》」以下では、地涌《じゆ》の菩薩《ぼさつ》が、末法《まっぽう》において弘《ひろ》めるよう付嘱《ふぞく》を受けた法、すなわち機根《きこん》の劣《おと》った凡夫《ぼんぷ》が受持《じゅじ》して成仏《じょうぶつ》するために顕《あらわ》される本尊の様相《ようそう》を詳《くわ》しく示されている。

その様相《ようそう》とは、宝塔《ほうとう》の中の南無妙法蓮華経の左右に釈迦《しゃか》・多宝《たほう》の二仏《にぶつ》が並んで座《すわ》り、その釈《しゃく》尊《そん》の脇士《きょうじ》として上行《じょうぎょう》らの4人の地涌《じゆ》の菩薩《ぼさつ》が連《つら》なっている。

文殊《もんじゅ》・弥勒《みろく》の二菩薩《にぼさつ》は、地涌《じゆ》の菩薩の眷属《けんぞく》として末座《まつざ》にいる。

そのほか、迹化《しゃっけ》・他方《たほう》の菩薩《ぼさつ》、十方《じっぽう》の諸仏《しょぶつ》は大地にいるが、これは、本仏《ほんぶつ》がその働《はたら》きの一部を現出《げんしゅつ》した迹仏《しゃくぶつ》・迹土《しゃくど》であることを表している。

この記述のように、日蓮大聖人が顕《あらわ》された文字曼荼羅《まんだら》の御本尊は、巨大な宝塔《ほうとう》に釈尊《しゃくそん》が多宝《たほう》仏《ぶつ》と並んで座り、地涌の菩薩《ぼさつ》への付嘱《ふぞく》を行う、法華経の虚空会《こくうえ》の儀式を用いて顕されている。そして、地涌の菩薩に託された法である南無妙法蓮華経を中心に大書《たいしょ》され、釈尊や多宝仏、上《じょう》行菩薩《ぎょうぼさつ》等の四菩薩《しぼさつ》をはじめとする仏・菩薩などが周囲に配《はい》されている。この南無妙法蓮華経の文字曼荼羅の御本尊は、大聖人の内面に確立された仏の覚《さと》りの境地《きょうち》を顕したものである。

この本尊は、釈尊《しゃくそん》の50年にわたる説法《せっぽう》の中でも、法華経にしか説《と》かれていない。その法華経のなかでも、わずかに涌出品《ゆじゅっぽん》から嘱累品《ぞくるいほん》までの8品《ぽん》にのみ示された。さらに滅後《めつご》では、正法《しょうほう》・像法《ぞうほう》の時代には決して説かれることがなく、末法《まっぽう》に入って初めて出現するのである。

そして、「小乗《しょうじょう》の釈尊《しゃくそん》は迦葉《かしょう》・阿難《あなん》を脇士《きょうじ》となし」以下の部分は、脇士によってその本尊の位《くらい》を示されている。

脇士《きょうじ》になる声聞《しょうもん》や菩薩《ぼさつ》などは、中心の仏が説《と》いた教えを受持《じゅじ》してその境地《きょうち》を得た弟子である。脇士の偉大さが、説かれた教えのすばらしさ、それを説いた教主《きょうしゅ》である仏の偉大さを示すのである。

それゆえ、小乗《しょうじょう》を説《と》いた釈尊《しゃくそん》には、小乗の教えで得られる声聞《しょうもん》の最高位である阿羅漢《あらかん》となっている迦葉《かしょう》・阿難《あなん》が脇士《きょうじ》とされる。権大乗《ごんだいじょう》の諸経や涅槃経《ねはんぎょう》と法華経迹門《しゃくもん》を説《と》いた釈尊《しゃくそん》には、それらの教えで偉大な菩薩《ぼさつ》となっている文殊《もんじゅ》・普賢《ふげん》が脇士《きょうじ》とされる。

これらに対して、「かくのごとき本尊は」として示された本門《ほんもん》の本尊が正法《しょうほう》・像法《ぞうほう》時代の釈《しゃく》尊像《そんぞう》よりもはるかに優れた本尊であることを明らかにするために、それらの釈尊よりも優れた仏である「寿量《じゅりょう》の仏」（寿量品の仏）について述べられている。

大聖人が顕《あらわ》された文字曼荼羅《まんだら》の御本尊は、上行《じょうぎょう》等の四菩薩《しぼさつ》が釈尊《しゃくそん》の脇士《きょうじ》となっているので、この釈尊は法華経本門寿量品《ほんもんじゅりょうほん》における釈尊すなわち「寿量の仏」である。さらに、その「寿量の仏」そのものが、首題《しゅだい》の南無妙法蓮華経の脇士に位置づけられている。これは、南無妙法蓮華経こそがすべての仏を生み出した根本の法であり、ゆえに根本の本尊たるべきことを示している。したがって、この文の趣旨は、「寿量の仏」そのものを本尊とするのではなく、「寿量の仏」が多宝仏《たほうぶつ》、四菩薩などとともに脇士となる文字曼荼羅を本尊とすることにある。そして、「末法《まっぽう》に来入《らいにゅう》して始《はじ》めてこの仏像出現《ぶつぞうしゅつげん》せしむべきか」とあるように、この御本尊は、久遠《くおん》の釈尊から付嘱《ふぞく》を受けた上行菩薩《じょうぎょうぼさつ》等の四菩薩が末法に出現して、末法の衆生のために初めて顕すのである。よって、「この仏像」の意味は、文字曼荼羅の御本尊と解すべきである。

◆池田先生の講義から（『御書の世界』第2巻、『池田大作全集』第32巻所収）

中央の「南無妙法蓮華経」は、根源《こんげん》の真理を示すものです。言うなれば、生命宇宙の中心軸《ちゅうしんじく》なので、虚空会《こくうえ》の中心に屹立《きつりつ》する宝塔《ほうとう》で示されている。その左右に、釈迦仏《しゃかぶつ》と多宝如来《たほうにょらい》がいる。これらは、妙法蓮華経の働《はたら》きを示す仏です。

多宝如来《たほうにょらい》は、過去仏《かこぶつ》であり、永遠の真理を表す。智慧《ちえ》の対境《たいきょう》（対象《たいしょう》）としての法を示しています。釈尊《しゃくそん》は、現在仏《げんざいぶつ》です。法を現実に悟《さと》る智慧を表している。

まさに南無妙法蓮華経の二つの側面《そくめん》です。

二仏並坐《にぶつびょうざ》とは、真理と智慧《ちえ》の一致《いっち》、境智冥合《きょうちみょうごう》を示すものです。

◇

虚空会《こくうえ》は「時空《じくう》を超《こ》えた世界」です。歴史的な特定の時・場所ではない。だからこそ、「いつでも、どこでも」虚空会につながることができるのです。

虚空会《こくうえ》の儀式《ぎしき》を用《もち》いて顕《あらわ》した御本尊を拝《はい》することによって、私どもは、「いま」永遠なる宇宙生命と一体になり、「ここで」全宇宙を見わたす境涯《きょうがい》が開《ひら》けるのです。

日々の勤行《ごんぎょう》・唱題によって、「いま・ここ」で永遠なる虚空会《こくうえ》の儀式《ぎしき》に連《つら》なることができる。わが身に、わが生活に、わが人生に、宝塔《ほうとう》を光らせていける。これが御本尊のすばらしさです。壮大《そうだい》な生命のコスモス（調和的秩序《ちつじょ》）が開《ひら》かれ、現実が価値創造《そうぞう》の世界と現《あらわ》れるのです。

第20章　末法《まっぽう》に出現する本尊《ほんぞん》を尋《たず》ねる

（新１３６ジペ—17行目〜１３７ジペ—３行目）
（全２４８ジペ—４行目〜６行目）

問《と》う。正像二千余年《しょうぞうにせんよねん》の間《あいだ》は四依《しえ》の菩薩《ぼさつ》ならびに人師等《にんしとう》、余仏《よぶつ》、小乗《しょうじょう》・権《ごん》大乗《だいじょう》・爾前《にぜん》・迹門《しゃくもん》の釈尊等《しゃくそんとう》の寺塔《じとう》を建立《こんりゅう》すれども、本門寿量品《ほんもんじゅりょうほん》の本尊《ほんぞん》ならびに四大菩薩《しだいぼさつ》をば三国《さんごく》の王臣《おうしん》ともにいまだ崇重《すうちょう》せざるの由《よし》、これを申《もう》す。このことほぼこれを聞《き》くといえども、前代未聞《ぜんだいみもん》の故《ゆえ》に耳目《じもく》を驚動《きょうどう》し心意《しんい》を迷惑《めいわく》す。請《こ》う、重《かさ》ねてこれを説《と》け。委細《いさい》にこれを聞《き》かん。

通解

問《と》う。正法《しょうほう》・像法《ぞうほう》2000余年《よ》の間は、四《し》依《え》の菩薩《ぼさつ》および人師《にんし》たちが、阿弥陀《あみだ》や大日《だいにち》などの余仏《よぶつ》（釈尊《しゃくそん》以外の仏）や、小乗教《しょうじょうきょう》・権大《ごんだい》乗教《じょうきょう》・爾前経《にぜんきょう》・法華経迹門《しゃくもん》の釈尊などを本尊とする寺塔《じとう》を建立《こんりゅう》したが、本門寿量品《ほんもんじゅりょうほん》の本尊ならびに四大《しだい》菩薩については、インド・中国・日本の三国の王も臣下《しんか》もいまだ崇重《すうちょう》したことがなかったと、あなたは言われた。

このことを今、おおむね聞いたが、前代未《ぜんだいみ》聞《もん》のことなので、耳目《じもく》を驚《おどろ》かし、心を惑《まど》わすばかりである。重《かさ》ねてこれについて説《と》いていただきたい。詳《くわ》しく聞きたいと思う。

語訳

【四依《しえ》の菩薩《ぼさつ》】仏の滅後《めつご》、仏法を弘通《ぐつう》し衆生救済《しゅじょうきゅうさい》のよりどころとなる4種の人々のこと。

解説

前章では、正法《しょうほう》・像法《ぞうほう》時代にいまだ出現しなかった「本門の本尊」が末法《まっぽう》に出現すると説《と》かれた。これを受けて質問者は、そのようなことはこれまで聞いたことがないので、もっと詳《くわ》しく教えてほしいと求めている。

ここからは、前章の結論を受けて、さらに本尊について詳述《しょうじゅつ》していく展開となる。

特に、「五重三段《ごじゅうさんだん》」を通して、仏が説《と》こうとした最も根本の教えである「本門《ほんもん》の肝心《かんじん》・南無《なん》妙法蓮華経の五字《みょうほうれんげきょうのごじ》」（新136ジペー・全247ジペー）がどこに説かれているかを追究《ついきゅう》し、この南無妙法蓮華経が末法《まっぽう》の凡夫《ぼんぷ》にとって下種益《げしゅやく》を具《そな》え、成仏《じょうぶつ》を可能とする本尊であることが明かされていく。併《あわ》せて、この法華経本門の肝心である本尊が、正法《しょうほう》・像法《ぞうほう》時代には出現せず、末法において地涌《じゆ》の菩薩《ぼさつ》によってこそ顕《あらわ》される理由を明かされていく。

五重三段《ごじゅうさんだん》とは、釈尊《しゃくそん》が説《と》いた教えを5重にわたって、序分《じょぶん》・正宗分《しょうしゅうぶん》・流通分《るつうぶん》の3段に分けたもの。①一代一経三段《いちだいいっきょう》②法華十巻三段《ほっけじっかん》③迹門熟益三段《しゃくもんじゅくやく》④本門脱益三段《ほんもんだっちゃく》⑤文底下種三段《もんていげしゅ》（末法の下種三段）の五つをいう。ひとまとまりの教えを三つの段階（三段）に分けた中で、最も核心《かくしん》となる部分を正宗分といい、正宗分に至《いた》るまでの導入《どうにゅう》部分を序分といい、正宗分をどのように説き弘《ひろ》めていくかなどを説いた部分を流通分という。

この五重三段《ごじゅうさんだん》を明かすことを通して、釈尊《しゃくそん》をはじめ三世十方《さんぜじっぽう》の仏が説《と》こうとした最も根本の教えとは法華経の肝心《かんじん》である南無妙法蓮華経であり、その法をそのまま顕《あらわ》したのが「本門《ほんもん》の本尊」であることを示されていく。

第21章　一代三段《いちだいさんだん》・十巻《じっかん》三段を示す

（新1377ページ4行目～9行目）
（全248ページ7行目～11行目）

答《こた》えて曰《い》わく、法華経一部八巻二十八品《ほけきょういちぶはっかんにじゅうはっぽん》、進《すす》んでは前四味《ぜんしみ》、退《しりぞ》いては涅《ね》槃経等《はんぎょうとう》の一代《いちだい》の諸経《しょきょう》、総《そう》じてこれを括《くく》るにただ一経《いっきょう》なり。始《はじ》め寂滅道場《じゃくめつどうじょう》より終《お》わり般若経《はんにゃきょう》に至《いた》るまでは序分《じょぶん》なり。無量義経《むりょうぎきょう》・法華経《ほけきょう》・普賢経《ふげんぎょう》の十巻《じっかん》は正宗《しょうしゅう》なり。涅槃経等《ねはんぎょうとう》は流通分《るつうぶん》なり。

正宗十巻《しょうしゅうじっかん》の中《なか》において、また序《じょ》・正《しょう》・流通《るつう》有《あ》り。無量義経《むりょうぎきょう》ならびに序品《じょほん》は序分《じょぶん》なり。方便品《ほうべんぼん》より分別功徳品《ふんべつくどくほん》の十九行《じゅうきゅうぎょう》の偈《げ》に至《いた》るまでの十五品半《じゅうごほんはん》は正宗分《しょうしゅうぶん》なり。分別功徳品《ふんべつくどくほん》の現在《げんざい》の四信《ししん》より普賢経《ふげんぎょう》に至《いた》るまでの十一品半《じゅういっぽんはん》と一巻《いっかん》は流通分《るつうぶん》なり。

通解

答えて言う。法華経の1部8巻28品《ぽん》、それ以前には華厳《けごん》より般若《はんにゃ》までの前四味《ぜんしみ》の爾前《にぜん》経《きょう》、それ以後には涅槃経《ねはんぎょう》などの、釈尊《しゃくそん》一代に説《と》かれた諸経のすべては、これをまとめると、ただ一経《いっきょう》になる。

はじめ寂滅道場《じゃくめつどうじょう》で説《と》かれた華厳経《けごんぎょう》から般若《はんにゃ》経《きょう》に至《いた》るまでは序分《じょぶん》である。無量義経《むりょうぎきょう》・法華経・普賢経《ふげんぎょう》の合わせて10巻は正宗分《しょうしゅうぶん》である。涅槃経《ねはんぎょう》などは流通分《るつうぶん》である。

正宗分《しょうしゅうぶん》10巻の中においてまた序分《じょぶん》・正宗分・流通分《るつうぶん》がある。無量義経《むりょうぎきょう》と法華経序品《じょほん》第1は序分である。方便品《ほうべんぽん》第2から分別功徳品《ふんべつくどくほん》第17の半《なか》ばの十九行の偈《げ》に至《いた》るまでの15品半《ほん》は正宗分である。分別功徳品の現在の四信《ししん》が説《と》かれたところから普賢経《ふげんぎょう》に至るまでの、法華経11品《ぽん》半と普賢経1巻は流通分である。

語訳

【前四味《ぜんしみ》】華厳《けごん》・阿含《あごん》・方等《ほうどう》・般若《はんにゃ》・法華涅槃《ほっけねはん》の五時《ごじ》は、五味《ごみ》の譬《たと》え（第12章、本書113㌻を参照）では、それぞれ乳味《にゅうみ》・酪味《らくみ》・生蘇味《しょうそみ》・熟蘇味《じゅくそみ》・醍醐味《だいごみ》にあてられる。前四味とは、華厳時より般若時までの爾前経《にぜんきょう》を意味する。

【序分《じょぶん》】経典を序分・正宗分《しょうしゅうぶん》・流通分《るつうぶん》の三つに分けることを三分科経《さんぶんかきょう》といい、序分とは経典の因縁《いんねん》・由《ゆ》来《らい》を説《と》く序論《じょろん》の部分。

【正宗《しょうしゅう》】正宗分《しょうしゅうぶん》。一経の中心・核《かく》となる部分。

【流通分《るつうぶん》】その経典を弘《ひろ》める（流通）ことを仏が弟子に促《うなが》した部分や、正宗分《しょうしゅうぶん》を補《おぎな》って、例えば功徳《くどく》などを説明した部分をいう。

【分別功徳品《ふんべつくどくほん》の十九行《じゅうきゅうぎょう》の偈《げ》】同品《ほん》の最初の偈頌《げじゅ》で、「仏説希有法《ぶっせつけうほう》」から「以助無上心《いじょむじょうしん》」まで（法華経498〜501㌻）。この偈までの同品前半部分には、寿量品《じゅりょうほん》を聞いた在世《ざいせ》の衆生《しゅじょう》の功徳《くどく》が示されている。

【現在《げんざい》の四信《ししん》】分別功徳品《ふんべつくどくほん》第17で、先の「十九行の偈《げ》」に続いて説《と》かれる（法華経501〜507㌻）。寿《じゅ》量品《りょうほん》を聞いた人が得る功徳《くどく》を4段階に分けて示したもの。すなわち一念信解《いちねんしんげ》・略解言趣《りゃくげごんしゅ》・広為他《こういた》説《せつ》・深信観成《じんしんかんじょう》。「現在」とは釈尊在世《しゃくそんざいせ》のこと。

解説

ここは五重三段《ごじゅうさんだん》のうち、第一重と第二重の①一代一経《いちだいいっきょう》三段と②法華十巻《ほっけじっかん》三段に当たる部分である。（五重三段については前章の解説、本書１９１ページで概説した）

第一重の一代一経三段《いちだいいっきょうさんだん》では、釈尊《しゃくそん》の一代にわたる教えすべてをくくって一経《いっきょう》（ひとまとまりの教え）ととらえ、それを序分《じょぶん》・正宗分《しょうしゅうぶん》・流通分《るつうぶん》の3段に分ける。

正宗分《しょうしゅうぶん》とは、正《まさ》しく根本となる教え（宗《しゅう》）を説《と》いた部分である。そのための準備《じゅんび》となるのが序分《じょぶん》であり、正宗分をどのように実践し弘《ひろ》めていくかを明かしているのが流通分《るつうぶん》である。

釈尊《しゃくそん》の一代の教えを大きく五つに分けた五時《ごじ》のうち、寂滅道場《じゃくめつどうじょう》（覚《さと》りを得た場）で直《ただ》ちに説《と》かれた華厳経《けごんぎょう》から般若経《はんにゃきょう》に至《いた》るまでの、法華経より前の四時の教えは序分《じょぶん》に当たり、最後の法《ほっ》華涅槃時《けねはんじ》のうち、法華経8巻、ならびにその開経《かいきょう》である無量義経《むりょうぎきょう》1巻、結経《けっきょう》である普賢経《ふげんぎょう》1巻の合計10巻が正宗分《しょうしゅうぶん》に当たり、法華経より後の経典である涅槃経《ねはんぎょう》は流通分《るつうぶん》に当たる。すなわち、法華経ならびに開結《かいけつ》二経こそ、釈尊《しゃくそん》が覚《さと》った真実が説《と》かれていて、すべての教えの根本部分であるということである。

次に、第二重の法華十巻三段《ほっけじっかんさんだん》では、無量義経《むりょうぎきょう》・法華経・普賢経《ふげんぎょう》の計10巻を一経《いっきょう》ととらえて3段に分ける。無量義経と法華経の序品《じょほん》第1が序分《じょぶん》、方便品《ほうべんぼん》第2から分別功徳品《ふんべつくどくほん》第17の前半（なかばにある「十九行の偈《げ》」まで）の15品《ほん》半が正宗分《しょうしゅうぶん》、分別功徳品の後半（「現在の四信《ししん》」から後）から普賢経までが流通分《るつうぶん》となる。

すなわち、法華経ならびに開結《かいけつ》二経の中でも、諸経には説《と》かれていない二乗作仏《にじょうさぶつ》・久遠実成《くおんじつじょう》を明かし、開三顕一《かいさんけんいち》（諸経で説かれた声聞《しょうもん》・縁覚《えんがく》・菩薩《ぼさつ》のための3種の教えは法華経で明かされた成《じょう》仏《ぶつ》の教えに導《みちび》くための方便《ほうべん》であること）・開近顕遠《かいごんけんのん》（始成正覚《しじょうしょうがく》を開いて久遠実成を顕《あらわ》すこと）を行《おこな》った方便品《ほうべんぼん》から分別功徳品《ふんべつくどくほん》の前半までが、教えの根本部分であるということである。

第22章　迹門熟益三段《しゃくもんじゅくやくさんだん》を示す

（新137ページ10行目〜138ページ1行目）
（全248ページ12行目〜18行目）

また法華経等《ほけきょうとう》の十巻《じっかん》においても二経《にきょう》有《あ》り。各《おのおの》、序《じょ》・正《しょう》・流通《るつう》を具《ぐ》するなり。無量義経《むりょうぎきょう》と序品《じょほん》は序分《じょぶん》なり。方便品《ほうべんぽん》より人記品《にんきほん》に至《いた》るまでの八品《はっぽん》は正宗分《しょうしゅうぶん》なり。法師品《ほっしほん》より安楽行品《あんらくぎょうほん》に至《いた》るまでの五品《ごほん》は流通分《るつうぶん》なり。その教主《きょうしゅ》を論《ろん》ずれば、始成正覚《しじょうしょうがく》の仏《ほとけ》にして、本無今有《ほんむこんぬ》の百界千如《ひゃっかいせんにょ》を説《と》く。已今当《いこんとう》に超過《ちょうか》せる随自意《ずいじい》、難信難解《なんしんなんげ》の正法《しょうほう》なり。過去《かこ》の結縁《けちえん》を尋《たず》ぬれば、大通十《だいつうじゅう》六《ろく》の時《とき》、仏果《ぶっか》の下種《げしゅ》を下《くだ》し、進《すす》んでは華厳経等《けごんぎょうとう》の前四味《ぜんしみ》をもって助縁《じょえん》となして、大通《だいつう》の種子《しゅし》を覚知《かくち》せしむ。これは仏《ほとけ》の本意《ほんい》にあらず。ただ毒発等《どくほっとう》の一分《いちぶん》なり。二乗《にじょう》・凡夫等《ぼんぷとう》は、前四味《ぜんしみ》を縁《えん》となし漸々《ぜんぜん》に法華《ほっけ》に来至《らいし》して種子《しゅし》を顕《あらわ》し、開顕《かいけん》を遂《と》ぐる機《き》これなり。また、在世《ざいせ》において始《はじ》めて八品《はっぽん》を聞《き》く人天等《にんてんとう》、あるいは一句一偈等《いっくいちげとう》を聞《き》いて下種《げしゅ》となし、あるいは熟《じゅく》し、あるいは脱《だっ》し、あるいは普賢《ふげん》・涅槃等《ねはんとう》に至《いた》り、あるいは正像末等《しょうぞうまっとう》に小《しょう》・権等《ごんとう》をもって縁《えん》となして法華《ほっけ》に入《い》る。例《れい》せば、在世《ざいせ》の前四味《ぜんしみ》の者《もの》のごとし。

通解

また法華経と無量義経《むりょうぎきょう》・普賢経《ふげんぎょう》の合わせて10巻においても迹門《しゃくもん》と本門《ほんもん》の二経に分けることができる。そして、それぞれに序分《じょぶん》・正宗分《しょうしゅうぶん》・流通分《るつうぶん》がある。

まず迹門《しゃくもん》においては無量義経《むりょうぎきょう》と法華経序品《じょほん》第1は序分《じょぶん》である。方便品《ほうべんぽん》第2から人記品《にんきほん》第9に至《いた》るまでの8品《ぽん》は正宗分《しょうしゅうぶん》である。法師品《ほっしほん》第10から安楽行品《あんらくぎょうほん》第14に至《いた》るまでの5品《ほん》は流通分《るつうぶん》である。

その迹門《しゃくもん》を説《と》いた教主《きょうしゅ》を論ずると、始成正覚《しじょうしょうがく》の仏であり、説かれている教えは、本無今有《ほんむこんぬ》の百界千如《ひゃっかいせんにょ》である。已今当《いこんとう》の三説《せつ》をはるかに超《こ》えた随自意《ずいじい》・難信難解《なんしんなんげ》の正法《しょうほう》である。

その説法《せっぽう》を聞いた衆生《しゅじょう》の過去の結縁《けちえん》を尋《たず》ねてみると、三千塵点劫《さんぜんじんてんごう》の昔《むかし》に釈尊《しゃくそん》が大通智勝仏《だいつうちしょうぶつ》の第十六王子として法華経を説《と》いた時、仏果《ぶっか》をもたらす種《たね》を衆生に下《お》ろし、法華経の説法に先立って華厳経《けごんぎょう》などの前四味《ぜんしみ》の法を助縁《じょえん》として、大通智勝仏の時に下ろした種子《しゅし》を衆生に覚知《かくち》させ得脱《とくだつ》させた。

しかし、これは仏の本意ではなく、ただ以前に服して身体《からだ》の中に潜《ひそ》んでいた毒《どく》がたまたま効力《こうりょく》を発《はっ》するようなものである。

二乗《にじょう》・凡夫《ぼんぷ》たちのうち、前四味《ぜんしみ》の教えを助《じょ》

縁《えん》として機根《きこん》を成熟《せいじゅく》させ、次第に法華経に至《いた》って種子《しゅし》を明らかにして、開顕《かいけん》を遂《と》げて成仏《じょうぶつ》する機根の人々は、迹門《しゃくもん》の教えの対象《たいしょう》である。

また釈尊《しゃくそん》の在世《ざいせ》において初めて迹門《しゃくもん》の正宗《しょうしゅう》分《ぶん》8品《ぽん》を聞いた人界《にんかい》・天界《てんかい》の衆生《しゅじょう》のうち、ある者は一句一偈《いっくいちげ》などを聞いて下種《げしゅ》とし、ある者は熟《じゅく》し、ある者は得脱《とくだつ》し、あるいは普賢《ふげん》経《ぎょう》・涅槃経《ねはんぎょう》などに至《いた》って成仏《じょうぶつ》し、あるいは正《しょう》法《ほう》・像法《ぞうほう》・末法《まっぽう》の時代に小乗教《しょうじょうきょう》や権大乗教《ごんだいじょうきょう》などを助縁《じょえん》として法華経に入って成仏した。

これは例えていえば、釈尊在世《しゃくそんざいせ》に前四味《ぜんしみ》の教えを助縁《じょえん》として法華経に入り、得脱《とくだつ》した者と同じである。

語訳

【本無今有《ほんむこんぬ》】「本無（本無《もとな》くして）」とは仏の本地《ほんじ》（久遠実成《くおんじつじょう》）が明かされず、真の一念三千《いちねんさんぜん》が明らかにされていないこと。「今有（今有《いまあ》り）」とは、それにもかかわらず迹門《しゃくもん》で二乗作仏《にじょうさぶつ》が説《と》かれ、一応、一念三千が示されたこと。

【已今当《いこんとう》】既出。第14章、本書129ページを参照。

解説

五重三段《ごじゅうさんだん》のうち、ここから後の三つは、日蓮大聖人の仏法における根本の教えを示すための位置づけとなる。

「法華経等《ほけきょうとう》の十巻《じっかん》」の正宗分《しょうしゅうぶん》では、二つの根本となる教説《きょうせつ》、すなわち開三顕一《かいさんけんいち》と開近顕遠《かいごんけんのん》が明かされる。この二つの教えは、迹門《しゃくもん》と本門《ほんもん》で説《と》かれているので、迹門を中心とする前半部分、本門を中心とする後半部分を、それぞれ一経《いっきょう》と見て、その序《じょ》・正《しょう》・流通《るつう》を示すのである。

まず、この章では、第三重の迹門熟益三段《しゃくもんじゅくやくさんだん》が示される。これは、法華経ならびに開結《かいけつ》二経、計10巻のうち、前半部分である無量義経《むりょうぎきょう》と法華経迹門を一経《いっきょう》としてくくって、その中で序《じょ》・正《しょう》・流通《るつう》の3段に立て分けるものである。

すなわち、無量義経《むりょうぎきょう》と序品《じょほん》を序分《じょぶん》、方便品《ほうべんぼん》第2から人記品《にんきほん》第9までを正宗分《しょうしゅうぶん》、法師品《ほっしほん》第10から安楽行品《あんらくぎょうほん》第14までを流通分《るつうぶん》とする。

この迹門《しゃくもん》の教主《きょうしゅ》は「始成正覚《しじょうしょうがく》」の仏であり、説《と》かれている教えは「本無今有《ほんむこんぬ》の百界千如《ひゃっかいせんにょ》」である。

ここで「本無今有《ほんむこんぬ》の百界千如《ひゃっかいせんにょ》」と仰《おお》せなのは、法華経本門《ほんもん》の一念三千《いちねんさんぜん》と対比《たいひ》して言われたものであり、また「已今当《いこんとう》に超過《ちょうか》せる」とは、法華経以外の諸経に対比して言われたものである。

つまり法華経迹門《しゃくもん》は、本門《ほんもん》に対比《たいひ》すれば、久遠実成《くおんじつじょう》を説《と》かず始成正覚《しじょうしょうがく》の立場であり、また先に見たように常住《じょうじゅう》の仏界《ぶっかい》・九界《きゅうかい》・国土が明かされていないので、真の一念三千《いちねんさんぜん》があらわれていない劣《おと》った教えである。

しかし、一念三千《いちねんさんぜん》をまったく説《と》かない権教《ごんきょう》に対すれば、二乗作仏《にじょうさぶつ》を明かし、一応、十界互具《じっかいご》《ぐ》・百界千如《ひゃっかいせんにょ》の義がある点で優《すぐ》れている。

「過去《かこ》の結縁《けちえん》を尋《たず》ぬれば」以下は、迹門《しゃくもん》の教えは誰のために説《と》かれたかを後《のち》に検討《けんとう》されるために、あらかじめ迹門《しゃくもん》で教化《きょうけ》されている衆生《しゅじょう》について言及《げんきゅう》されている。

例えば、爾前経《にぜんきょう》（前四味《ぜんしみ》）を聞いた段階で、三千塵点劫《さんぜんじんてんごう》の過去に大通智勝仏《だいつうちしょうぶつ》の第十六王子が法華経を説法《せっぽう》したことで受けた下種《げしゅ》を覚知《かくち》した者である。これは、以前に飲《の》んだ毒《どく》がたまたまその時に効力《こうりょく》を発《はっ》したようなもので、偶発的《ぐうはってき》な例外である。

また、爾前経《にぜんきょう》を縁《えん》として機根《きこん》を成熟《せいじゅく》させ、法華経に至《いた》って得脱《とくだつ》（成仏《じょうぶつ》）した衆生《しゅじょう》である。

あるいは、法華経の8品《ぽん》を聞いて初めて発心《ほっしん》した人《にん》・天《てん》などの衆生《しゅじょう》である。

あるいは、普賢経《ふげんぎょう》・涅槃経《ねはんぎょう》に至《いた》って得脱《とくだつ》した人もいる。また、在世《ざいせ》の間に得脱できず、仏の滅後《めつご》、正法《しょうほう》・像法《ぞうほう》時代に生まれてきて小乗《しょうじょう》・権大乗経《ごんだいじょうきょう》を縁《えん》とすることによって法華経に入った人もいる。

これは、在世《ざいせ》に爾前経《にぜんきょう》を縁《えん》として大通下種《だいつうげしゅ》を覚知《かくち》して得脱《とくだつ》した人々と同じ原理である、とされている。

このように迹門《しゃくもん》は、過去の下種《げしゅ》・結縁《けちえん》を調《ととの》え成熟《せいじゅく》させるという熟益《じゅくやく》を主たる目的とする。それゆえ、この3段は、迹門熟益三段《しゃくもんじゅくやくさんだん》と呼ばれる。

第23章　本門脱益三段《ほんもんだっちゃくさんだん》を示す

（新1388ページ2行目〜6行目）
（全249ページ1行目〜4行目）

また、本門十四品《ほんもんじゅうよんほん》の一経《いっきょう》に序《じょ》・正《しょう》・流通《るつう》有《あ》り。涌出品《ゆじゅっぽん》の半品《はんぼん》を序分《じょぶん》となし、寿量品《じゅりょうほん》と前後《ぜんご》の二半《にはん》と、これを正宗《しょうしゅう》となす。その余《よ》は流通分《るつうぶん》なり。その教主《きょうしゅ》を論《ろん》ずれば、始成正覚《しじょうしょうがく》の釈尊《しゃくそん》にあらず。説《と》くところの法門《ほうもん》もまた天《てん》地《ち》のごとし。十界久遠《じっかいくおん》の上《うえ》に国土世間《こくどせけん》既《すで》に顕《あらわ》れ、一念三千《いちねんさんぜん》ほとんど竹膜《ちくまく》を隔《へだ》つ。また迹門《しゃくもん》ならびに前四味《ぜんしみ》・無量義経《むりょうぎきょう》・涅槃経《ねはんぎょうとう》等の三説《さんせつ》はことごとく随他意《ずいたい》の易信易解《いしんいげ》、本門《ほんもん》は三説《さんせつ》の外《ほか》の難信難解《なんしんなんげ》・随自意《ずいじい》なり。

通解

また法華経の本門《ほんもん》14品《ほん》の一経《いっきょう》に序分《じょぶん》・正宗分《しょうしゅうぶん》・流通分《るつうぶん》がある。従地涌出品《じゅうじゆじゅっぽん》第15の前半を序分とし、如来寿量品《にょらいじゅりょうほん》第16一品《いっぽん》と前後の二半《にはん》(=涌出品《ゆじゅっぽん》の後半と分別功徳品《ふんべつくどくほん》第17の前半)、この一品二半《いっぽんにはん》を正宗分とする。その他は流通分である。

その本門《ほんもん》の教主《きょうしゅ》を論ずると、始成正覚《しじょうしょうがく》の釈《しゃく》尊《そん》ではない。説《と》かれた法門もまたそれ以前とは天地のような違《ちが》いがある。十界《じっかい》がすべて久《く》遠《おん》以来、常住《じょうじゅう》することに加え、国土世間《こくどせけん》の常住も明らかになって、一念三千《いちねんさんぜん》については、ほとんど竹膜《ちくまく》(竹の薄《うす》い膜《まく》)を隔《へだ》てるようなものとなった。また、迹門《しゃくもん》ならびに前四味《ぜんしみ》の爾《に》前経《ぜんきょう》・無量義経《むりょうぎきょう》・涅槃経《ねはんぎょう》などの已今当《いこんとう》の三説《せつ》がことごとく随他意《ずいたい》の教えで易信易解《いしんいげ》であるのに対して、本門こそは三説を超《こ》え出た難信《なんしん》難解《なんげ》にして随自意《ずいじい》の教えである。

語訳

【寿量品《じゅりょうほん》と前後《ぜんご》の二半《にはん》】法華経従地涌出品《じゅうじゆじゅっぽん》第15の後半と如来寿量品《にょらいじゅりょうほん》第16、それに分別功徳品《ふんべつくどくほん》第17の前半をいう。これを合わせて「一品二半《いっぽんにはん》」という。

【国土世間既に顕れ《こくどせけんすでにあらわ》】娑婆世界《しゃばせかい》に久遠《くおん》の仏が常住《じょうじゅう》することが説《と》かれ、本国土妙《ほんこくどみょう》が明かされたこと。

【竹膜《ちくまく》】竹の内側の薄《うす》い膜。ここでは、わずかな違《ちが》いの意。

【随他意《ずいたい》】仏が真実の教えに誘引《ゆういん》するために、衆生《しゅじょう》の機根《きこん》や好《この》みに随《したが》って説法《せっぽう》すること。またその方便《ほうべん》の教え。随自意《ずいじい》に対する語。

【易信易解《いしんいげ》】説法《せっぽう》や教説《きょうせつ》が信じやすく理解しやすいこと。難信難解《なんしんなんげ》に対する語。

解説

第四重の本門脱益三段《ほんもんだっちゃくさんだん》は、「本門十四品《ほんもんじゅうよんほん》」を一経《いっきょう》としてとらえ、その中で、序《じょ》・正《しょう》・流通《るつう》の3段を立て分ける。

すなわち、涌出品《ゆじゅっぽん》第15の前半部分が序分《じょぶん》であり、涌出品の後半と如来寿量品《にょらいじゅりょうほん》第16の一品《いっぽん》、そして分別功徳品《ふんべつくどくほん》第17の前半部分、合わせて「一品二半《いっぽんにはん》」が正宗分《しょうしゅうぶん》とされる。そして、分別功徳品の後半以降が流通分《るつうぶん》となる。

本門《ほんもん》の教主《きょうしゅ》は、迹門《しゃくもん》までの「始成正覚《しじょうしょうがく》の釈尊《しゃくそん》」ではなく、「久遠実成《くおんじつじょう》の釈尊」である。そして、本門《ほんもん》と爾前《にぜん》・迹門《しゃくもん》とでは、説《と》かれている法門に天地雲泥《てんちうんでい》の差があると述べられている。法華経迹門《しゃくもん》では、諸法実相《しょほうじっそう》・十如是《じゅうにょぜ》、開示悟入《かいじごにゅう》の四仏知見《しぶっちけん》が明かされて、開三顕一《かいさんけんいち》と悪人成《あくにんじょう》仏《ぶつ》・女人《にょにん》成仏が説《と》かれたことにより、十界互具《じっかいごぐ》・百界千如《ひゃっかいせんにょ》が確立した。さらに法華経本門《ほんもん》では、久遠《くおん》実成《じつじょう》が明かされ、仏の本果《ほんが》と、その因《いん》となる菩薩《ぼさつ》を代表とする九界《きゅうかい》の本因《ほんいん》も示され、十界の久遠常住《じょうじゅう》が示された。さらに、久遠の仏の本土《ほんど》が娑婆《しゃば》世界《せかい》の上に現《あらわ》れる常寂光土《じょうじゃっこうど》であることが明かされ、真実の国土世間《こくどせけん》が示された。これによって常住の本因・本果・本国土《ほんこくど》が示されたことになる。

次に、日蓮大聖人は、迹門《しゃくもん》や前四味《ぜんしみ》の爾前経《にぜんきょう》・無量義経《むりょうぎきょう》・涅槃経《ねはんぎょう》などの「已今当《いこんとう》の三説《せつ》」は、衆生《しゅじょう》の機根《きこん》に応じて説《と》かれた「随他意《ずいたい》」の教えであり、「易信易解《いしんいげ》（信じ易《やす》く、解《げ》し易し）の低い教えであるとされている。それでは、万人《ばんにん》を成仏《じょうぶつ》に導くことはできない。それに対し、法華経は衆生の機根にかかわらず、仏が自身の内面の覚《さと》りを直《ただ》ちに説《と》いた「随自意《ずいじい》」の教えであり、それゆえ「難信難解《なんしんなんげ》（信じ難《がた》く、解《げ》し難し）」であるとされ、本門《ほんもん》が諸経を超《こ》えて優《すぐ》れていることを重ねて述べられている。

◆池田先生の講義から（『世界の青年と共に　新たな広布の山を登れ！』）

「仏界《ぶっかい》ばかり現《げん》じ難《がた》し」——仏界だけは現《あらわ》れるのが難《むずか》しく、説《と》きがたいと、大聖人は示されています。

では、大聖人はどのように説《と》かれているのでしょうか。「末代《まつだい》の凡《ぼん》夫《ぷ》、出生《しゅっしょう》して法華経《ほけきょう》を信《しん》ずるは、人界《にんかい》に仏界《ぶっかい》を具足《ぐそく》するが故《ゆえ》なり」（新127ジペー・全241ジペー）と述べられています。末《まっ》法《ぽう》の凡夫が法華経を信ずること、それ自体が、実は、人界に仏界が具《そな》わる証《あか》しであるとされているのです。

大聖人の仏法において、法華経を信受《しんじゅ》するとは、即《そく》、妙法の受持《じゅじ》であり、それがそのまま、仏の生命境涯《せいめいきょうがい》を開くことに他ならないのです。

◇

「末法《まっぽう》に凡夫《ぼんぷ》が生まれて法華経を信《しん》じる」とは、末法という濁世《じょくせ》に生まれた衆生《しゅじょう》が、ありがたいことに成仏《じょうぶつ》の大法《だいほう》である南無妙法蓮華経に出合い、信受《しんじゅ》し、そして題目を唱《とな》えることを指しています。まさしく、私たちが題目を唱え、社会において生き生きと仏の智慧《ちえ》を発揮《はっき》しながら、信頼と友情を広げていく生き方こそが、万人《ばんにん》に仏界《ぶっかい》が具《そな》わる証明となるのです。

この日蓮仏法を現代に展開し、仏界涌現《ぶっかいゆげん》の実証を「現《げん》じ」、地球上の至《いた》る所で「人界《にんかい》に仏界を具足《ぐそく》する」ことを証明してきたのが、世界中の創価学会員です。

信心に勇《いさ》み立つ宝友《ほうゆう》の一人一人が、妙法の偉大さを宣揚《せんよう》する尊《とうと》き主人公なのです。広宣流布の全権大使《ぜんけんたいし》です。そこには、年齢、性別、国籍、人種などの差別は全くありません。

しかも教理上《きょうりじょう》の次元《じげん》や、観念《かんねん》の世界だけで完結するのではなく、仏法を自身の生命変革の法理《ほうり》と捉《とら》えてこそ、真の十界互具《じっかいごぐ》・一念三千《いちねんさんぜん》の法門です。

どこまでも実践に即《そく》して、自他共《じたとも》の境涯革命《きょうがいかくめい》、さらには社会変革の指標《しひょう》としてきたのが、学会の生命論《せいめいろん》の真髄《しんずい》なのです。

第24章　文底《もんてい》下種《げしゅ》三段《さんだん》の序分《じょぶん》・正宗分《しょうしゅうぶん》を明かす

（新138ページ7行目〜15行目）
（全249ページ5行目〜10行目）

また、本門《ほんもん》において序《じょ》・正《しょう》・流通《るつう》有《あ》り。過去《かこ》大通仏《だいつうぶつ》の法華経《ほけきょう》より、乃至《ないし》現在《げんざい》の華厳経《けごんぎょう》、乃至《ないし》迹門《しゃくもん》十四品《じゅうよんほん》、涅槃経等《ねはんぎょうとう》の一代《いちだい》五十余年《ごじゅうよねん》の諸経《しょきょう》、十方三《じっぽうさん》世《ぜ》の諸仏《しょぶつ》の微塵《みじん》の経々《きょうぎょう》は皆《みな》、寿量《じゅりょう》の序分《じょぶん》なり。一品二半《いっぽんにはん》よりの外《ほか》は小乗《しょうじょう》教《きょう》・邪教《じゃきょう》・未得道教《みとくどうきょう》・覆相教《ふそうきょう》と名《な》づく。その機《き》を論《ろん》ずれば、徳薄《とくはく》・垢重《くじゅう》・幼稚《ようち》・貧窮《びんぐ》・孤露《ころ》にして禽獣《きんじゅう》に同《どう》ずるなり。

爾前《にぜん》・迹門《しゃくもん》の円教《えんぎょう》なお仏因《ぶついん》にあらず。いかにいわんや大日経等《だいにちきょうとう》の諸小乗《しょしょうじょう》経《きょう》をや。いかにいわんや華厳《けごん》・真言等《しんごんとう》の七宗等《しちしゅうとう》の論師《ろんじ》・人師《にんし》の宗《しゅう》をや。与《あた》えてこれを論《ろん》ずれば、前三教《ぜんさんぎょう》を出《い》でず。奪《うば》ってこれを云《い》わば、蔵《ぞう》・通《つう》に同《おな》じ。たとい法《ほう》は甚深《じんじん》と称《しょう》すとも、いまだ種《しゅ》・熟《じゅく》・脱《だつ》を論《ろん》ぜず。「還《かえ》って灰《け》断《だん》に同《おな》じ。化《け》に始終《しじゅう》無《な》し」とは、これなり。譬《たと》えば、王女《おうじょ》たりといえども、畜種《ちくしゅ》を懐妊《かいにん》すれば、その子《こ》なお旃陀羅《せんだら》に劣《おと》れるがごとし。これらはしばらくこれを閣《お》く。

通解

さらに本門《ほんもん》の立場からみると、序分《じょぶん》・正宗《しょうしゅう》分《ぶん》・流通分《るつうぶん》がある。過去の大通智勝仏《だいつうちしょうぶつ》の第十六王子の法華経から、現在（釈尊《しゃくそん》当時）においては華厳経《けごんぎょう》にはじまり法華経迹門《しゃくもん》14品《ほん》・涅槃経《ねはんぎょう》などに至《いた》るまでの一代50余《よ》年の諸経、そして十方三世《じっぽうさんぜ》の諸仏《しょぶつ》が説《と》いた微塵《みじん》の数のように多数の経典も、皆、寿量品《じゅりょうほん》の序分である。

この寿量品《じゅりょうほん》を中心とする一品二半《いっぽんにはん》よりほかは、すべて小乗教《しょうじょうきょう》、邪教《じゃきょう》、成仏《じょうぶつ》の道を得られない教えであり、真実を覆《おお》い隠《かく》している教えである。この一品二半を知らない衆生《しゅじょう》の機根《きこん》を論ずれば、徳が薄《うす》く、煩悩《ぼんのう》の垢《あか》が積み重《かさ》なっていて、幼稚《ようち》で、貧《まず》しく、孤独《こどく》で頼《たよ》りとするところがなく、鳥や獣《けもの》と同じである。

爾前経《にぜんきょう》や法華経迹門《しゃくもん》に説《と》かれた円教《えんぎょう》でさえ、なお真の成仏の因《いん》とはならない。まして大日経《だいにちきょう》などのもろもろの小乗経《しょうじょうきょう》で成仏できるわけがない。

さらに華厳宗《けごんしゅう》や真言宗《しんごんしゅう》など七宗《しちしゅう》の論師《ろんじ》や人《にん》師《し》が立てた宗《しゅう》はなおさらである。高く評価《ひょうか》してこれを論じても、蔵《ぞう》・通《つう》・別《べつ》の三教の範囲《はんい》を出ない。厳《きび》しく言えば、蔵教《ぞうきょう》や通教《つうぎょう》と同じである。たとえ、その法理は甚深《じんじん》であると言い張《は》っても、いまだ、種《しゅ》・熟《じゅく》・脱《だつ》を論じていない。（妙楽大師《みょうらくだいし》が『法華文句記《ほっけもんぐき》』に）「かえって、小乗教《しょうじょうきょう》の灰身滅智《けしんめっち》と同じである。化導《けどう》の始終《しじゅう》（＝仏が衆生《しゅじょう》を導《みちび》く過程《かてい》の始まりと終わり）がない」と言っているのは、これである。たとえば王女であっても、畜生《ちくしょう》の種《たね》を懐妊《かいにん》すれば、その子は旃陀羅《せんだら》にも劣《おと》っているようなものである。これらのことは、しばらくおいておこう。

語訳

【大通仏《だいつうぶつ》】大通智勝仏《だいつうちしょうぶつ》のこと。三千塵点劫《さんぜんじんてんごう》の昔《むかし》に出現して法華経を説《と》いた仏。法華経化城喩品《けじょうゆほん》第7によると、成道後《じょうどうご》、諸梵天王《しょぼんてんのう》や十六王子《じゅうろくおうじ》の請《こ》いによって説法《せっぽう》した。その後、十六王子が各地に赴《おもむ》いて、この法華経を説いた。娑婆世界《しゃばせかい》に赴《おもむ》いた16番目の王子が、後の釈尊《しゃくそん》である。

【徳薄《とくはく》・垢重《くじゅう》・幼稚《ようち》・貧窮《びんぐ》・孤露《ころ》にして禽獣《きんじゅう》に同《どう》ずる】「徳薄・垢重」「貧窮」「孤露」は如来寿量品《にょらいじゅりょうほん》第16の言葉。「幼稚」「禽獣に同ずる」は譬喩品《ひゆほん》第3を踏《ふ》まえた言葉。いずれも釈尊滅後《しゃくそんめつご》の人々の機根《きこん》が劣悪《れつあく》であることを言ったもの。

【円教《えんぎょう》】円満《えんまん》な、完全な教え。

【前三教《ぜんさんぎょう》】化法《けほう》の四教《しきょう》の中で円教《えんぎょう》を除《のぞ》く蔵教《ぞうきょう》・通教《つうぎょう》・別教《べっきょう》。蔵教とは、声聞《しょうもん》・縁覚《えんがく》のための教え。通教とは、二乗《にじょう》と菩薩《ぼさつ》に通じる大乗《だいじょう》の最初の教え。別教とは、菩薩のために説《と》かれた教え。

【種《しゅ》・熟《じゅく》・脱《だつ》】仏が衆生《しゅじょう》を仏法に縁《えん》させ覚《さと》りを開《ひら》かせるまでの過程《かてい》を下種《げしゅ》・調熟《じょうじゅく》・得脱《とくだつ》の三つに分けたもの。仏から受ける利益《りやく》のゆえに、下種益《げしゅやく》・熟益《じゅくやく》・脱益《だっちゃく》の三益《さんやく》という。「下種」は、仏が衆生《しゅじょう》に仏になるべき種子《しゅし》を下《お》ろすことで仏法に縁した最初をいう。「熟」は、機根《きこん》を調《ととの》え過去に下種された仏種子を徐々《じょじょ》に成長させること。「脱」は、仏種《ぶっしゅ》が成長し終わって仏の境地《きょうち》を得ること。

【灰断《けだん》】身を灰《はい》になるまで焼き、心の智慧《ちえ》を断滅《だんめつ》すること。灰身滅智《けしんめっち》ともいう。小乗教《しょうじょうきょう》における二乗《にじょう》の最高の果徳《かとく》。

【旃陀羅《せんだら》】身分が卑賤《ひせん》な人。サンスクリットのチャンダーラの音写《おんしゃ》。古代インドの身分制度《せいど》で最下層《さいかそう》とされた。

解説

ここからは、第五重の文底下種三段《もんていげしゅさんだん》（末法の下種三段）が明かされている。まず、この章では、文底下種三段の序分《じょぶん》と正宗分《しょうしゅうぶん》を明かしている。

冒頭《ぼうとう》に「また、本門《ほんもん》において序《じょ》・正《しょう》・流通《るつう》あり」と仰《おお》せであり、本門の立場から序分《じょぶん》・正宗《しょうしゅう》分《ぶん》・流通分《るつうぶん》を立て分けることが示されている。

前章は「本門十四品《ほんもんじゅうしほん》」について序《じょ》・正《しょう》・流通《るつう》を明かしたが、この章からは、下種《げしゅ》の法である「本門の肝心《かんじん》・南無妙法蓮華経の五字」（新１３６㌻・全２４７㌻）という、仏の根本中の根本の教えがどこに説《と》かれているのかを示すという点から、再度、序・正・流通の区別を明かされているのである。

まず、三千塵点劫《さんぜんじんてんごう》の昔《むかし》、大通智勝仏《だいつうちしょうぶつ》の第十六王子が説《と》いた法華経から、現在の釈尊《しゃくそん》が最初に説いた華厳経《けごんぎょう》をはじめとする爾前権経《にぜんごんきょう》、そして法華経迹門《しゃくもん》14品《ほん》、涅槃経《ねはんぎょう》などの一代50余《よ》年の諸経を含《ふく》め、三世十方《さんぜじっぽう》の諸仏《しょぶつ》が説いた無数の経典は、みな序分《じょぶん》である、とされている。

御文では「寿量《じゅりょう》の序分《じょぶん》」と言われ、続いて「一品二半《いっぽんにはん》よりの外《ほか》」とも言われている。

すなわち、「正宗分《しょうしゅうぶん》」は「寿量《じゅりょう》」「一品二半《いっぽんにはん》」ということである。

この「寿量《じゅりょう》」とは、この後で「我《わ》が内証《ないしょう》の寿量品《じゅりょうほん》」（新１４０㌻・全２５０㌻）と仰《おお》せのように、久遠《くおん》の仏が内心に覚《さと》っている法を納《おさ》めた寿量品である。その内証の法である「寿量品の肝《かん》心《じん》たる妙法蓮華経の五字」（同㌻）は地涌《じゆ》の菩薩《ぼさつ》に付嘱《ふぞく》された。

また、「一品二半《いっぽんにはん》」については、第四重・本門脱益三段《ほんもんだっちゃくさんだん》の正宗分《しょうしゅうぶん》も「一品二半」であるが、第五重・文底《もんてい》下種《げしゅ》三段《さんだん》の正宗分である「一品二半」は、それとは意義が異なっている。後者の「一品二半」の対象となる機根《きこん》について、大聖人は、「その機《き》を論《ろん》ずれば、徳薄《とくはく》・垢重《くじゅう》・幼稚《ようち》・貧窮《びんぐ》・孤露《ころ》にして禽獣《きんじゅう》に同《どう》ずるなり」と記されている。これは、末法《まっぽう》の衆生《しゅじょう》の機根を指していると考えられる。よって、第五重・文底下種三段の「一品二半」は末法の衆生のためのものである。ゆえに、「末法の下種三段」ともいうことができる。

「法華取要抄《ほっけしゅようしょう》」では、天台の一品二半《いっぽんにはん》と日蓮大聖人が立て直された一品二半の相違が示されている。すなわち、天台《てんだい》の一品二半は、涌出品《ゆじゅっぽん》の略開近顕遠《りゃくかいごんけんのん》（地涌《じゆ》の菩薩《ぼさつ》は久遠《くおん》以来の弟子であると述べ、ほぼ開近顕遠を明かしたこと）から始まり、寿量品《じゅりょうほん》の広開近顕遠《こうかいごんけんのん》（釈尊《しゃくそん》が久遠の昔《むかし》に成仏《じょうぶつ》したことを述べ、仏の永遠の生命を明かしたこと）を含《ふく》むもので、在世《ざいせ》の衆生《しゅじょう》に対する脱益《だっちゃく》のための教えであるとされる。それゆえ「略広開顕《りゃくこうかいけん》の一品二半」と呼ばれる。

これに対して、大聖人御自身《ごじしん》が示された本門《ほんもん》の正宗分《しょうしゅうぶん》としての一品二半《いっぽんにはん》は、略開近顕遠《りゃくかいごんけんのん》を含《ふく》まず、動執生疑《どうしゅうしょうぎ》のところから始まり、もっぱら滅後《めつご》、その中でも末法《まっぽう》の凡夫《ぼんぷ》のためであるとされる。それゆえ「広開近顕遠《こうかいごんけんのん》の一品二半」と呼ばれる。

「観心本尊抄」では、後の第25章でも明示される通り、第五重の正宗分《しょうしゅうぶん》の一品二半《いっぽんにはん》とは、法華経の肝心である南無妙法蓮華経であり、それこそが、末法の衆生《しゅじょう》が成仏《じょうぶつ》するための要法《ようほう》であることが明かされる。三世《さんぜ》の諸仏《しょぶつ》の一切《いっさい》の経典はすべて、この妙法をあらわすための序分《じょぶん》となるのである。

また、厳格《げんかく》にいえば、これ以外の教えは、すべて「小乗教《しょうじょうきょう》」「邪教《じゃきょう》」「未得道教《みとくどうきょう》（いまだ道《どう》を得ない教え）」「覆相教《ふそうきょう》（真実を覆《おお》い隠《かく》している教え）」となると仰《おお》せである。

そして、この妙法は、「徳薄《とくはく》・垢重《くじゅう》（徳が薄《うす》く、煩悩の垢《あか》が重《おも》い）」「幼稚《ようち》」「貧窮《びんぐ》」「孤露《ころ》（孤《こ》独《どく》）」であり、鳥獣同然《ちょうじゅうどうぜん》であるとされる、劣悪《れつあく》な機根《きこん》の末法の衆生《しゅじょう》をも救《すく》うことができる大法《だいほう》であることが示されている。

これに対して、仏種《ぶっしゅ》を納《おさ》めていない、爾前《にぜん》の円教《えんぎょう》や法華経迹門《しゃくもん》は、成仏《じょうぶつ》の因《いん》ではない。

ましてや大日経《だいにちきょう》などの劣った諸経が成仏《じょうぶつ》の法でないのは当然であり、さらにそれらの諸経を歪《ゆが》めて立てた華厳《けごん》・真言《しんごん》などの諸宗は言うまでもないと仰《おお》せである。

さらに、これらの諸経は高く評価《ひょうか》したとしても蔵《ぞう》・通《つう》・別《べつ》の三教を出ないもので、厳格《げんかく》に言えば蔵・通の二教の範疇《はんちゅう》でしかないと位置づけられている。

その理由として、それら諸経にたとえ甚深《じんじん》の法理が説《と》かれているように見えても、「種《しゅ》・

熟《じゅく》・脱《だつ》」が明かされていないと仰《おお》せである。これは、諸経には肝心《かんじん》の仏種《ぶっしゅ》が納《おさ》められていないからである。それゆえ、たとえ成仏《じょうぶつ》を説いたとしても、それは、実体《じったい》がなく灰身滅智《けしんめっち》のように空《むな》しいものになると破折《はしゃく》されている。

したがって、仏種《ぶっしゅ》の法ではないものを信受《しんじゅ》すれば、どんなに機根《きこん》の優《すぐ》れた人であっても、最《さい》悪《あく》・最低《さいてい》の境涯《きょうがい》になってしまう。

第25章　法華経で成仏《じょうぶつ》する対象《たいしょう》の中心

（新138ページ16行目〜139ページ10行目）
（全249ページ10行目〜17行目）

迹門十四品《しゃくもんじゅうよんほん》の正宗《しょうしゅう》の八品《はっぽん》は、一往《いちおう》これを見《み》るに、二乗《にじょう》をもって正《しょう》となし、菩薩《ぼさつ》・凡夫《ぼんぷ》をもって傍《ぼう》となす。再往《さいおう》これを勘《かんが》うれば、凡夫《ぼんぷ》・正像末《しょうぞうまつ》をもって正《しょう》となす。正像末《しょうぞうまつ》の三時《さんじ》の中《なか》にも、末法《まっぽう》の始《はじ》めをもって正《しょう》が中《なか》の正《しょう》となす。

問《と》うて曰《い》わく、その証《しょう》いかん。

答《こた》えて曰《い》わく、法師品《ほっしほん》に云《い》わく「しかもこの経《きょう》は、如来《にょらい》の現《げん》に在《いま》すすらなお怨嫉《おんしつ》多《おお》し。いわんや滅度《めつど》して後《のち》をや」。宝塔品《ほうとうほん》に云《い》わく「法《ほう》をして久《ひさ》しく住《じゅう》せしむ乃至《ないし》来《きた》れるところの化仏《けぶつ》は当《まさ》にこの意《こころ》を知《し》るべし」等《とう》。勧《かん》持《じ》・安楽等《あんらくとう》これを見《み》るべし。迹門《しゃくもん》かくのごとし。

本門《ほんもん》をもってこれを論《ろん》ずれば、一向《いっこう》に末法《まっぽう》の初《はじ》めをもって正機《しょうき》となす。いわゆる、一往《いちおう》これを見《み》る時《とき》は、久種《くしゅ》をもって下種《げしゅ》となし、大通《だいつう》・前四味《ぜんしみ》・迹門《しゃくもん》を熟《じゅく》となして、本門《ほんもん》に至《いた》って等《とう》・妙《みょう》に登《のぼ》らしむ。再往《さいおう》これを見《み》れば、迹門《しゃくもん》には似《に》ず、本門《ほんもん》は序《じょ》・正《しょう》・流通《るつう》ともに末法《まっぽう》の始《はじ》めをもって詮《せん》となす。在世《ざいせ》の本門《ほんもん》と末法《まっぽう》の初《はじ》めは一同《いちどう》に純円《じゅんえん》なり。ただし、彼《かれ》は脱《だつ》、これは種《しゅ》なり。彼《かれ》は一品《いっぽん》二半《にはん》、これはただ題目《だいもく》の五字《ごじ》なり。

問《と》うて言う。その証拠《しょうこ》はどうだろうか。

答えて言う。法師品《ほっしほん》に「しかもこの法華経は、行じ弘《ひろ》めるにあたって、釈尊《しゃくそん》の在世《ざいせ》ですら、なお怨嫉《おんしつ》（＝反発《はんぱつ》・敵対《てきたい》）が多い。まして仏の滅度《めつど》の後《のち》においてはなおさらである」と説《と》かれている。見宝塔品《けんほうとうほん》には「正法《しょうほう》を長くこの世に住《じゅう》せしめる（令法久住《りょうぼうくじゅう》）。〈中略〉法華経の会座《えざ》に集まって来た分身《ふんじん》の諸仏《しょぶつ》も、このことをご存《ぞん》じなのである」などと説かれている。

通解

法華経迹門《しゃくもん》14品《ほん》の正宗分《しょうしゅうぶん》である8品《ぽん》（＝方便品《ほうべんぽん》第2から人記品《にんきほん》第9まで）は、表面的にこれを見ると、（釈尊在世《しゃくそんざいせ》の）二乗《にじょう》を成仏《じょうぶつ》させることをもって正意《しょうい》とし、菩薩《ぼさつ》・凡夫《ぼんぷ》をもって傍意《ぼうい》としている。しかし、さらに立ち入って考えれば、凡夫を正《しょう》とし、仏滅後《ぶつめつご》の正法《しょうほう》・像法《ぞうほう》・末法《まっぽう》を正としている。正法・像法・末法の三時《さんじ》の中でも末法の初めを正の中の正としている。

いる。勧持品《かんじほん》・安楽行品《あんらくぎょうほん》なども、見るべきである。迹門《しゃくもん》さえこのように滅後末法《めつごまっぽう》のために説かれたのである。

法華経本門《ほんもん》をもってこれを論ずると、もっぱら末法《まっぽう》の初めを正機《しょうき》としている。すなわち、表面的にこれを見れば、久遠五百塵点劫《くおんごひゃくじんてんごう》に仏種《ぶっしゅ》を下《お》ろしたことをもって下種《げしゅ》とし、その後の大通智勝仏《だいつうちしょうぶつ》の時や前四味《ぜんしみ》の爾前経《にぜんきょう》、法華経迹門《しゃくもん》を熟《じゅく》とし、本門に至《いた》って等覚《とうがく》・妙覚《みょうかく》の位《くらい》に登《のぼ》らせ得脱《とくだつ》させたのである。しかし、さらに立ち入ってこれを見ると、本門は迹門とは違《ちが》って序分《じょぶん》・正宗分《しょうしゅうぶん》・流通分《るつうぶん》ともに末法の初めをもって本意としている。

釈尊在世《しゃくそんざいせ》の本門《ほんもん》の教えと末法《まっぽう》の初めの教えは、同じく純円《じゅんえん》である。ただし、在世の本門は脱益《だっちゃく》であり、末法の初めの教えは下種益《げしゅやく》である。在世の本門は一品二半《いっぽんにはん》であり、末法の初めの教えは、ただ題目の五字である。

語訳

【しかもこの経《きょう》は、如来《にょらい》の現《げん》に在《いま》すすらなお怨嫉《おんしつ》多し。いわんや滅度《めつど》して後《のち》をや】法華経法師品《ほっしほん》第10の文《もん》（法華経362ページ）。釈尊在世《しゃくそんざいせ》でさえ反発《はんぱつ》・敵対《てきたい》が多いのだから、まして仏の滅後に法華経を弘《ひろ》める者はより多くの怨嫉を受け、難《なん》にあうのは当然である、との意。

【法をして久《ひさ》しく住《じゅう》せしむ乃至《ないし》来《きた》れるところの化仏《けぶつ》は当《まさ》にこの意《こころ》を知《し》るべし】　見宝塔品《けんほうとうほん》第11の文《もん》（法華経387〜389ページ）。釈迦《しゃか》、多宝《たほう》、十方《じっぽう》の諸仏《しょぶつ》がそろって虚空会《こくうえ》の儀式《ぎしき》を行う意は、令法久住《りょうぼうくじゅう》のためであるという内容。化仏とは、特定の衆生《しゅじょう》を救《すく》うために彼らに応《おう》じた姿《すがた》を現《あらわ》した仏のこと。ここでは、十方の分身《ふんじん》の諸仏。

【勧持《かんじ》・安楽等《あんらくとう》これを見《み》るべし】　滅後《めつご》の弘法《ぐほう》について、勧持品《かんじほん》第13では三類《さんるい》の強敵《ごうてき》が描《えが》かれる二十行の偈《げ》（法華経417〜421ページ）、安楽行品《あんらくぎょうほん》第14では「怨《あだ》多くして信じ難《がた》く」（同443ページ）、「後《のち》の末世《まっせ》」（同435ページ）と、「末法《まっぽう》」の時が明示《めいじ》されている。

【久種《くしゅ》】　久遠下種《くおんげしゅ》の意。

【等《とう》・妙《みょう》】　等覚《とうがく》と妙覚《みょうかく》。菩薩《ぼさつ》の修行の位《くらい》である五十二位《ごじゅうにい》のうち、第51位を等覚、第52位を妙覚という。等覚は菩薩の最高位。妙覚は仏果《ぶっか》の位をいう。

【純円《じゅんえん》】　衆生《しゅじょう》の成仏《じょうぶつ》を説《と》く円教《えんぎょう》の中でも、二乗《にじょう》・三乗《さんじょう》の方便《ほうべん》の教えをまじえない純粋《じゅんすい》な円教のこと。方便をまじえる爾前《にぜん》の円に対して、法華《ほっけ》の円をいう。

解説

ここからは、第五重の文底下種三段《もんていげしゅさんだん》の流通分《るつうぶん》を明かすものとされる。

具体的には、法華経の迹門《しゃくもん》・本門《ほんもん》とも、末法《まっぽう》の衆生《しゅじょう》のために説《と》かれたことが示される。そして、末法に流通《るつう》すべき法は、下種益《げしゅやく》の妙法たる題目の五字、すなわち南無妙法蓮華経であることが明かされている。

まず、迹門《しゃくもん》の正宗分《しょうしゅうぶん》8品《ぼん》（方便品《ほうべんぼん》第2から人記品《にんきほん》第9まで）は、表面的にこれを見れば、釈尊《しゃくそん》在世《ざいせ》の二乗《にじょう》を対象《たいしょう》の中心とし、彼らを成仏《じょうぶつ》させるために説《と》かれている。したがって、菩薩《ぼさつ》や凡《ぼん》夫《ぷ》は付随的《ふずいてき》な対象となる。

しかし、さらに立ち入って考えてみると、釈尊滅後《しゃくそんめつご》の凡夫《ぼんぷ》のために説《と》かれたのであり、しかも滅後の正像末《しょうぞうまつ》の中でも、末法《まっぽう》の初めを正意《しょうい》としている。

迹門《しゃくもん》が末法《まっぽう》のためであることの文証《もんしょう》として、法師品《ほっしほん》の「猶多怨嫉《ゆたおんしつ》・況滅度後《きょうめつどご》」、宝塔品《ほうとうほん》の「令法久住《りょうぼうくじゅう》」の文《もん》と、勧持品《かんじほん》・安楽行品《あんらくぎょうほん》の名を挙《あ》げられている。これらは迹門の流通分《るつうぶん》（第22章を参照）であるが、いずれも末法における流通を示している。

法師品《ほっしほん》の文《もん》は、在世《ざいせ》よりも怨嫉《おんしつ》の多い末法《まっぽう》の時を指し示している。宝塔品《ほうとうほん》の「久住《くじゅう》」とは、当然、末法に広まることである。正法《しょうほう》・像法《ぞうほう》だけでは久住にならない。勧持品《かんじほん》の三類《さんるい》の強敵《ごうてき》は末法流通《るつう》の様相《ようそう》であり、安楽行品《あんらくぎょうほん》には明確に「末世《まっせ》」という言葉がある。

次に本門《ほんもん》について述べられる。

まず、「一向《いっこう》に末法《まっぽう》の初《はじ》めをもって正機《しょうき》となす」と結論を示されている。「一向《いっこう》に」と仰《おお》せであるのは、迹門《しゃくもん》とは違《ちが》い、序《じょ》・正《しょう》・流通《るつう》のすべてが明確に末法《まっぽう》のために説《と》かれているからである。たしかに「一往《いちおう》これを見る時」、すなわち、経文上《きょうもんじょう》の教相《きょうそう》では、在《ざい》世《せ》の衆生《しゅじょう》は、久遠五百塵点劫《くおんごひゃくじんてんごう》に下種《げしゅ》され、過去三千塵点劫《さんぜんじんてんごう》の大通智勝仏《だいつうちしょうぶつ》の時の教えから今日《こんにち》の釈尊《しゃくそん》の爾前経《にぜんきょう》・法華経迹門まで熟益《じゅくやく》を受け、本門寿量品《ほんもんじゅりょうほん》で等覚《とうがく》・妙覚《みょうかく》の位《くらい》となって得脱《とくだつ》した。

これは化城喩品《けじょうゆほん》と寿量品《じゅりょうほん》に基《もと》づき、在世《ざいせ》の衆生《しゅじょう》に対する種《しゅ》・熟《じゅく》・脱《だつ》の化導《けどう》を述べたものである。

しかし「再往《さいおう》これを見れば」と述べ、「末法《まっぽう》の始《はじ》めをもって詮《せん》となす」という文《もん》の元意《がんい》からの結論を示される。

迹門《しゃくもん》は流通分《るつうぶん》から立ち返って見る時に初めて末法《まっぽう》のための説法《せっぽう》と見られるのに対し、本門《ほんもん》は序分《じょぶん》から直《ただ》ちに末法のための説法となっている。その文証《もんしょう》は次章以後に詳《くわ》しく示されていく。最後に「在世《ざいせ》の本門《ほんもん》と末法《まっぽう》の初《はじ》めは一同に純円《じゅんえん》なり。ただし、彼《かれ》は脱《だつ》、これは種《しゅ》なり。彼は一品二半《いっぽんにはん》、これはただ題目の五字なり」と述べられ、「在世の本門」と「末法の初め」を3点にわたって対比《たいひ》して、種脱相対《しゅだつそうたい》を明かされている。

「在世《ざいせ》の本門《ほんもん》」とは、釈尊《しゃくそん》在世の衆生《しゅじょう》のための脱益《だっちゃく》の法門《ほうもん》であり、「末法《まっぽう》の初《はじ》め」とは、末法の衆生のための下種益《げしゅやく》の法門である。

まず1点目。両者は「一同に純円《じゅんえん》」とされる。これは、方便《ほうべん》を混入《こんにゅう》させず純粋《じゅんすい》に覚《さと》りの真実を欠《か》けることなく円満《えんまん》に説《と》いている点では同じ、ということである。

しかし2点目として、両者には、目的の違《ちが》いがあることを示されている。「彼《かれ》は脱《だつ》、これは種《しゅ》」と仰《おお》せのように、「在世《ざいせ》の本門《ほんもん》」はすでに仏種が下《お》ろされている正法《しょうほう》・像法《ぞうほう》時代の衆生《しゅじょう》を成仏という果報《かほう》に導くための脱益《だっちゃく》の法門であるのに対し、「末法《まっぽう》の初《はじ》め」は仏種が下ろされていない末法の衆生を成仏に導くための下種益《げしゅやく》の法門である。

3点目は、教法《きょうほう》の違《ちが》いを指摘して「彼《かれ》は一品二半《いっぽんにはん》、これはただ題目の五字」と仰《おお》せである。「在世《ざいせ》の本門《ほんもん》」の正宗分《しょうしゅうぶん》は「一品二半」（第四重の正宗分）であるのに対して、「末法《まっぽう》の初《はじ》め」の正宗分（第五重の正宗分）は「ただ題目の五字」である。

在世《ざいせ》の調熟《じょうじゅく》された衆生《しゅじょう》の脱益《だっちゃく》のためには、常住《じょうじゅう》の仏と衆生と国土を明かして一念三千《いちねんさんぜん》を完成させる一品二半《いっぽんにはん》で十分であるが、末法《まっぽう》の凡夫《ぼんぷ》の下種益《げしゅやく》のためには、仏種《ぶっしゅ》である事《じ》の一念三千、すなわち南無妙法蓮華経をそのまま説《と》き聞かせて信受《しんじゅ》させることが必要なのである。

いうならば、一品二半《いっぽんにはん》に説《と》かれる仏果《ぶっか》は、人々の成仏《じょうぶつ》を助ける脱益《だっちゃく》のはたらきはするが、新たに成仏する人を生み出すことはできない。それに対して、南無妙法蓮華経の仏種《ぶっしゅ》は、衆生《しゅじょう》の心田《しんでん》に下《お》ろされ、新たに成仏できる人を生み出し成仏させるので、種《しゅ》・熟《じゅく》・脱《だつ》のすべてのはたらきを内包《ないほう》するのである。

なお第五重・文底下種三段《もんていげしゅさんだん》の流通分《るつうぶん》に関しては、ここでは迹門《しゃくもん》と本門《ほんもん》が滅後弘通《めつごぐつう》のためであることが示されているが、これは代表して示しただけである。釈尊《しゃくそん》の一代聖教《いちだいしょうぎょう》および三世十方《さんぜじっぽう》の諸仏《しょぶつ》が説《と》く無数の経典が、すべて南無妙法蓮華経を弘《ひろ》めるために用《もち》いられるので、これらすべてが流通分であるといえる。

ただし、第五重の序分《じょぶん》と流通分《るつうぶん》では、一切《いっさい》の仏の無数の経典という意味では同じだが、仏の覚《さと》りである下種益《げしゅやく》の妙法が説《と》き現《あらわ》されていない段階の序分と、説き現された後に妙法を説明するために用《もち》いられる一切《いっさい》の経典の流通分との違《ちが》いがある。

＊五重三段《ごじゅうさんだん》の全体については次ページの表の通り。

		序分《じょぶん》	正宗分《しょうしゅうぶん》	流通分《るつうぶん》
第一重	一代一経三段《いちだいいっきょうさんだん》	爾前経《にぜんきょう》	法華経と開結《かいけつ》の10巻	涅槃経《ねはんぎょう》
第二重	法華十巻《ほっけじっかん》三段	無量義経《むりょうぎきょう》と法華経序品《じょほん》	方便品《ほうべんぽん》〜分別功徳品《ふんべつくどくほん》の前半	分別功徳品《ふんべつくどくほん》の後半〜普賢経《ふげんきょう》
第三重	迹門熟益《しゃくもんじゅくやく》三段	無量義経《むりょうぎきょう》と法華経序品《じょほん》	方便品《ほうべんぽん》〜人記品《にんきほん》	法師品《ほっしほん》〜安楽行品《あんらくぎょうほん》
第四重	本門脱益《ほんもんだっちゃく》三段	従地涌出品《じゅうじゆじゅっぽん》の前半	一品二半《いっぽんにはん》（従地涌出品《じゅうじゆじゅっぽん》の後半、如来寿量品《にょらいじゅりょうほん》、分別功徳品《ふんべつくどくほん》の前半）	分別功徳品《ふんべつくどくほん》の後半〜普賢経《ふげんきょう》
第五重	文底下種《もんていげしゅ》三段（末法の下種三段）	一切《いっさい》の仏の無数の経典	末法のための「一品二半《いっぽんにはん》」（日蓮大聖人が立てた一品二半《いっぽんにはん》で、法華経の肝心である南無妙法蓮華経）	（妙法に基《もと》づいた）一切《いっさい》の仏の無数の経典

第26章　本門《ほんもん》の序分《じょぶん》の文《もん》を引く

（新139ページ11行目〜140ページ11行目）
（全249ページ18行目〜250ページ13行目）

問《と》うて曰《い》わく、その証文《しょうもん》いかん。

答《こた》えて云《い》わく、涌出品《ゆじゅっぽん》に云《い》わく「その時《とき》、他方《たほう》の国土《こくど》の諸《もろもろ》の来《きた》れる菩薩《ぼさつ》摩訶薩《まかさつ》の八恒河沙《はちごうがしゃ》の数《かず》に過《す》ぎたるは、大衆《だいしゅ》の中《なか》において起立《きりゅう》し、合掌《がっしょう》し礼《らい》を作《な》して、仏《ほとけ》に白《もう》して言《もう》さく『世尊《せそん》よ。もし我《われ》らに仏滅《ほとけめっ》して後《のち》において、娑婆世界《しゃばせかい》に在《あ》って、勤加精進《ごんかしょうじん》して、この経典《きょうてん》を護持《ごじ》・読誦《どくじゅ》・書写《しょしゃ》・供養《くよう》せんことを聴《ゆる》したまわば、当《まさ》にこの土《ど》において広《ひろ》くこれを説《と》きたてまつるべし』。その時《とき》、仏《ほとけ》は諸《もろもろ》の菩薩摩訶薩衆《ぼさつまかさつしゅ》に告《つ》げたまわく『止《や》みね。善男子《ぜんなんし》よ。汝等《なんだち》がこの経《きょう》を護持《ごじ》せんことを須《もち》いじ』と」等云々《とううんぬん》。

法師《ほっし》より已下《いげ》の五品《ごほん》の経文《きょうもん》、前後水火《ぜんごすいか》なり。宝塔品《ほうとうほん》の末《まつ》に云《い》わく「大音《だいおん》声《じょう》をもって、あまねく四衆《ししゅ》に告《つ》げたまわく『誰《たれ》か能《よ》くこの娑婆国土《しゃばこくど》において、広《ひろ》く妙法華経《みょうほけきょう》を説《と》かん』と」等云々《とううんぬん》。たとい教主一仏《きょうしゅいちぶつ》たりといえども、これを奨勧《しょうかん》したまわば、薬王等《やくおうとう》の大菩薩《だいぼさつ》、梵帝《ぼんたい》・日月《にちがつ》・四天等《してんとう》は重《おも》んずべきのところに、多宝仏《たほうぶつ》・十方《じっぽう》の諸仏《しょぶつ》、客仏《きゃくぶつ》となってこれを諫暁《かんぎょう》したもう。諸《もろもろ》の菩薩等《ぼさつとう》は、この慇懃《おんごん》の付嘱《ふぞく》を聞《き》いて「我《われ》は身命《しんみょう》を愛《あい》せず」の誓言《せいごん》を立《た》つ。これらはひとえに仏意《ぶつい》に叶《かな》わんがためなり。しかるに、須臾《しゅゆ》の間《あいだ》に仏《ぶつ》語相違《ごそうい》して、過八恒沙《かはちごうじゃ》のこの土《ど》の弘経《ぐきょう》を制止《せいし》したもう。進退《しんたい》これ谷《きわ》まれり。凡智《ぼんち》には及《およ》ばず。

天台智者大師《てんだいちしゃだいし》、前三後三《ぜんさんごさん》の六釈《ろくしゃく》を作《つく》ってこれを会《え》す。詮《せん》ずるところ、迹化《しゃっけ》・他方《たほう》の大菩薩《だいぼさつ》等《とう》に我《わ》が内証《ないしょう》の寿量品《じゅりょうほん》をもって授与《じゅよ》すべからず。末法《まっぽう》の初《はじ》めは謗法《ほうぼう》の国《くに》にして悪機《あっき》なるが故《ゆえ》にこれを止《とど》め、地涌千界《じゆせんがい》の大菩薩《だいぼさつ》を召《め》して、寿量品《じゅりょうほん》の肝心《かんじん》たる妙法蓮華経《みょうほうれんげきょう》の五字《ごじ》をもって閻浮《えんぶ》の衆生《しゅじょう》に授与《じゅよ》せしめたもうなり。また迹化《しゃっけ》の大衆《だいしゅ》は釈尊初発心《しゃくそんしょほっしん》の弟子《でし》にあらず等《とう》の故《ゆえ》なり。

天台大師《てんだいだいし》云《い》わく「これ我《わ》が弟子《でし》、応《まさ》に我《わ》が法《ほう》を弘《ひろ》むべし」。妙楽《みょうらく》云《い》わく「子《こ》、父《ちち》の法《ほう》を弘《ひろ》む。世界《せかい》の益有《やくあ》り」。輔正記《ふしょうき》に云《い》わく「法《ほう》これ久成《くじょう》の法《ほう》なるをもっての故《ゆえ》に、久成《くじょう》の人《にん》に付《ふ》す」等云々《とううんぬん》。

通解

問《と》うて言う。その文証《もんしょう》はどうか。

答えて言う。法華経涌出品《ゆじゅっぽん》第15に「その時に他方《たほう》の国土から来た、八恒河沙《はちごうがしゃ》（＝ガンジス川の砂の数の8倍）の数を超《こ》える多数の菩薩《ぼさつ》たちが、聴衆《ちょうしゅう》の中で起立《きりつ》し合掌《がっしょう》し礼拝《らいはい》して仏に申《もう》し上《あ》げるには『世尊《せそん》よ、もし私たちに、仏の滅後《めつご》において、この娑婆世界《しゃばせかい》にあって大いに勤《つと》め精進《しょうじん》して法華経を護持《ごじ》し読誦《どくじゅ》し書写《しょしゃ》し供養《くよう》することを許《ゆる》してくださるなら、まさにこの娑婆世界において広く法華経を説《と》きましょう』と誓《ちか》った。その時に、仏は、もろもろの菩薩たちに告《つ》げられた。『止《や》めよ善男子《ぜんなんし》よ、あなたたちがこの法華経を護持する必要はない』」とある。

この経文は、その前に説《と》かれた法師品《ほっしほん》第10より安楽行品《あんらくぎょうほん》第14までの5品《ほん》の経文と、水と火のように相《あい》いれない。

宝塔品《ほうとうほん》第11の末《まつ》には「仏は大音声《だいおんじょう》でひろく

四衆《ししゅ》（＝比丘《びく》・比丘尼《びくに》・優婆塞《うばそく》・優婆夷《うばい》）に告《つ》げた。『誰かこの娑婆国土《しゃばこくど》において広く妙法蓮華経を説く者はいないか』」とある。

たとえ教主一仏《きょうしゅいちぶつ》だけであっても、滅後《めつご》の弘《ぐ》経《きょう》をこのように勧《すす》められたなら、薬王《やくおう》らの大《だい》菩薩《ぼさつ》、梵天《ぼんてん》・帝釈《たいしゃく》、日天《にってん》・月天《がってん》、四天王《してんのう》らはこの勧めを重《おも》んじるべきであるのに、多宝《たほう》仏《ぶつ》、十方《じっぽう》の諸仏《しょぶつ》も客仏《きゃくぶつ》（＝中心となる仏の説法《せっぽう》を助ける仏）として滅後の弘経を諫暁《かんぎょう》（＝勧めること）されたのである。もろもろの菩薩たちがこの懇切丁寧《こんせつていねい》な付嘱《ふぞく》を聞いて「我《われ》は身命《しんみょう》を愛《あい》せず」との誓《ちか》いを立てた。それは、ひとえに仏の意に応《こた》えようとしたためである。

ところが、わずかの間に、仏の説《と》く言葉は相違《そうい》して、八恒河沙《はちごうがしゃ》を超《こ》える多数の菩薩《ぼさつ》たちの、この娑婆世界《しゃばせかい》での弘経《ぐきょう》を制止《せいし》されたのである。進退《しんたい》きわまってしまった。もはや凡夫《ぼんぷ》の智慧《ちえ》では及《およ》ばない。

天台智者大師《てんだいちしゃだいし》は前三後三《ぜんさんごさん》の六釈《ろくしゃく》を作って、これを説明されている。結局、迹化《しゃっけ》・他方《たほう》の大菩薩《だいぼさつ》らには、釈尊《しゃくそん》自身の内証《ないしょう》の寿量品《じゅりょうほん》を授《じゅ》与《よ》するわけにはいかないからである。末法《まっぽう》の初めは謗法《ほうぼう》の国であり衆生《しゅじょう》の機根《きこん》も悪いので、迹化・他方の菩薩たちを制止《せいし》して無数の地涌《じゆ》の大菩薩を召《め》し出し、寿量品の肝心《かんじん》である妙法蓮華経の五字を一閻浮提《いちえんぶだい》（＝全世界）の衆生に授与するようにしてくださったのである。また迹化の聴衆《ちょうしゅう》は釈尊の初発心《しょほっしん》の弟子たちではないからである。
天台大師《てんだいだいし》は『法華文句《ほっけもんぐ》』に「地涌《じゆ》の菩薩《ぼさつ》はわが（釈尊《しゃくそん》の）弟子であるから、まさにわが（釈尊の）法を弘《ひろ》めるべきである」といい、妙《みょう》楽《らく》大師は『法華文句記《ほっけもんぐき》』に「子が父の法を弘《ひろ》める。そこに世界悉檀《せかいしつだん》の利益《りやく》がある」と説《と》き、道暹《どうせん》は『法華文句輔正記《ほっけもんぐふしょうき》』に「法が久成《くじょう》の法であるゆえに、久成の人に付嘱《ふぞく》したのである」と説いている。

語訳

【法師《ほっし》より已下《いげ》の五品《ごほん》の経文《きょうもん》】法華経法師品《ほっしほん》第10、見宝塔品《けんほうとうほん》第11、提婆達多品《だいばだったほん》第12、勧持品《かんじほん》第13、安楽《あんらく》行品《ぎょうほん》第14の5品《ほん》。

【大音声《だいおんじょう》をもって、あまねく四衆《ししゅ》に告《つ》げたまわく……】見宝塔品《けんほうとうほん》第11で釈尊《しゃくそん》は、仏の滅後《めつご》に法華経を護《ご》持《じ》する者は誓《ちか》いの言葉を述べるよう3度諫《いさ》め、滅後の弘通《ぐつう》を勧《すす》めている（三箇《さんか》の鳳詔《ほうしょう》）。

【我《われ》は身命《しんみょう》を愛《あい》せず】勧持品《かんじほん》第13では、大菩薩《だいぼさつ》たちが仏滅後《ぶつめつご》の弘法《ぐほう》を誓《ちか》い「我《われ》は身命《しんみょう》を愛《あい》せず　但無上《ただむじょう》道《どう》を惜《お》しむのみ」（法華経４２０ページ）と述べている。

【前三後三《ぜんさんごさん》の六釈《ろくしゃく》】従地涌出品《じゅうじゆじゅっぽん》第15において、釈尊《しゃくそん》が他方《たほう》の菩薩《ぼさつ》に対して娑婆世界《しゃばせかい》における弘法《ぐほう》の願《ねが》いを制止《せいし》した三つの理由（前三）、および地涌《じゆ》の菩薩を召《め》し出した三つの理由（後三）。天台大師《てんだいだいし》が『法《ほっ》華文句《けもんぐ》』で述べている。前三義は、①他方の菩薩はそれぞれの国土において自己の任務《にんむ》がある②他方の菩薩は娑婆世界との結縁《けちえん》が薄《うす》い③他方の菩薩に弘法《ぐほう》を許《ゆる》せば、地涌の菩薩を召し出すことができず、迹《しゃく》を破《は》し久遠《くおん》を顕《あらわ》すこと（開近顕遠《かいごんけんのん》＝始成正覚《しじょうしょうがく》を開いて久遠実成《くおんじつじょう》を顕すこと）ができなくなることをいう。後三義は、①地涌の菩薩は久遠の仏の本眷属《ほんけんぞく》である②地涌の菩薩は娑婆世界との結縁が深《じん》厚《こう》である③地涌の菩薩を召し出すことによって開近顕遠を示すことができることをいう。

【迹化《しゃっけ》・他方《たほう》の大菩薩《だいぼさつ》】迹化の菩薩とは、迹仏《しゃくぶつ》（本地《ほんじ》から垂迹《すいじゃく》した仏。始成正覚《しじょうしょうがく》の釈尊《しゃくそん》など）に教化《きょうけ》された菩薩。他方の菩薩とは、娑婆世界《しゃばせかい》以外の他の国土に住む他仏《たぶつ》の弟子である菩薩。これらに対して久《く》遠《おん》の本仏《ほんぶつ》の直弟子《じきでし》（地涌《じゆ》の菩薩）を本化《ほんげ》の菩薩という。

【釈尊初発心《しゃくそんしょほっしん》の弟子《でし》】久遠《くおん》に釈尊から下種《げしゅ》を受けて、初めて発心してから一貫《いっかん》して、この本仏《ほんぶつ》の化導《けどう》を受けてきた弟子。

【世界《せかい》の益《やく》】仏の説《と》いた教えを4種に分類した四悉檀《ししつだん》のうちの一つ、世界悉檀《せかいしつだん》の利益《りやく》。ここでは、娑婆《しゃば》世界の衆生《しゅじょう》に適《かな》った利益を与えること。地涌《じゆ》の菩薩《ぼさつ》は娑婆世界に長く住み衆生を知悉《ちしつ》しているのに対し、他方《たほう》の菩薩は娑婆世界の衆生に対して世界悉檀の利益を与えることができない。

【輔正記《ふしょうき》】『法華文句輔正記《ほっけもんぐふしょうき》』のこと。中国・唐《とう》の僧《そう》・道暹《どうせん》の著作。天台大師《てんだいだいし》の『法華文句《ほっけもんぐ》』、妙楽《みょうらく》大師の『法華文句記《ほっけもんぐき》』の注釈書《ちゅうしゃくしょ》。

【久成《くじょう》の法】久遠実成《くおんじつじょう》の法。仏が久遠に証得《しょうとく》し、それによって成仏《じょうぶつ》した法をさす。妙法のこと。

【久成《くじょう》の人】久遠実成《くおんじつじょう》の釈尊《しゃくそん》によって長く教化《きょうけ》されてきた本化《ほんげ》の地涌《じゆ》の菩薩《ぼさつ》をさす。

解説

ここから、法華経の本門《ほんもん》が序《じょ》・正《しょう》・流通《るつう》ともに末法《まっぽう》の衆生《しゅじょう》のために説《と》かれたことの文証《もんしょう》を挙《あ》げつつ、末法における地涌《じゆ》の菩薩《ぼさつ》の弘教《ぐきょう》を明らかにされていく。

最初に本門序分《ほんもんじょぶん》の文《もん》を挙《あ》げられている。すなわち、涌出品《ゆじゅっぽん》で釈尊《しゃくそん》が「止《や》みね。善男子《ぜんなんし》よ。汝《なん》等《だち》が此《こ》の経を護持《ごじ》せんことを須《もち》いじ」（法華経451ジベー）などと述べ、迹化《しゃっけ》・他方《たほう》の菩薩《ぼさつ》に対して滅後《めつご》の法華経弘通《ぐつう》を制止《せいし》したことを示す文である。

日蓮大聖人は、この迹化《しゃっけ》・他方《たほう》に対する制止《せいし》は、前に迹門流通分《しゃくもんるつうぶん》（法師品《ほっしほん》第10から安楽行品《あんらくぎょうほん》第14まで）で説《と》かれた経文とは著《いちじる》しく異《こと》なるものとして、「前後水火《すいか》」であると指摘されている。

迹門流通分《しゃくもんるつうぶん》では、釈尊《しゃくそん》は大音声《だいおんじょう》で「誰か、この娑婆世界《しゃばせかい》で妙法を広く説《と》く者はいないか」

（見宝塔品《けんほうとうほん》第11、法華経386ページ、趣意）と、弟子たちに仏滅後《ぶつめつご》の弘通《ぐつう》を呼《よ》び掛《か》けている。しかも、釈迦《しゃか》一仏《いちぶつ》だけでなく、多宝仏《たほうぶつ》や十方《じっぽう》の諸仏《しょぶつ》も来集《らいしゅう》し、その説法《せっぽう》を賛嘆《さんたん》し菩薩《ぼさつ》たちに勧《すす》めているのである。

ところが、この呼《よ》び掛《か》けに応《おう》じて「我《われ》は身命《しんみょう》を愛《あい》せず」と弘経《ぐきょう》を誓《ちか》った菩薩《ぼさつ》たちを本門序分《ほんもんじょぶん》の涌出品《ゆじゅっぽん》で制止《せいし》しているのである。

これでは、一人の仏の二つの言葉に矛盾《むじゅん》があり、とうてい凡夫《ぼんぷ》の智慧《ちえ》では理解できないと仰《おお》せである。

このように迹化《しゃっけ》・他方《たほう》の菩薩《ぼさつ》を制止《せいし》した理由、ならびに地涌《じゆ》の菩薩を召《め》し出した理由として、天台大師《てんだいだいし》は「前三後三《ぜんさんごさん》」の6点にわたる解釈を掲《かか》げている（語訳参照）。

大聖人はその要点《ようてん》として、迹化《しゃっけ》・他方《たほう》の菩薩《ぼさつ》には「内証《ないしょう》の寿量品《じゅりょうほん》」（久遠実成《くおんじつじょう》の釈尊《しゃくそん》の内証を納《おさ》めた寿量品）を授与《じゅよ》できないと示される。そして、その理由として、①末法《まっぽう》の初めは、謗法《ほうぼう》の国土であり、衆生《しゅじょう》の機根《きこん》は悪機《あっき》であるから、迹化・他方の菩薩では寿量品の肝心《かんじん》である南無妙法蓮華経の弘通《ぐつう》に耐《た》えられない、②迹化の菩薩は久遠の釈尊によって初めて発心《ほっしん》した久遠の弟子ではない、という2点を挙《あ》げられている。

引き続き示されている天台《てんだい》・妙楽《みょうらく》らの注釈《ちゅうしゃく》は、なぜ釈尊《しゃくそん》は地涌《じゆ》の菩薩《ぼさつ》に付嘱《ふぞく》したのかという上述《じょうじゅつ》の理由を裏付《うらづ》けたものである。

◆池田先生の講義から（『勝利の経典「御書」に学ぶ』第12巻）

釈尊《しゃくそん》が、上行菩薩《じょうぎょうぼさつ》らに末法弘通《まっぽうぐつう》のために譲《ゆず》られた法こそ、「法華経の本門《ほんもん》の肝心《かんじん》たる妙法蓮華経の五字」なのです。

この趣旨《しゅし》は、「観心本尊抄《かんじんのほんぞんしょう》」にも「地涌千界《じゆせんがい》の大菩薩《だいぼさつ》を召《め》して、寿量品《じゅりょうほん》の肝心《かんじん》たる妙法蓮華経の五字をもって閻浮《えんぶ》の衆生《しゅじょう》に授与《じゅよ》せしめたもう」（新140ジペー・全250ジペー）と示された通りです。

「久遠《くおん》の仏」が所持《しょじ》する大法《だいほう》は、十界互具《じっかいごぐ》の生命を明かし、永遠に万人《ばんにん》を等《ひと》しく成仏《じょうぶつ》させゆく妙法です。その妙法の御本尊を、仏に代わって悪世末法《あくせまっぽう》に弘通《ぐつう》する大使命を担《にな》うのが、三世《さんぜ》永遠の師弟の絆《きずな》で結ばれた「久遠の弟子」なのです。

第27章　本門《ほんもん》の正宗分《しょうしゅうぶん》の文《もん》を引く（新140ジペー～141ジペー・全250ジペー～251ジペー）

①寿量品《じゅりょうほん》は滅後《めつご》のための法門（新140ジペー12行目～141ジペー9行目）（全250ジペー14行目～251ジペー6行目）

また弥勒菩薩《みろくぼさつ》疑請《ぎしょう》して云《い》わく、経《きょう》に云《い》わく「我《われ》らは、また『仏《ほとけ》の宜《よろ》しきに随《したが》って説《と》きたもうところ、仏《ほとけ》の出《い》だしたもうところの言《みこと》はいまだかつて虚妄《こもう》ならず。仏《ほとけ》は、知《し》ろしめすところをば、みな通達《つうだつ》す』と信《しん》ずといえども、しかも諸《もろもろ》の新発意《しんぼっち》の菩薩《ぼさつ》は、仏滅《ほとけめっ》して後《のち》において、もしこの語《ことば》を聞《き》かば、あるいは信受《しんじゅ》せずして、法《ほう》を破《は》する罪業《ざいごう》の因縁《いんねん》を起《お》こさん。しかり、世尊《せそん》よ。願《ねが》わくは、ために解説《げせつ》して、我《われ》らが疑《うたが》いを除《のぞ》きたまえ。および未《み》来世《らいせ》の諸《もろもろ》の善男子《ぜんなんし》は、このことを聞《き》き已《お》わりなば、また疑《うたが》いを生《しょう》ぜじ」等《とう》云々《うんぬん》。文《もん》の意《い》は、寿量《じゅりょう》の法門《ほうもん》は滅後《めつご》のためにこれを請《こ》うなり。

寿量品《じゅりょうほん》に云《い》わく「あるいは本心《ほんしん》を失《うしな》えるもの、あるいは失《うしな》わざる者《もの》あり乃至《ないし》心《こころ》を失《うしな》わざる者《もの》は、この良薬《ろうやく》の色《しき》・香《こう》ともに好《よ》きを見《み》て、即便《すなわ》ちこれを服《ふく》するに、病《やまい》はことごとく除《のぞ》こり癒《い》えぬ」等云々《とううんぬん》。久遠下種《くおんげしゅ》・大通結《だいつうけち》縁《えん》、乃至前四味《ないしぜんしみ》・迹門等《しゃくもんとう》の一切《いっさい》の菩薩《ぼさつ》・二乗《にじょう》・人天等《にんてんとう》の本門《ほんもん》において得道《とくどう》するものこれなり。経《きょう》に云《い》わく「余《よ》の心《こころ》を失《うしな》える者《もの》は、その父《ちち》の来《きた》れるを見《み》て、また歓喜《かんぎ》し問訊《もんじん》して、病《やまい》を治《じ》せんことを求索《もと》むといえども、しかもその薬《くすり》を与《あた》うれども、あえて服《ふく》せず。所以《ゆえん》はいかん。毒気《どっけ》は深《ふか》く入《い》って、本心《ほんしん》を失《うしな》えるが故《ゆえ》に、この好《よ》き色《しき》・香《こう》ある薬《くすり》において、しかも美《うま》からずと謂《おも》えばなり乃至《ないし》『我《われ》は今当《いままさ》に方便《ほうべん》を設《もう》けて、この薬《くすり》を服《ふく》せしむべし』乃至《ないし》『この好《よ》き良薬《ろうやく》を、今留《いまとど》めてここに在《お》く。汝《なんじ》は取《と》って服《ふく》すべし。差《い》えじと憂《うれ》うることなかれ』。この教《おし》えを作《な》し已《お》わって、また他国《たこく》に至《いた》り、使《つか》いを遣《つか》わして還《かえ》って告《つ》ぐ」等云々《とううんぬん》。分別功徳品《ふんべつくどくほん》に云《い》わく「悪世末法《あくせまっぽう》の時《とき》」等云々《とううんぬん》。

通解

また弥勒菩薩《みろくぼさつ》が地涌《じゆ》の菩薩の出現について疑問《ぎもん》を晴《は》らしてほしいと質問した。涌出品《ゆじゅっぽん》に次のように説《と》かれている。

「私たちは、『仏が衆生《しゅじょう》の機根《きこん》に随《したが》って説《と》かれること、仏が口から出された言葉は、いまだかつて、うそ偽《いつわ》りがなく、仏の智慧《ちえ》はあらゆることに通達《つうだつ》している』と信じますが、もろもろの新しく発心《ほっしん》する菩薩《ぼさつ》が仏の滅後《めつご》において、もし地涌《じゆ》の菩薩は釈尊《しゃくそん》の久遠《くおん》以来の弟子であるとのお言葉を聞いたなら、あるいは信受《しんじゅ》しないで法を破《やぶ》るという罪業《ざいごう》の因縁《いんねん》を起こすでしょう。どうか世尊《せそん》よ、願《ねが》わくは滅後の人々のために解説《かいせつ》して、私たちの疑《うたが》いを取り除《のぞ》いてください。そうすれば未来世《みらいせ》のもろもろの善男子《ぜんなんし》も、このことを聞けば、また疑いを生《しょう》じないでしょう」と。

この経文の意は、このあとの寿量品《じゅりょうほん》の法門は仏の滅後《めつご》の衆生《しゅじょう》のために請《こ》われて説《と》かれたということである。

寿量品《じゅりょうほん》には「(毒《どく》を飲《の》んだ子どものなかで)本心《ほんしん》を失《うしな》ってしまった者と、本心を失わなかった者がいた。〈中略〉本心を失わなかった者は、父の良医《りょうい》が与えた良薬《りょうやく》が色香《しきこう》ともにすばらしいのを見て、すぐにこれを飲んだところ、病《やまい》はことごとく治《なお》ってしまった」とある。

久遠《くおん》の昔《むかし》に成仏《じょうぶつ》の因《いん》となる種《たね》を下《お》ろされ、大通智勝仏《だいつうちしょうぶつ》の時に法華経と結縁《けちえん》し、そして前《ぜん》四味《しみ》である爾前経《にぜんきょう》、法華経迹門《しゃくもん》に至《いた》るまでの一切《いっさい》の菩薩《ぼさつ》・二乗《にじょう》・人《にん》・天《てん》らが、法華経本門《ほんもん》で得脱《とくだつ》したのが、これに当たる。

寿量品《じゅりょうほん》には、また「その他の、本心《ほんしん》を失《うしな》ってしまった者は、自分たちの父が帰ってきたのを見て喜《よろこ》び、病《やまい》を治《なお》してほしいと求めたけれども、父がその薬を与えても飲《の》もうとはしなかった。なぜかというと、毒《どく》が深く入ってしまっているために、このよい色と香りの薬をうまくないと思ったのである。〈中略〉父は思った。『私は今、方便《ほうべん》を設《もう》けてこの薬を飲ませよう』。〈中略〉（そして子どもたちに語った）『このすぐれた良薬《りょうやく》を今、ここに置《お》いておく。お前たちは、この薬を取って飲みなさい。病気が治らないだろうと心配することはない』。このように子どもたちに教え終わって、また他の国へ行って、使いを遣《つか》わして告《つ》げさせたのである」とある。

また、分別功徳品《ふんべつくどくほん》には「悪世末法《あくせまっぽう》の時」とある。

語訳

【また弥勒菩薩疑請《みろくぼさつぎしょう》して……】法華経従地涌出品《じゅうじゆじゅっぽん》第15では、地涌《じゆ》の菩薩が出現したことを受けて釈尊《しゃくそん》が略《りゃく》して久遠《くおん》の本地《ほんじ》を説《と》いたが、これに対し、弥勒菩薩が座《ざ》を代表して釈尊にその意味を質問した（法華経470ページ）。疑請とは疑問点《ぎもんてん》を問《と》い正答《せいとう》を請《こ》うこと。

【仏の宜《よろ》しきに随《したが》って説《と》きたもうところ】仏が衆生《しゅじょう》の機根《きこん》に随《したが》って適切に説《と》いた教えのこと。

【新発意《しんぽっち》の菩薩《ぼさつ》】初めて菩提《ぼだい》（仏の覚《さと》り）を求める心を起こした菩薩のこと。

解説

ここでは、本門《ほんもん》が末法《まっぽう》を正意《しょうい》とすることについて、本門正宗分《ほんもんしょうしゅうぶん》の一品二半《いっぽんにはん》の中から文証《もんしょう》を挙《あ》げられている。すなわち、涌出品《ゆじゅっぽん》第15の「動執生疑《どうしゅうしょうぎ》」の文《もん》と、寿量品《じゅりょうほん》第16の「良医病子《ろういびょうし》の譬《たと》え」の二つの文、そして正宗分《しょうしゅうぶん》には入らないが分別功徳品《ふんべつくどくほん》第17の「悪世末法《あくせまっぽう》の時」、合計四つの文を挙げ、本門正宗分が末法のために説《と》かれたことを述べられている。

まず涌出品《ゆじゅっぽん》の文《もん》は、地涌《じゆ》の菩薩《ぼさつ》について釈尊《しゃくそん》が「久遠《くおん》以来、自分が教化《きょうけ》してきた人々である」と述べたこと（略開近顕遠《りゃくかいごんけんのん》）に対して、弥勒《みろく》らが「どうして世尊《せそん》は成道《じょうどう》以来の短《みじか》い間に、これほど多くの地涌の菩薩を教化できたのか」と疑《うたが》いを起こし、「われらは仏の説法《せっぽう》を信じるけれども、仏の滅後《めつご》の衆生《しゅじょう》でこれを疑う者が出て、法を破《やぶ》る罪業《ざいごう》を作ってしまうといけないから、詳《くわ》しく説《と》いてほしい」と釈尊に要請《ようせい》したものである。

それに答えるのが寿量品《じゅりょうほん》の説法《せっぽう》であるから、この弥勒菩薩《みろくぼさつ》の要請《ようせい》自体、寿量品の説法が釈尊《しゃくそん》在世《ざいせ》のためではなく、仏の滅後《めつご》の衆生《しゅじょう》のために行われた説法であることを示している。

まさに、この涌出品《ゆじゅっぽん》の文《もん》は、寿量品《じゅりょうほん》は滅後《めつご》を正意《しょうい》としていることを明かしている経文である。

次に、寿量品《じゅりょうほん》の「良医病子《ろういびょうし》の譬《たと》え」の文《もん》が二つ挙《あ》げられている。

最初に引かれている経文では、毒薬《どくやく》を誤《あやま》って飲《の》んで苦しんでいる子どもたちに、父である良《りょう》医《い》が良薬《りょうやく》を与えた時、その薬を服《ふく》して病《やまい》が癒《い》えた子どもと、本心《ほんしん》を失《うしな》って薬を飲もうとしない子どもがいたことが説《と》かれている。

そのうち「薬を飲《の》んで病《やまい》が癒《い》えた子ども」とは、法華経本門《ほんもん》において得脱《とくだつ》した在世《ざいせ》の衆生《しゅじょう》を譬《たと》えている。具体的には、五百塵点劫《ごひゃくじんてんごう》の久遠《くおん》に下種《げしゅ》され、大通智勝仏《だいつうちしょうぶつ》の第十六王子（釈迦菩《しゃかぼ》薩《さつ》）によって法華経と結縁《けちえん》し、華厳《けごん》・阿含《あごん》・方等《ほうどう》・般若《はんにゃ》の爾前経《にぜんきょう》（前四味《ぜんしみ》）、法華経迹門《しゃくもん》までの教えを受けた一切《いっさい》の菩薩・二乗《にじょう》・人《にん》・天《てん》らが、法華経本門で得脱したことであると、日蓮大聖人は仰《おお》せである。

また、「本心《ほんしん》を失《うしな》って薬を飲《の》もうとしなかった子ども」とは、末法《まっぽう》の衆生《しゅじょう》を譬《たと》えている。「良《ろう》医病子《いびょうし》の譬え」では、この薬を飲もうとしなかった子どもたちを、どう救《すく》うかが主題になっているのである。その内容がこの直後に引かれた経文である。

本心《ほんしん》を失《うしな》っている子どもたちも、父である良医《りょうい》が帰って来た時は、歓喜《かんき》し、病《やまい》を治《なお》してほしいと父親にお願《ねが》いするが、薬を飲《の》むことはなかった。それは、毒気《どっけ》が深く入って、正気《しょうき》を失ったために、色も香りもよい薬をおいしくないと思ったからである。

そこで良医《りょうい》は、一つの方便《ほうべん》を用《もち》いる。つまり、「このすぐれた良薬《りょうやく》をここに置《お》いておく。飲《の》むがよい。病《やまい》は癒《い》えないだろうと思ってはならない」と言い残して、良医は旅《たび》に出て、旅先から使いを派遣《はけん》し、子どもたちに告《つ》げさせた。

ここで引用は終わるが、譬《たと》えの続きは、その使いが「父親が死んだ」と告《つ》げた言葉によって、本心《ほんしん》を失《うしな》っていた子どもも正気《しょうき》を取り戻し、父の置《お》いた良薬《りょうやく》を服《ふく》して病《やまい》を癒《い》やすことができたことが説《と》かれている。

この譬《たと》えは、仏が入滅《にゅうめつ》という方便《ほうべん》を用《もち》いて、滅後《めつご》の衆生《しゅじょう》に自分の残した法（良薬《りょうやく》）を信じさせるという寿量品《じゅりょうほん》の主題を明かしているのである。

最後に引用されている分別功徳品《ふんべつくどくほん》の「悪世末法《あくせまっぽう》の時」（法華経513ジペー）の文《もん》は、法華経本門《ほんもん》正宗分《しょうしゅうぶん》は末法のための教えであることを端的《たんてき》に明かしている。

②流通《るつう》の人と法を明かす

（新1411ジペー10行目～15行目）
（全251ジペー7行目～10行目）

問《と》うて曰《い》わく、この経文《きょうもん》の「使《つか》いを遣《つか》わして還《かえ》って告《つ》ぐ」はいかん。

答《こた》えて曰《い》わく、四依《しえ》なり。四依《しえ》に四類《よんるい》有《あ》り。小乗《しょうじょう》の四依《しえ》は、多分《たぶん》は正法《しょうほう》の前《さき》の五百年《ごひゃくねん》に出現《しゅつげん》す。大乗《だいじょう》の四依《しえ》は、多分《たぶん》は正法《しょうほう》の後《のち》の五百年《ごひゃくねん》に出現《しゅつげん》す。三《さん》に迹門《しゃくもん》の四依《しえ》は、多分《たぶん》は像法一千年《ぞうほういっせんねん》、少分《しょうぶん》は末法《まっぽう》の初《はじ》めなり。四《し》に本門《ほんもん》の四依《しえ》の地涌千界《じゆせんがい》は、末法《まっぽう》の始《はじ》めに必《かなら》ず出現《しゅつげん》すべし。今《いま》の「使《つか》いを遣《つか》わして還《かえ》って告《つ》ぐ」は地涌《じゆ》なり。「この好《よ》き良薬《ろうやく》」とは寿量品《じゅりょうほん》の肝要《かんよう》たる名《みょう》・体《たい》・宗《しゅう》・用《ゆう》・教《きょう》の南無妙法蓮華経《なんみょうほうれんげきょう》これなり。この良薬《ろうやく》をば仏《ほとけ》なお迹化《しゃっけ》に授与《じゅよ》したまわず。いかにいわんや他方《たほう》をや。

通解

問《と》うて言う。この寿量品《じゅりょうほん》の「使いを遣《つか》わして還《かえ》って告《つ》ぐ」というのは、どういう意味だろうか。

答えて言う。「使い」というのは四依《しえ》の人々のことである。四依には4種類がある。第1に小乗《しょうじょう》の四依は多くは正法《しょうほう》時代1000

年のうち前半の500年に出現した。第2に権大乗《ごんだいじょう》の四依は多くは正法時代の後半500年に出現した。第3に法華経迹門《しゃくもん》の四依は多くは像法《ぞうほう》時代1000年に出現し、少しは末《まっ》法《ぽう》の初めに出現した。第4に法華経本門《ほんもん》の四依は無数の地涌《じゆ》の菩薩《ぼさつ》であり、末法の初めに必ず出現するのである。

今の「使いを遣《つか》わして還《かえ》って告《つ》ぐ」とは地《じ》涌《ゆ》の菩薩《ぼさつ》のことである。「この好《よ》き良薬《ろうやく》」とは寿量品《じゅりょうほん》の肝要《かんよう》である名《みょう》・体《たい》・宗《しゅう》・用《ゆう》・教《きょう》の南無妙法蓮華経である。この良薬を仏は迹化《しゃっけ》の菩薩にすら授与《じゅよ》されなかった。まして他方《たほう》の国土から来た菩薩に授与されることはなかった。

語訳

【使《つか》いを遣《つか》わして還《かえ》って告《つ》ぐ】法華経如来寿量品《にょらいじゅりょうほん》第16の文《もん》（法華経487ジ）。本抄前節で触《ふ》れた「良医《ろうい》病子《びょうし》の譬《たと》え」で、父親である良医が他国に行ってから子に使いをやって「父親は死んだ」と告げさせたこと。

【四依《しえ》】法《ほう》の四依と人《にん》の四依があるが、ここでは人の四依のこと。「依《え》」とは、その時代に適《てき》した法を広め、人々のよりどころとなる人のこと。小乗《しょうじょう》の四依は迦葉《かしょう》・阿難《あなん》など、大乗《だいじょう》の四依は竜樹《りゅうじゅ》・天親《てんじん》など、迹門《しゃくもん》の四依は南岳《なんがく》・天台《てんだい》など、本門《ほんもん》の四依は末法《まっぽう》の初めに出現する地涌《じゆ》の菩薩《ぼさつ》をいう。

【この好《よ》き良薬《ろうやく》】寿量品《じゅりょうほん》の文《もん》（法華経487㌻）。「良医病子《ろういびょうし》の譬《たと》え」でいう良薬とは、仏が滅後《めつご》の衆生《しゅじょう》を救《すく》うために残した法のこと。

【名《みょう》・体《たい》・宗《しゅう》・用《ゆう》・教《きょう》】天台大師《てんだいだいし》が法華経の経題《きょうだい》を解釈するために用《もち》いた五重玄《ごじゅうげん》（釈名《しゃくみょう》・弁体《べんたい》・明宗《みょうしゅう》・論《ろん》用《ゆう》・判教《はんぎょう》）のこと。①釈名は経題《きょうだい》の解釈、②弁体は一経《いっきょう》の究極の真理をつまびらかにすること、③明宗とは一経の宗要《しゅうよう》を明かすこと、④論用とは一経の功徳《くどく》・力用《りきゆう》を論ずること、⑤判教とは一経の教《きょう》相《そう》を判《はん》ずること。ここでは、この五重玄で明かされた優《すぐ》れた諸特性《しょとくせい》がすべて題目に具《そな》わるので、「名・体・宗・用・教の南無妙法蓮華経《なんみょうほうれんげきょう》」と述べられている。

解説

続いて日蓮大聖人は、特に寿量品《じゅりょうほん》の「良医病子《ろういびょうし》の譬《たと》え」に説《と》かれている「使《つか》いを遣《つか》わして還《かえ》って告《つ》ぐ」の「使い」とは誰か、また、仏が残した「この好《よ》き良薬《ろうやく》」とは何かについて論じられ、末法弘通《まっぽうぐつう》の「人」と「法」を示されている。

「使い」とは、広い意味で四依《しえ》（人々がよりどころとすべき人）のことである。四依は時代によって異《こと》なるが、末法《まっぽう》の四依とは地涌《じゆ》の菩薩《ぼさつ》である。したがって、「今の『使いを遣《つか》わして還《かえ》って告《つ》ぐ』は地涌なり」と仰《おお》せなのである。

また、仏が留《とど》め置《お》いた「この好《よ》き良薬《ろうやく》」とは、「寿量品《じゅりょうほん》の肝要《かんよう》たる名《みょう》・体《たい》・宗《しゅう》・用《ゆう》・教《きょう》の南《な》無妙法蓮華経《んみょうほうれんげきょう》」であると示されている。

「名《みょう》・体《たい》・宗《しゅう》・用《ゆう》・教《きょう》の南無妙法蓮華経《なんみょうほうれんげきょう》」とは、単《たん》なる法華経の経題《きょうだい》としての妙法蓮華経ではなく、名はもちろんのこと、体《たい》（究極の理法《りほう》）も宗《しゅう》（成仏《じょうぶつ》の根本の因果《いんが》）も用《ゆう》（功徳《くどく》）もすべて具《そな》えた末法《まっぽう》の教法《きょうほう》としての南無妙法蓮華経を意味する。

第28章　本門《ほんもん》の流通分《るつうぶん》の文《もん》を引く

（新141ジペー～143ジペー・全251ジペー～252ジペー）

①別付嘱《べつふぞく》の文《もん》を引く

（新141ジペー16行目～143ジペー7行目）
（全251ジペー11行目～252ジペー12行目）

神力品《じんりきほん》に云《い》わく「その時《とき》、千世界微塵等《せんせかいみじんとう》の菩薩摩訶薩《ぼさつまかさつ》の地《じ》より涌出《ゆじゅつ》せる者《もの》は、皆仏前《みなぶつぜん》において、一心《いっしん》に合掌《がっしょう》して、尊顔《そんげん》を瞻仰《せんごう》して、仏《ほとけ》に白《もう》して言《もう》さく『世尊《せそん》よ。我《われ》らは仏滅《ほとけめつ》して後《のち》、世尊《せそん》の分身《ふんじん》の在《いま》すところの国土《こくど》・滅度《めつど》の処《ところ》において、当《まさ》に広《ひろ》くこの経《きょう》を説《と》くべし』と」等云々《とううんぬん》。天台云《てんだいい》わく「ただ下方《かほう》の発誓《ほっせい》のみを見《み》たり」等云々《とううんぬん》。道暹云《どうせんい》わく「付嘱《ふぞく》とは、この経《きょう》をば、ただ下方踊出《かほうゆじゅつ》の菩薩《ぼさつ》のみに付《ふ》す。何《なに》が故《ゆえ》にしかる。法《ほう》これ久成《くじょう》の法《ほう》なるに由《よ》るが故《ゆえ》に、久成《くじょう》の人《にん》に付《ふ》す」等云々《とううんぬん》。夫《そ》れ、文殊師利菩薩《もんじゅしりぼさつ》は東方金色世《とうほうこんじきせ》界《かい》の不動仏《ふどうぶつ》の弟子《でし》、観音《かんのん》は西方無量寿仏《さいほうむりょうじゅぶつ》の弟子《でし》、薬王菩薩《やくおうぼさつ》は日月浄明徳仏《にちがつじょうみょうとくぶつ》の弟子《でし》、普賢菩薩《ふげんぼさつ》は宝威仏《ほういぶつ》の弟子《でし》なり。一往《いちおう》、釈尊《しゃくそん》の行化《ぎょうけ》を扶《たす》けんがために娑婆世界《しゃばせかい》に来入《らいにゅう》す。また爾前《にぜん》・迹門《しゃくもん》の菩薩《ぼさつ》なり。本法所持《ほんぽうしょじ》の人《ひと》にあらざれば、末法《まっぽう》の弘法《ぐほう》に足《た》らざるものか。

経《きょう》に云《い》わく「その時《とき》、世尊《せそん》は乃至《ないし》一切《いっさい》の衆《しゅ》の前《さき》に、大神力《だいじんりき》を現《げん》じたもう。広長舌《こうちょうぜつ》を出《い》だして、上梵世《かみぼんせ》に至《いた》らしむ乃至《ないし》十方《じっぽう》の世界《せかい》の衆《もろもろ》の宝樹《ほうじゅ》の下《もと》、師子座《ししざ》の上《うえ》の諸仏《しょぶつ》もまたかくのごとく、広長舌《こうちょうぜつ》を出《い》だしたもう」等《とう》云々《うんぬん》。夫《そ》れ、顕密二道《けんみつにどう》、一切《いっさい》の大《だい》・小乗経《しょうじょうきょう》の中《なか》に、釈迦《しゃか》・諸仏並《しょぶつなら》び坐《ざ》し舌《ぜっ》相梵天《そうぼんてん》に至《いた》る文《もん》これ無《な》し。阿弥陀経《あみだきょう》の広長舌相三千《こうちょうぜっそうさんぜん》を覆《おお》うは有名無実《うみょうむじつ》なり。般若経《はんにゃきょう》の舌相三千《ぜっそうさんぜん》、光《ひかり》を放《はな》って般若《はんにゃ》を説《と》きしも全《まった》く証明《しょうみょう》にあらず。これは、皆《みな》、兼《けん》・帯《たい》の故《ゆえ》に久遠《くおん》を覆相《ふそう》するが故《ゆえ》なり。

かくのごとく十神力《じゅうじんりき》を現《げん》じて、地涌《じゆ》の菩薩《ぼさつ》に妙法《みょうほう》の五字《ごじ》を嘱累《ぞくるい》して云《のたま》わく、経《きょう》に云《い》わく「その時《とき》、仏《ほとけ》は上行等《じょうぎょうとう》の菩薩大衆《ぼさつだいしゅ》に告《つ》げたまわく『諸仏《しょぶつ》の神力《じんりき》は、かくのごとく無量無辺《むりょうむへん》、不可思議《ふかしぎ》なり。もし我《われ》この神力《じんりき》をもって、無量無辺百千万億阿僧祇劫《むりょうむへんひゃくせんまんおくあそうぎこう》において、嘱累《ぞくるい》のための故《ゆえ》に、この経《きょう》の功《く》徳《どく》を説《と》かんに、なお尽《つ》くすこと能《あた》わじ。要《よう》をもってこれを言《い》わば、如来《にょらい》の一切《いっさい》の所有《しょう》の法《ほう》、如来《にょらい》の一切《いっさい》の自在《じざい》の神力《じんりき》、如来《にょらい》の一切《いっさい》の秘要《ひよう》の蔵《ぞう》、如来《にょらい》の一切《いっさい》の甚深《じんじん》の事《じ》は、皆《みな》この経《きょう》において宣示顕説《せんじけんぜつ》す』と」等云々《とううんぬん》。天台云《てんだいい》わく「『その時《とき》、仏《ほとけ》は上行《じょうぎょう》に告《つ》げたまわく』より下《しも》は、第三《だいさん》に結要付嘱《けっちょうふぞく》なり」云々《うんぬん》。伝教云《でんぎょうい》わく「また神力品《じんりきほん》に云《い》わく『要《よう》をもってこれを言《い》わば、如来《にょらい》の一切《いっさい》の所有《しょう》の法《ほう》乃至《ないし》宣示顕説《せんじけんぜつ》す』〈已上《いじょう》、経文《きょうもん》〉。明《あき》らかに知《し》んぬ、果分《かぶん》の一切《いっさい》の所有《しょう》の法《ほう》、果分《かぶん》の一切《いっさい》の自在《じざい》の神力《じんりき》、果分《かぶん》の一切《いっさい》の秘要《ひよう》の蔵《ぞう》、果分《かぶん》の一切《いっさい》の甚深《じんじん》の事《じ》は、皆法華《みなほっけ》において宣示顕説《せんじけんぜつ》するなり」等云々《とううんぬん》。

この十神力《じゅうじんりき》は、妙法蓮華経《みょうほうれんげきょう》の五字《ごじ》をもって上行《じょうぎょう》・安立行《あんりゅうぎょう》・浄行《じょうぎょう》・無辺行《むへんぎょう》等《とう》の四大菩薩《しだいぼさつ》に授与《じゅよ》したもうなり。前《さき》の五神力《ごじんりき》は在世《ざいせ》のため、後《のち》の五神力《ごじんりき》は滅後《めつご》のためなり。しかりといえども、再往《さいおう》これを論《ろん》ずれば、一向《いっこう》に滅後《めつご》のためなり。故《ゆえ》に、次下《つぎしも》の文《もん》に云《い》わく「仏滅度《ほとけめつど》して後《のち》に、能《よ》くこの経《きょう》を持《たも》たんをもっての故《ゆえ》に、諸仏《しょぶつ》は皆歓喜《みなかんぎ》して、無量《むりょう》の神力《じんりき》を現《げん》じたもう」等《とう》云々《うんぬん》。

通解

法華経神力品《じんりきほん》には「その時、千世界《せんせかい》を砕《くだ》いてできる塵《ちり》の数ほどの無数の、大地から涌出《ゆじゅつ》した地涌《じゆ》の大菩薩《だいぼさつ》たちは皆、仏の前において一心《いっしん》に合掌《がっしょう》し、仏のお顔を仰《あお》ぎ見て申《もう》し上《あ》げた。『世尊《せそん》よ、私たちは、仏の滅後《めつご》に世尊の分身《ふんじん》が存在する国土や、入滅《にゅうめつ》された国土において、まさに広くこの経（法華経）を説《と》きます』」とある。

天台《てんだい》はこれについて『法華文句《ほっけもんぐ》』に「ただ下方《かほう》から涌出《ゆじゅつ》した本化地涌《ほんげじゆ》の菩薩《ぼさつ》だけが滅後《めつご》末法《まっぽう》の弘経《ぐきょう》の誓《ちか》いを立てた」と言い、道暹《どうせん》は『法華文句輔正記《ほっけもんぐふしょうき》』に「付嘱《ふぞく》とは、この経をただ下方から涌出した菩薩にだけ付嘱したのである。なぜかというと、付嘱する法が久成《くじょう》の法であるから、久成の人（＝地涌の菩薩）に付嘱したのである」と言っている。

文殊師利菩薩《もんじゅしりぼさつ》は東方の金色世界《こんじきせかい》の不動仏《ふどうぶつ》の弟子であり、観音菩薩《かんのんぼさつ》は西方《さいほう》の世界の無量寿仏《むりょうじゅぶつ》（＝阿弥陀仏《あみだぶつ》）の弟子であり、薬王《やくおう》菩薩は日月浄明徳仏《にちがつじょうみょうとくぶつ》の弟子であり、普賢《ふげん》菩薩は宝威仏《ほういぶつ》の弟子である。これらの菩薩は、表面的に見れば、釈尊《しゃくそん》の説法《せっぽう》・教化《きょうけ》を助けるために娑婆《しゃば》世界へ来たのである。しかし、一方では爾前《にぜん》・迹門《しゃくもん》の菩薩である。妙法という本法《ほんぽう》を持《たも》っている人ではないので、末法《まっぽう》に法を弘《ひろ》める力《ちから》がないといえよう。

神力品《じんりきほん》には「その時に世尊《せそん》は〈中略〉一切《いっさい》の会座《えざ》の人々の前において大神力《だいじんりき》を現《あらわ》された。広く長い舌《した》を出し、空《そら》高く梵天《ぼんてん》まで届《とど》かせた。〈中略〉十方《じっぽう》の世界からやって来て、もろもろの宝樹《ほうじゅ》の下《もと》の師子《しし》の座《ざ》の上に座《すわ》っている諸仏《しょぶつ》も、また同じように広く長い舌を出された」とある。

釈尊《しゃくそん》一代に説《と》かれた顕教《けんきょう》・密教《みっきょう》の二道にも、一切《いっさい》の大乗経《だいじょうきょう》・小乗経《しょうじょうきょう》の中で、釈迦仏《しゃかぶつ》と諸仏《しょぶつ》が同じ場に並んで座《すわ》り、広長舌《こうちょうぜつ》を梵天《ぼんてん》にまで届《とど》かせたという文《もん》は、法華経以外にない。

阿弥陀経《あみだきょう》には仏の広長舌《こうちょうぜつ》が三千大千世界《さんぜんだいせんせかい》を覆《おお》ったとあるが、これは有名無実《ゆうめいむじつ》である。般若経《はんにゃきょう》には広長舌が三千大千世界を覆い、その舌《した》から光を放《はな》って般若《はんにゃ》を説《と》いたとあるが、これはまったく真実の保証《ほしょう》とはなっていない。

これらの諸経は皆、方便《ほうべん》を兼《か》ね帯《お》びているために仏の久遠《くおん》の本地《ほんじ》を覆《おお》い隠《かく》しているからである。

釈尊《しゃくそん》は、このように10種類の神力《じんりき》を現《あらわ》したのち、地涌《じゆ》の菩薩《ぼさつ》に妙法の五字を付嘱《ふぞく》して告《つ》げられた。その内容は神力品《じんりきほん》に次のように説《と》かれている。

「その時に仏は上行《じょうぎょう》らの菩薩《ぼさつ》たちに告《つ》げられた。『諸仏《しょぶつ》の神力《じんりき》はこのように計《はか》り知《し》れないほど不可思議《ふかしぎ》である。もし、私がこの神力をもって無量無辺百千万億阿僧祇劫《むりょうむへんひゃくせんまんおくあそうぎこう》の間、付嘱《ふぞく》のためにこの法華経の功徳《くどく》を説《と》こうとしても、なお説き尽《つ》くすことはできない。今、その要点《ようてん》を言うなら、如来《にょらい》の一切《いっさい》の所有《しょゆう》の法、如来の一切の自在《じざい》の神力、如来の一切の秘要《ひよう》の蔵《ぞう》、如来の一切の甚深《じんじん》の事《じ》を皆、この経で宣《の》べ示し説き明かしたのである』」と。

この経文について天台《てんだい》は『法華文句《ほっけもんぐ》』に「『その時に仏は上行《じょうぎょう》らの菩薩《ぼさつ》たちに告《つ》げられた』より下は、第3段の結要付嘱《けっちょうふぞく》である」と述べている。

また伝教《でんぎょう》は、これを解釈して『法華秀句《ほっけしゅうく》』

に「また神力品《じんりきほん》には『要点《ようてん》を言うなら、如来《にょらい》の一切《いっさい》の所有《しょゆう》の法を〈中略〉宣《の》べ示し説《と》き明かされている』とある。これによって明らかに知ることができる。仏果《ぶっか》としての一切の所有の法、仏果としての一切の自在《じざい》の神力、仏果としての一切の秘要《ひよう》の蔵《ぞう》、仏果としての一切の甚深《じんじん》の事《じ》が皆、法華経において宣べ示し説き明かされたのである」と述べている。

この10種の神力《じんりき》は、妙法蓮華経の五字を上《じょう》行《ぎょう》・安立行《あんりゅうぎょう》・浄行《じょうぎょう》・無辺行《むへんぎょう》らの四大菩薩《しだいぼさつ》に授《じゅ》与《よ》するために現《あらわ》されたのである。前の五神力は釈尊在世《しゃくそんざいせ》のため、後《あと》の五神力は滅後《めつご》のためである。しかしながら、一歩立ち入って論ずるなら、すべて滅後のためである。

ゆえに、すぐ後《あと》の文《もん》に「仏の入滅《にゅうめつ》した後に、地涌《じゆ》の菩薩《ぼさつ》がよくこの経を持《たも》つだろうから、諸仏《しょぶつ》は皆、歓喜《かんき》して無量《むりょう》の神力《じんりき》を現《あらわ》されたのである」（神力品《じんりきほん》）とある。

語訳

【下方《かほう》の発誓《ほっせい》】下方から涌出《ゆじゅつ》した地涌《じゆ》の菩薩《ぼさつ》による弘法《ぐほう》の誓《ちか》い。下方は大地の下方の虚空《こくう》を指す。

【師子座《ししざ》】仏を師子王《ししおう》に譬《たと》えることから、仏の座をいう。

【阿弥陀経《あみだきょう》の広長舌相《こうちょうぜっそう》……】 阿弥陀経には、東西南北上下の六方の諸仏《しょぶつ》がそれぞれの国土にあって、広長舌相を現《あらわ》し三千大千世界《さんぜんだいせんせかい》を覆《おお》ったと説《と》かれている。また大般若波羅蜜多経《だいはんにゃはらみったきょう》には、釈尊《しゃくそん》が広長舌相を現して三千大千世界を覆い、その舌《した》より無数の色光《しきこう》を出して十方《じっぽう》の諸仏の世界を照《て》らしたとある。阿弥陀経の場合は、この世界の実仏《じつぶつ》によるものではないから有名無実《ゆうめいむじつ》であり、般若経《はんにゃきょう》の場合は諸仏による保証《ほしょう》とはなっていないので、法華経如来神力品《にょらいじんりきほん》の広長舌相とは比較《ひかく》にならないと破折《はしゃく》されている。

【兼《けん》・帯《たい》】 方便《ほうべん》を兼《か》ね帯《お》びていること。

【十神力《じゅうじんりき》】 如来神力品《にょらいじんりきほん》第21で釈尊《しゃくそん》が付嘱《ふぞく》のために現《あらわ》した10種の神力。梵天《ぼんてん》まで届《とど》く舌《した》を出して仏の不妄《ふもう》語《ご》を表す吐舌相《とぜっそう》など（法華経568ページ以下）。

【嘱累《ぞくるい》】 仏が教法《きょうほう》の流布《るふ》を弟子に託《たく》すことをいう。付嘱《ふぞく》ともいう。教えを付与《ふよ》し流布させること。

【宣示顕説《せんじけんぜつ》】 はっきりと宣《の》べて示し、説《と》き明かすこと。神力品《じんりきほん》に説かれる四句《しく》の要法《ようほう》（結要付嘱《けっちょうふぞく》）の文《もん》の結語《けつご》。

【第三《だいさん》に結要付属《けっちょうふぞく》】 神力品《じんりきほん》は、内容から第1に地涌《じゆ》の菩薩《ぼさつ》が末法弘通《まっぽうぐつう》を誓《ちか》う、第2に仏が神力《じんりき》を現《あらわ》す、第3に要《よう》を結《むす》んで付嘱する、と3段に分けられる。第3の結要付嘱は、地涌の菩薩という特別な一部の弟子に伝えるので、別付嘱《べつふぞく》ともいう。対して嘱累品《ぞくるいほん》第22では、釈尊《しゃくそん》がすべての菩薩に付嘱する。これを総《そう》付嘱という。

【果分《かぶん》】仏果《ぶっか》、仏の覚《さと》りの意。妙覚位《みょうかくい》の仏の境涯《きょうがい》のこと。因分《いんぶん》に対する語。

解説

次に、法華経本門《ほんもん》の流通分《るつうぶん》から、神力品《じんりきほん》第21の四つの文《もん》を挙《あ》げられている。

まず神力品《じんりきほん》の「その時、千世界微塵等《せんせかいみじんとう》の……この経《きょう》を説《と》くべし」の文《もん》は、地涌《じゆ》の菩薩《ぼさつ》が末法《まっぽう》でこの経を弘《ひろ》めることを誓《ちか》う場面である（法華経567㌻参照）。

この文《もん》から、天台大師《てんだいだいし》は「ただ下方《かほう》（地涌《じゆ》の菩薩《ぼさつ》）の発誓《ほっせい》のみを見《み》たり」、道暹《どうせん》は「法《ほう》これ久《く》成《じょう》の法（妙法《みょうほう》）なるに由《よ》るが故《ゆえ》に、久成の人《にん》（地涌の菩薩）に付《ふ》す」と述べている。

これらは、神力品《じんりきほん》で滅後《めつご》の妙法弘通《ぐつう》を誓《ちか》い付嘱《ふぞく》を受けるのが、地涌《じゆ》の菩薩《ぼさつ》のみであることを指摘しているのである。

日蓮大聖人は、他の菩薩《ぼさつ》が付嘱《ふぞく》を受けられない理由として、一つには、文殊《もんじゅ》・観音《かんのん》・薬王《やくおう》・普賢《ふげん》の諸《しょ》菩薩は皆、不動仏《ふどうぶつ》や西方《さいほう》の無量寿仏《むりょうじゅぶつ》（阿弥陀仏《あみだぶつ》）など、他土《たど》の仏の弟子であって、釈《しゃく》尊《そん》の化導《けどう》を助けるために娑婆世界《しゃばせかい》に来た菩薩であることを挙《あ》げる。また一つには、爾前迹門《にぜんしゃくもん》の菩薩であって、久遠《くおん》の妙法五字を持《たも》っていないゆえに、末法《まっぽう》にその法を弘《ひろ》める能力がない、と明かされている。

続いて、同じ神力品《じんりきほん》の「その時《とき》、世尊《せそん》は乃至《ないし》一切《いっさい》の……広長舌《こうちょうぜつ》を出《い》だしたもう」という、十《じっ》方《ぽう》の諸仏《しょぶつ》の舌相《ぜっそう》による「証明《しょうみょう》」（教えが真実であるとの保証《ほしょう》）の文《もん》が挙《あ》げられている（法華経567〜568ジペー参照）。

大聖人は、このような「証明《しょうみょう》」は、法華経以外のすべての経典にはないことを指摘され、諸経に説《と》かれる「証明」が、神力品《じんりきほん》での諸仏《しょぶつ》の証明によって意味を失《うしな》ったことを示される。

このような「証明《しょうみょう》」をはじめとする神力《じんりき》が現《あらわ》されたのは、そのあとに地涌《じゆ》の菩薩《ぼさつ》に付嘱《ふぞく》される妙法の偉大さを強調するためである。

続いて、神力品《じんりきほん》の「結要付嘱《けっちょうふぞく》」の文《もん》が挙《あ》げられている。すなわち「このように広大な力《ちから》を持った仏であっても妙法の功力《くりき》の大きさは説《と》き尽《つ》くせないほどである」（趣意）と述べ、「要《よう》をもってこれを言《い》わば……この経《きょう》において宣示顕説《せんじけんぜつ》す」と結要付嘱が示されるのである（法華経571〜572ジペー参照）。

加えて、この文《もん》についての天台大師《てんだいだいし》と伝教大師《でんぎょう》の注釈《ちゅうしゃく》が引かれている。

神力品《じんりきほん》の「要《よう》をもってこれを言《い》わば」以下は、「四句《しく》の要法《ようほう》」の文《もん》と呼ばれる。この文は、天台大師《てんだいだいし》が名《みょう》・体《たい》・宗《しゅう》・用《ゆう》・教《きょう》の五重玄《ごじゅうげん》を述べる依文《えもん》（よりどころとする文）である。

天台大師《てんだいだいし》は『法華文句《ほっけもんぐ》』で、法華経全体をまとめると名《みょう》・体《たい》・宗《しゅう》・用《ゆう》の四つの大事があり、その要《よう》を選《えら》び出して4句《く》にまとめて、釈尊《しゃくそん》は地涌《じゆ》の菩薩《ぼさつ》に授与《じゅよ》したと述べている。

これを受けて、「御義口伝《おんぎくでん》」では、この法華経の要《よう》とは「ただ題目の五字なり」（新1106ページ・全794ページ）と明かされている。「名《みょう》・体《たい》・宗《しゅう》・用《ゆう》・教《きょう》の南無妙法蓮華経《なんみょうほうれんげきょう》」こそ、神力品《じんりきほん》で釈尊《しゃくそん》が地涌《じゆ》の菩薩《ぼさつ》に付嘱《ふぞく》した法そのものなのである。

これらの文《もん》を受けて、仏がこの「妙法蓮華経《みょうほうれんげきょう》の五字《ごじ》」を地涌《じゆ》の菩薩《ぼさつ》の上首《じょうしゅ》である上行《じょうぎょう》・安立行《あんりゅうぎょう》・浄行《じょうぎょう》・無辺行《むへんぎょう》の四大《しだい》菩薩に授与《じゅよ》したと確認されている。

なお、この「十神力《じゅうじんりき》」については、前の五神力は在世《ざいせ》のため、後の五神力は滅後《めつご》のためという一応の区別があるが、さらに立ち入って論ずれば、すべて滅後のためであるとされている。その根拠《こんきょ》として、続く神力品《じんりきほん》の文《もん》を挙《あ》げられている（法華経574ページ参照）。

（新1438ページ8行目〜13行目）
（全252ページ13行目〜17行目）

②総付嘱《そうふぞく》・捃拾遺嘱《くんじゅういぞく》を明かす

次下《つぎしも》の嘱累品《ぞくるいほん》に云《い》わく「その時《とき》、釈迦牟尼仏《しゃかむにぶつ》は法座《ほうざ》より起《た》って、大神力《だいじんりき》を現《げん》じたもう。右《みぎ》の手《みて》をもって、無量《むりょう》の菩薩摩訶薩《ぼさつまかさつ》の頂《いただき》を摩《な》でて乃至《ないし》『今《いま》もって汝等《なんだち》に付嘱《ふぞく》す』と」等云々《とううんぬん》。地涌《じゆ》の菩薩《ぼさつ》をもって頭《かしら》となして、迹《しゃっ》化《け》・他方《たほう》、乃至梵釈《ないしぼんしゃく》・四天等《してんとう》にこの経《きょう》を嘱累《ぞくるい》したもう。「十方《じっぽう》より来《きた》りたまえる諸《もろもろ》の分身《ふんじん》の仏《ほとけ》をして、各本土《おのおのほんど》に還《かえ》らしめんとして乃至《ないし》『多宝仏《たほうぶつ》の塔《とう》は、還《かえ》って故《もと》のごとくしたもうべし』と」等云々《とううんぬん》。薬王品已下乃至涅槃経《やくおうほんいげないしねはんぎょう》等《とう》は、地涌《じゆ》の菩薩《ぼさつ》去《さ》り了《お》わって、迹化《しゃっけ》の衆《しゅ》、他方《たほう》の菩薩等《ぼさつとう》のために重《かさ》ねてこれを付嘱《ふぞく》したもう。捃拾遺嘱《くんじゅういぞく》これなり。

通解

神力品《じんりきほん》の次の嘱累品《ぞくるいほん》に「その時に釈迦牟尼《しゃかむに》仏《ぶつ》は法座《ほうざ》より立って大神力《だいじんりき》を現《あらわ》された。右の手で無数の菩薩摩訶薩《ぼさつまかさつ》の頂《いただき》をなで、〈中略〉『今、あなたたちに付嘱《ふぞく》する』と語った」とある。すなわち地涌《じゆ》の菩薩を先頭《せんとう》にして、迹《しゃっ》化《け》・他方《たほう》の菩薩から梵天《ぼんてん》・帝釈《たいしゃく》、四天王《してんのう》らに至《いた》るまで、すべての者にこの経を付嘱されたのである。

この後、「十方《じっぽう》の世界から集まって来ていたもろもろの分身《ふんじん》の仏たちをおのおの本土《ほんど》へ還《かえ》らせようとして、〈中略〉釈尊《しゃくそん》は『多宝仏《たほうぶつ》の塔《とう》ももとのようにしてください』と語った」と説《と》かれている。その後の薬王品《やくおうほん》以下の各品《かくほん》や涅槃経《ねはんぎょう》などは、地涌《じゆ》の菩薩《ぼさつ》が去《さ》った後、迹化《しゃっけ》や他方《たほう》の菩薩たちのために重《かさ》ねてこの経を付嘱されたものである。いわゆる捃拾《くんじゅう》遺嘱《いぞく》というのがこれである。

語訳

【捃拾遺嘱《くんじゅういぞく》】法華経で別付嘱《べつふぞく》・総《そう》付嘱が終わった後、なおかつ漏《も》れた菩薩《ぼさつ》に重《かさ》ねて付嘱したこと。捃拾は、拾《ひろ》い取るとの意で、収穫《しゅうかく》を終えたあとの落《お》ち穂《ぼ》拾いに譬《たと》えている。

解説

次いで、神力品《じんりきほん》第21の後の嘱累品《ぞくるいほん》第22における総付嘱《そうふぞく》について言及《げんきゅう》されている。

総付嘱《そうふぞく》とは、神力品《じんりきほん》で釈尊《しゃくそん》が地涌《じゆ》の菩薩《ぼさつ》に別《べっ》して付嘱した（別《べつ》付嘱）あと、すべての菩薩たちに対して法華経を付嘱した儀式《ぎしき》である。

すなわち、「その時《とき》、釈迦牟尼仏《しゃかむにぶつ》……汝等《なんだち》に付嘱《ふぞく》す」とあるように、地涌《じゆ》の菩薩《ぼさつ》をはじめ迹《しゃっ》化《け》・他方《たほう》の菩薩、さらに梵天《ぼんてん》・帝釈《たいしゃく》・四天王《してんのう》などに対して、法華経が付嘱された（法華経577ジペー以下参照）。

この総付嘱《そうふぞく》が終わると、十方《じっぽう》の世界から集まってきた分身《ふんじん》の諸仏《しょぶつ》は、皆、それぞれの本国土《ほんこくど》に帰っていく。また、虚空《こくう》に出現していた多宝仏《たほうぶつ》の塔《とう》も閉《と》じ、宝塔品《ほうとうほん》第11から繰《く》り広げられてきた「虚空会《こくうえ》の儀式《ぎしき》」が終了する。

地涌《じゆ》の菩薩《ぼさつ》が去《さ》った後の薬王品《やくおうほん》第23以下、涅槃経《ねはんぎょう》までは、この説法《せっぽう》に漏《も》れた衆生《しゅじょう》のために、迹化《しゃっけ》や他方《たほう》の菩薩らに対して、重《かさ》ねて法華経などを付嘱《ふぞく》したものである。

このように、別付嘱《べつふぞく》・総《そう》付嘱が終わっても、なおかつ重《かさ》ねて付嘱したことを「捃拾遺嘱《くんじゅういぞく》」という。「捃拾」とは、拾《ひろ》い取るという意味である。

以上のように、本門《ほんもん》は、その序分《じょぶん》・正宗分《しょうしゅうぶん》・流通分《るつうぶん》のいずれにおいても、滅後末法《めつごまっぽう》のために説《と》かれたということが明言されている。

このことから、法華経の本門《ほんもん》全体が末法《まっぽう》のために説《と》かれたことは明らかである。

第29章　地涌《じゆ》の菩薩《ぼさつ》が出現する時は悪世末法《あくせまっぽう》

（新143ジペー〜145ジペー・全252ジペー〜254ジペー）

①地涌《じゆ》の菩薩《ぼさつ》が出現する時を明かす

（新143ジペー14行目〜144ジペー16行目）
（全252ジペー18行目〜253ジペー9行目）

疑《うたが》って云《い》わく、正像二千年《しょうぞうにせんねん》の間《あいだ》に地涌千界《じゆせんがい》、閻浮提《えんぶだい》に出現《しゅつげん》してこの経《きょう》を流通《るつう》するや。

答《こた》えて曰《い》わく、しからず。

驚《おどろ》いて云《い》わく、法華経《ほけきょう》ならびに本門《ほんもん》は、仏《ほとけ》の滅後《めつご》をもって本《ほん》となして、まず地涌千界《じゆせんがい》にこれを授与《じゅよ》す。何《なん》ぞ正像《しょうぞう》に出現《しゅつげん》してこの経《きょう》を弘通《ぐつう》せざるや。

答《こた》えて云《い》わく、宣《の》べず。

重《かさ》ねて問《と》うて云《い》わく、いかん。

答《こた》う。これを宣《の》べず。

また重《かさ》ねて問《と》う。いかん。

答《こた》えて曰《い》わく、これを宣《の》ぶれば、一切世間《いっさいせけん》の諸人《しょにん》、威音王仏《いおんのうぶつ》の末法《まっぽう》のごとし。また我《わ》が弟子《でし》の中《なか》にも、ほぼこれを説《と》かば、皆誹謗《みなひぼう》をなすべし。黙止《もくし》せんのみ。

求《もと》めて云《い》わく、説《と》かずんば、汝《なんじ》、慳貪《けんどん》に堕《だ》せん。

答《こた》えて曰《い》わく、進退《しんたい》これ谷《きわ》まれり。試《こころ》みにほぼこれを説《と》かん。

法師品《ほっしほん》に云《い》わく「いわんや滅度《めつど》して後《のち》をや」。寿量品《じゅりょうほん》に云《い》わく「今留《いまとど》めてここに在《お》く」。分別功徳品《ふんべつくどくほん》に云《い》わく「悪世末法《あくせまっぽう》の時《とき》」。薬王品《やくおうほん》に云《い》わく「後《のち》の五百歳《ごひゃくさい》、閻浮提《えんぶだい》に広宣流布《こうせんるふ》せん」。涅槃経《ねはんぎょう》に云《い》わく「譬《たと》えば、七子《しちし》あり、父母平等《ふぼびょうどう》ならざるにあらざれども、しかも病者《びょうじゃ》において心則《こころすなわ》ちひとえに重《おも》きがごとし」等云々《とううんぬん》。

已前《いぜん》の明鏡《みょうきょう》をもって仏意《ぶつい》を推知《すいち》するに、仏《ほとけ》の世《よ》に出《い》ずるは霊山八年《りょうぜんはちねん》の諸《しょ》人《にん》のためにあらず、正像末《しょうぞうまつ》の人《ひと》のためなり。また正像二千年《しょうぞうにせんねん》の人《ひと》のためにあらず、末法《まっぽう》の始《はじ》め予《よ》がごとき者《もの》のためなり。「しかも病者《びょうじゃ》において」と云《い》うは、滅後《めつご》の法華経誹謗《ほけきょうひぼう》の者《もの》を指《さ》すなり。「今留《いまとど》めてここに在《お》く」とは、

「この好《よ》き色《しき》・香《こう》ある薬《くすり》において、しかも美《うま》からずと謂《おも》う」の者《もの》を指《さ》すなり。

通解

疑《うたが》って言う。正法《しょうほう》・像法《ぞうほう》2000年の間に、無数の地涌《じゆ》の菩薩《ぼさつ》が閻浮提《えんぶだい》（＝全世界）に出現して、この経を流通《るつう》するのだろうか。

答えて言う。そうではない。

驚《おどろ》いて言う。法華経全体および法華経本門《ほんもん》は、仏の滅後《めつご》を本《ほん》として、まず無数の地涌《じゆ》の菩薩《ぼさつ》に授与《じゅよ》された。どうして仏の滅後の正《しょう》法《ほう》・像法《ぞうほう》時代に出現して、この経を弘通《ぐつう》しないのだろうか。

答えて言う。それについては宣《の》べない。

重《かさ》ねて問《と》う。どうして出現せず、弘通《ぐつう》しないのだろうか。

答えて言う。これを宣《の》べることはしない。

また重《かさ》ねて問《と》う。どうしてだろうか。

答えて言う。これを宣《の》べると、一切世間《いっさいせけん》の人々は、威音王仏《いおんのうぶつ》の末法《まっぽう》の四衆《ししゅ》のように、こぞって誹謗《ひぼう》するだろう。またわが弟子の中にも、ほぼこれを説《と》いたなら、皆、誹謗するにちがいない。ただ、黙止《もくし》するしかない。

求めて言う。もし説《と》かないなら、あなたは慳貪《けんどん》の罪《つみ》に堕《お》ちるだろう。

答えて言う。進退《しんたい》きわまってしまった。それでは試《こころ》みに概略《がいりゃく》を説《と》いてみよう。

法華経法師品《ほっしほん》には「まして滅度《めつど》の後《のち》においてはなおさら反発が多い」とある。寿量品《じゅりょうほん》には「今ここに置《お》いておく」とある。分別功徳《ふんべつくどく》品《ほん》には「悪世末法《あくせまっぽう》の時」とある。薬王品《やくおうほん》には「後《のち》の五百年（＝末法の初め）に閻浮提《えんぶだい》（＝全世界）において広宣流布するだろう」と説《と》かれている。


さらに涅槃経《ねはんぎょう》には「譬《たと》えば7人の子どもがいるとして、父母はこの子らに対して平等《びょうどう》でないということはないが、しかし病気の者には心をひとえに重《おも》くかけるようなものである」と説《と》かれている。

以上の経文を明鏡《めいきょう》として仏の真意を推《お》しはかってみると、釈迦仏《しゃかぶつ》の出世《しゅっせ》は、霊鷲山《りょうじゅせん》で8年間にわたって法華経の説法《せっぽう》を聞いた人々のためではなく、釈尊滅後《しゃくそんめつご》、正法《しょうほう》・像法《ぞうほう》・末法《まっぽう》の人々のためである。さらにいえば正法・像法2000年の間の人のためではなく、末法の初めの私のような者のためなのである。（涅槃経《ねはんぎょう》に説《と》かれる）「病気の者には」というのは、釈尊滅後《しゃくそんめつご》において法華経を誹謗《ひぼう》する者を指すのである。（寿量品《じゅりょうほん》で）「今ここに置《お》いておく」というのは、（同品の）「このよい色と香りの薬をうまくないと思う」者を指しているのである。

語訳

【威音王仏《いおんのうぶつ》】法華経常不軽菩薩品《じょうふきょうぼさつほん》第20に説《と》かれる仏（法華経554ページ以下）。過去世《かこせ》の威音王仏の像法《ぞうほう》の末《すえ》に、不軽菩薩が出て四衆《ししゅ》（比丘《びく》・比丘尼《びくに》・優婆塞《うばそく》・優婆夷《うばい》＝出家《しゅっけ》・在家《ざいけ》の男女）すなわち一切《いっさい》の人々を礼《らい》拝《はい》したが、彼らは不軽菩薩に悪口《わるくち》や杖木瓦石《じょうもくがしゃく》による危害《きがい》を加えた。

【慳貪《けんどん》】強欲《ごうよく》で物を惜《お》しみ、人に施《ほどこ》さないこと。

【今留《いまとど》めてここに在《お》く】如来寿量品《にょらいじゅりょうほん》第16の一節。法華経を信受《しんじゅ》しない毒気深入《どっけじんにゅう》の衆生《しゅじょう》、すなわち末法《まっぽう》の衆生のために妙法が遺《のこ》されたことを示している。詳細は第27章に既出。

【後《のち》の五百歳《ごひゃくさい》】釈尊《しゃくそん》の滅後《めつご》を500年ずつ五つの時期に区分したうちの「最後の五百年」のこと。末法《まっぽう》の初めを指す。大集経《だいじっきょう》には、この時代は闘諍堅固《とうじょうけんご》・白法隠没《びゃくほうおんもつ》の時であると説《と》かれている。

【霊山八年《りょうぜんはちねん》】霊山は法華経が説《と》かれた霊鷲山《りょうじゅせん》のこと。8年はその説法《せっぽう》の期間。

解説

ここでは、地涌《じゆ》の菩薩《ぼさつ》が正法《しょうほう》・像法《ぞうほう》ではなく末法《まっぽう》に出現することが明かされている。

このことを述べるにあたって、問《と》いを3回立てて、3回、返答《へんとう》が拒否《きょひ》され、4回目の要請《ようせい》に応《こた》えて初めてその理由を説《と》いている。

これは、寿量品《じゅりょうはん》の説法《せっぽう》の冒頭《ぼうとう》において用《もち》いられた「三誡四請《さんかいししょう》」の説法の形式と同じである。寿量品《じゅりょうほん》では、釈尊《しゃくそん》が弟子に3度、これから説《と》く教えを信受《しんじゅ》するように告《つ》げ、その都度《つど》弟子は信受《しんじゅ》を誓《ちか》って説法《せっぽう》を請《こ》い、さらに重《かさ》ねて4度目の要請《ようせい》をしたのを受けて仏の説法が始まる。本抄でも、この三誡四請《さんかいししょう》の儀式《ぎしき》を踏《ふ》まえられている。

そして、この問《と》いに答えて真実を明かせば、「皆、一切世間《いっさいせけん》の諸人《しょにん》が、威音王仏《いおんのうぶつ》の末法《まっぽう》で不《ふ》軽菩薩《きょうぼさつ》を迫害《はくがい》したように、私（日蓮大聖人）を誹謗《ひぼう》するだろう。それだけでなく、弟子たちも私を誹謗するだろう」と仰《おお》せである。

この問答《もんどう》は、地涌《じゆ》の菩薩《ぼさつ》の出現についての法門が、とりわけ重要な奥義《おうぎ》であることを示唆《しさ》している。

答えの最初で、大聖人は法華経各品《かくほん》および涅槃経《ねはんぎょう》の文《もん》を挙《あ》げられ、仏が出現して教えを説《と》いた本意は、末法《まっぽう》の衆生《しゅじょう》を救《すく》うことにあることを示されている。その仏意《ぶつい》を受けて、地涌《じゆ》の菩薩《ぼさつ》は末法に出現するのである。

引かれている経文は、法師品《ほっしほん》第10の「いわんや滅度《めつど》して後《のち》をや」、寿量品《じゅりょうほん》第16の「今留《いまとど》めてここに在《お》く」、分別功徳品《ふんべつくどくほん》第17の「悪世末法《あくせまっぽう》の時《とき》」、薬王品《やくおうほん》第23の「後《のち》の五百歳《ごひゃくさい》、閻浮提《えんぶだい》に広宣《こうせん》流布《るふ》せん」、そして涅槃経《ねはんぎょう》の「七子《しちし》の譬《たと》え」である。

「七子《しちし》の譬《たと》え」とは、7人の子どものうち一人が病気になったとすれば、父母は子ども全員《ぜんいん》に平等《びょうどう》でないはずはないが、病気の子どもについては特に深く心を傾《かたむ》けるものである、という譬えである。

これらの明鏡《めいきょう》に照《て》らして仏（釈尊《しゃくそん》）の真意を考えるなら、釈尊がこの世に出現したことそれ自体が、霊山《りょうぜん》での8年にわたる法華経の説法《せっぽう》に集っていた人々のためではなく、滅後《めつご》の正像末《しょうぞうまっ》の人々のためである、と大聖人は仰《おお》せになっている。

さらにいえば、正像《しょうぞう》2000年の人々のためではなく、ひとえに末法《まっぽう》のためであり、なかんずく「予《よ》がごとき者《もの》のためなり」と仰《おお》せである。

そのことをさらに、先に引いた涅槃経《ねはんぎょう》と法華経寿量品《じゅりょうほん》の経文で確認されている。涅槃経《ねはんぎょう》の文《もん》に示される「病者《びょうじゃ》」とは、法華経誹謗《ひぼう》の者を指す。末法《まっぽう》の衆生《しゅじょう》は、なかなか正法《しょうほう》を信じず、かえって誹謗《ひぼう》する。正像《しょうぞう》の衆生に比《くら》べて病《やまい》の重《おも》い存在である。この病の重い末法の衆生に、仏はとりわけ心を砕《くだ》いたのである。

また寿量品《じゅりょうほん》では、釈尊《しゃくそん》が未来のために妙法という良薬《りょうやく》を留《とど》め置《お》いたと説《と》かれるが、それも、謗法《ほうぼう》の毒気《どっけ》によって本心《ほんしん》を失《うしな》い正法《しょうほう》を信じようとしない衆生《しゅじょう》、すなわち末法《まっぽう》の衆生のために留め置いたのである。（この寿量品の「良医病子《ろういびょうし》の譬《たと》え」については第27章を参照）

このように、地涌《じゆ》の菩薩《ぼさつ》に滅後《めつご》の妙法弘通《ぐつう》を託《たく》した釈尊《しゃくそん》の本意は、最も病《やまい》の重《おも》い末法《まっぽう》の衆生《しゅじょう》を救《すく》うことにあったのである。

②正法《しょうほう》・像法《ぞうほう》時代の教・機根《きこん》・時について検証《けんしょう》

(新144ページ17行目〜145ページ5行目)
(全253ページ10行目〜14行目)

地涌千界《じゆせんがい》正像《しょうぞう》に出《い》でざることは、正法一千年《しょうほういっせんねん》の間《あいだ》は小乗《しょうじょう》・権大乗《ごんだいじょう》なり。機《き》・時共《じとも》にこれ無《な》く、四依《しえ》の大士《だいじ》、小《しょう》・権《ごん》をもって縁《えん》となして、在世《ざいせ》の下《げ》種《しゅ》これを脱《だっ》せしむ。謗多《ぼうおお》くして熟益《じゅくやく》を破《やぶ》るべきが故《ゆえ》にこれを説《と》かず。例《れい》せば、在世《ざいせ》の前四味《ぜんしみ》の機根《きこん》のごとし。像法《ぞうほう》の中《ちゅう》・末《まつ》に、観音《かんのん》・薬王《やくおう》、南岳《なんがく》・天台等《てんだいとう》と示現《じげん》し出現《しゅつげん》して、迹門《しゃくもん》をもって面《おもて》となし本門《ほんもん》をもって裏《うら》となして、百界千如《ひゃっかいせんにょ》・一念三千《いちねんさんぜん》その義《ぎ》を尽《つ》くせり。ただ理具《りぐ》のみを論《ろん》じて、事行《じぎょう》の南無妙法蓮華経《なんみょうほうれんげきょう》の五字《ごじ》ならびに本門《ほんもん》の本尊《ほんぞん》、いまだ広《ひろ》くこれを行《おこな》わず。詮《せん》ずるところ、円機《えんき》有《あ》って円時《えんじ》無《な》きが故《ゆえ》なり。

通　解

無数の地涌《じゆ》の菩薩《ぼさつ》が正法《しょうほう》・像法《ぞうほう》時代に出現しないのは、次のような理由によるのである。正法《しょうほう》1000年の間は、小乗教《しょうじょうきょう》・権大乗教《ごんだいじょうきょう》が流布《るふ》する時である。人々は法華経を受け入れる機根《きこん》ではなく、弘通《ぐつう》する時でもないから、四依《しえ》の菩薩《ぼさつ》たちは、小乗教・権大乗教をもって縁《えん》とし、釈尊在世《しゃくそんざいせ》に仏種《ぶっしゅ》を下《お》ろされた衆生《しゅじょう》を得脱《とくだつ》させたのである。（この時代に法華経を説《と》いても）人々は謗《そし》るばかりで、過去に下ろされた仏種が調熟《じょうじゅく》しつつあるのを破《やぶ》ってしまうだろうから、これを説かなかったのである。例えば、釈尊在世において前四味《ぜんしみ》の爾《に》前経《ぜんきょう》で化導《けどう》された衆生のようなものである。

像法《ぞうほう》時代の中頃《なかごろ》から末《すえ》にかけて、観音菩薩《かんのんぼさつ》

は南岳大師《なんがくだいし》として、薬王《やくおう》菩薩は天台《てんだい》大師として示現《じげん》し出現して、法華経迹門《しゃくもん》を表《おもて》にし、本《ほん》門《もん》を裏《うら》として、百界千如《ひゃっかいせんにょ》・一念三千《いちねんさんぜん》の法理を説《と》き尽《つ》くした。しかし、ただ理として具《そな》わることを論じただけで、事行《じぎょう》の南無妙法蓮華経の五字、ならびに本門の本尊については、いまだ広く行じることはなかった。それは結局、円教《えんぎょう》を受け入れる機根《きこん》はあったが、円教を弘通《ぐつう》すべき時ではなかったからである。

語訳

【南岳《なんがく》】6世紀、中国南北朝《なんぼくちょう》時代の僧《そう》・慧思《えし》。天台大師《てんだいだいし》の師で、法華経を宣揚《せんよう》した。

【迹門《しゃくもん》をもって面《おもて》となし本門《ほんもん》をもって裏《うら》となして】天台大師《てんだいだいし》が、法華経迹門を中心に百界千如《ひゃっかいせんにょ》・一念三《いちねんさん》千《ぜん》の義を説《と》いたこと。「迹面本裏《しゃくめんほんり》」という。

【理具《りぐ》】理の上で衆生《しゅじょう》の生命に本来、三千諸法《さんぜんしょほう》が具《そな》わっていること。

【事行《じぎょう》】現実として自《みずか》らの生命の上に一念三千《いちねんさんぜん》がありのままに具現化《ぐげんか》すること。また、そのための実践。

【円機有《えんきあ》って円時無《えんじな》きが故《ゆえ》なり】円とは円教《えんぎょう》（完全な教）である法華経の一念三千《いちねんさんぜん》の妙法を意味する。文《もん》の意は、妙法を受容《じゅよう》する能力を持った者も一部にはあったが、妙法の広まるべき時（末法《まっぽう》）が来ていなかったからであるということ。

解説

続いて、なぜ正法《しょうほう》・像法《ぞうほう》時代に地涌の菩薩《ぼさつ》が出現しないのかという点について、「機《き》」や「時《じ》」や「教」の観点《かんてん》から述べられていく。まず、正法《しょうほう》1000年の間の「機」「時」「教」が述べられる。正法時代は、小乗教《しょうじょうきょう》・権大乗教《ごんだいじょうきょう》が流布《るふ》され、それにより衆生《しゅじょう》が利益《りやく》を得る時代であった。法華経を聞く衆生の機根《きこん》もなければ、法華経を弘《ひろ》めるべき時でもなかった。

ゆえに人々がよりどころとすべき大菩薩《だいぼさつ》たちは、小乗教《しょうじょうきょう》・権大乗教《ごんだいじょうきょう》を説《と》いて、それを縁《えん》として釈尊在世《しゃくそんざいせ》の下種《げしゅ》を調熟《じょうじゅく》・得脱《とくだつ》させた。

もし、この時に、下種《げしゅ》の法である寿量品《じゅりょうほん》の肝要《かんよう》を説《と》けば、混乱《こんらん》を来《きた》す。誹謗《ひぼう》する者が多くなり、せっかく下種を受け調熟《じょうじゅく》の状態《じょうたい》にあるのを破《やぶ》ってしまうから、説かなかったのである。

それは例えば、釈尊在世《しゃくそんざいせ》にあっても、衆生《しゅじょう》の機根《きこん》を調《ととの》えるために華厳《けごん》・阿含《あごん》・方等《ほうどう》・般若《はんにゃ》と

40余年《よ》にわたって爾前経《にぜんきょう》を説《と》き、それから法華経を説いたようなものであると仰《おお》せである。

次に、像法《ぞうほう》時代には迹化《しゃっけ》の菩薩《ぼさつ》の示現《じげん》である南岳大師《なんがくだいし》や天台大師《てんだい》が、法華経迹門《しゃくもん》を表《おもて》とし、本門《ほんもん》を裏《うら》として百界千如《ひゃっかいせんにょ》・一念三千《いちねんさんぜん》を説《と》いたと仰《おお》せである。つまり、天台宗《てんだいしゅう》の一念三千は、どこまでも法華経迹門を中心に立てられていることを指摘されている。いわゆる「迹面本裏《しゃくめんほんり》」である。

先に見たように、天台《てんだい》の一念三千《いちねんさんぜん》は、本門寿量品《ほんもんじゅりょうほん》で常住《じょうじゅう》の仏と衆生《しゅじょう》と国土が明かされてこそ完全に説《と》き尽《つ》くすことができた。しかし、天台《てんだい》の一念三千《いちねんさんぜん》は、「理具《りぐ》」すなわち理として衆生《しゅじょう》の一念に三千が具《そな》わることを説《と》いたにすぎないのであって、事行《じぎょう》の南無妙法蓮華経の五字、ならびに本門《ほんもん》の本尊については明らかにせず、広く行じることはなかった。

そして、像法《ぞうほう》の天台大師《てんだいだいし》らが事行《じぎょう》の南無妙法蓮華経を説《と》かず、本門《ほんもん》の本尊を顕《あらわ》さなかった理由として、それを受け入れる機根《きこん》は一部にはあったものの、それを説くべき時が来ていなかったからであると述べられている。

③四菩薩《しぼさつ》の振《ふ》る舞《ま》い

（新145ジペー6行目〜13行目）
（全253ジペー15行目〜254ジペー2行目）

今《いま》、末法《まっぽう》の初《はじ》め、小《しょう》をもって大《だい》を打《う》ち、権《ごん》をもって実《じつ》を破《は》し、東西共《とうざいとも》にこれを失《うしな》い、天地顚倒《てんちてんどう》せり。迹化《しゃっけ》の四依《しえ》は隠《かく》れて現前《げんぜん》せず。諸天《しょてん》その国《くに》を棄《す》ててこれを守護《しゅご》せず。この時《とき》、地涌《じゆ》の菩薩《ぼさつ》始《はじ》めて世《よ》に出現《しゅつげん》し、ただ妙法《みょうほう》蓮華経《れんげきょう》の五字《ごじ》のみをもって幼稚《ようち》に服《ふく》せしむ。「謗《ぼう》に因《よ》って悪《あく》に堕《お》つれば、必《かなら》ず因《よ》って益《やく》を得《う》」とは、これなり。我《わ》が弟子《でし》、これを惟《おも》え。地涌《じゆ》千界《せんがい》は教主釈尊《きょうしゅしゃくそん》の初発心《しょほっしん》の弟子《でし》なり。寂滅道場《じゃくめつどうじょう》にも来《きた》らず、双林最後《そうりんさいご》にも訪《とぶら》わず。不孝《ふこう》の失《とが》これ有《あ》り。迹門《しゃくもん》の十四品《じゅうよんほん》にも来《きた》らず、本門《ほんもん》の六品《ろっぽん》には座《ざ》を立《た》つ。ただ八品《はっぽん》の間《あいだ》にのみ来還《らいげん》せり。かくのごとき高貴《こうき》の大菩薩《だいぼさつ》、三仏《さんぶつ》に約《やく》束《そく》してこれを受持《じゅじ》す。末法《まっぽう》の初《はじ》めに出《い》でたまわざるべきか。当《まさ》に知《し》るべし、この四菩薩《しぼさつ》、折伏《しゃくぶく》を現《げん》ずる時《とき》は賢王《けんおう》と成《な》って愚王《ぐおう》を誡責《かいしゃく》し、摂受《しょうじゅ》を行《ぎょう》ずる時《とき》は僧《そう》と成《な》って正法《しょうほう》を弘持《ぐじ》す。

通解

今、末法《まっぽう》の初めに入って、人々は小乗教《しょうじょうきょう》をもって大乗教《だいじょうきょう》を打《う》ち、権教《ごんきょう》をもって実教《じっきょう》を破《やぶ》っていて、東も西もわからなくなり、天と地が転倒《てんとう》したような状態《じょうたい》である。（正法《しょうほう》・像法《ぞうほう》時代に正しい教えを弘《ひろ》めた）迹化《しゃっけ》の四依《しえ》の菩薩《ぼさつ》はすでにいなくなってしまった。諸天善神《しょてんぜんじん》はこのような国を捨《す》て去《さ》り、守護《しゅご》しない。

この時、地涌《じゆ》の菩薩《ぼさつ》が初めて世に出現し、

妙法蓮華経の五字という大良薬《だいりょうやく》だけを幼稚《ようち》の衆生《しゅじょう》に飲《の》ませるのである。『法華文句記《ほっけもんぐき》』で「正法《しょうほう》を謗《そし》ることによって悪道《あくどう》に堕《お》ちたなら、必ずその因縁《いんねん》によって利益《りやく》を得る」というのが、このことである。

わが弟子たちは、次のことをよく考えなさい。無数の地涌《じゆ》の菩薩《ぼさつ》たちは教主釈尊《きょうしゅしゃくそん》の（五百塵点劫《ひゃくじんてんごう》の）初発心《しょほっしん》の弟子である。にもかかわらず、釈尊が成道《じょうどう》した寂滅道場《じゃくめつどうじょう》にも来なかったし、釈尊が沙羅双樹《しゃらそうじゅ》の林で入滅《にゅうめつ》した時にも訪《おとず》れていない。これは不孝《ふこう》の失《とが》ではないか。また、法華経の会座《えざ》では、迹門《しゃくもん》の14品《ほん》にも来なかったし、本門《ほんもん》においても、薬王品《やくおうほん》第23以降の6品《ぽん》になると座《ざ》を立ってしまった。ただ涌出品《ゆじゅっぽん》第15から嘱累品《ぞくるいほん》第22までの8品《ぽん》の間だけ、帰ってきたのである。

このような高貴《こうき》な大菩薩《だいぼさつ》が、釈迦仏《しゃかぶつ》、多宝《たほう》仏《ぶつ》、十方《じっぽう》の分身諸仏《ふんじんしょぶつ》という三仏《さんぶつ》に対して末法《まっぽう》弘通《ぐつう》を約束して、妙法蓮華経の五字を受持《じゅじ》したのである。どうして末法の初めに出現されないことがあるだろうか。

まさに知るべきである。この地涌《じゆ》の菩薩《ぼさつ》の指導者である四菩薩《しぼさつ》は、折伏《しゃくぶく》を現《げん》ずる時は賢《けん》王《おう》となって愚王《ぐおう》を責《せ》め誡《いまし》め、摂受《しょうじゅ》を行ずる時は僧《そう》となって正法《しょうほう》を持《たも》ち弘《ひろ》めるのである。

語訳

【謗《ぼう》に因《よ》って悪《あく》に堕《お》つれば、必《かなら》ず因《よ》って益《やく》を得《う》】妙楽大師《みょうらくだいし》の『法華文句記《ほっけもんぐき》』の文《もん》。逆縁《ぎゃくえん》の功徳《くどく》を示したもの。正法《しょうほう》を誹謗《ひぼう》して悪道《あくどう》に堕ちても、かえってそれが結縁《けちえん》となって成仏《じょうぶつ》できるとの意。

【双林最後《そうりんさいご》】双林とは沙羅双樹《しゃらそうじゅ》の林の意。古代インドのクシナガラ近くの釈尊入滅《しゃくそんにゅうめつ》の場所を指す。沙羅樹が二株《ふたかぶ》ずつ東西南北の四方にあったという。

【本門《ほんもん》の六品《ろっぽん》】法華経薬王菩薩本事品《やくおうぼさつほんじほん》第23から普賢菩薩勧発品《ふげんぼさつかんぼっぽん》第28までの6品《ぽん》。嘱累品《ぞくるいほん》第22で虚空会《こくうえ》の儀式《ぎしき》は終わり、地涌《じゆ》の菩薩は法華経の会座《えざ》を退席《たいせき》している。

【三仏《さんぶつ》】虚空会《こくうえ》に列《つら》なった釈迦仏《しゃかぶつ》、多宝仏《たほうぶつ》、十方《じっぽう》の分身《ふんじん》の諸仏《しょぶつ》のこと。

【この四菩薩《しぼさつ》】末法《まっぽう》の弘通《ぐつう》を仏から託《たく》された地涌《じゆ》の菩薩の上首《じょうしゅ》、上行《じょうぎょう》・無辺行《むへんぎょう》・浄行《じょうぎょう》・安立行《あんりゅうぎょう》の四大菩薩《しだいぼさつ》のこと。

解説

末法《まっぽう》の「時《じ》」「応《おう》」「機《き》」「法」について述べられていく。

末法《まっぽう》に入れば、小乗《しょうじょう》をもって大乗《だいじょう》を破《やぶ》り、権教《ごんきょう》をもって実教《じっきょう》を破り、あたかも東を西といい西を東といい、天地が転倒《てんとう》したような大混乱《だいこんらん》の時代を迎《むか》える。このため、迹化《しゃっけ》の四依《しえ》の菩薩《ぼさつ》は隠《かく》れて影《かげ》を潜《ひそ》め、諸天善神《しょてんぜんじん》もこの国を捨《す》てて守護《しゅご》しないと仰《おお》せになっている。

これは、末法《まっぽう》という時代には、釈尊在世《しゃくそんざいせ》に下種《げしゅ》を受けた衆生《しゅじょう》がすでにいなくなり、謗法《ほうぼう》の者ばかりになっているということである。

ゆえに日蓮大聖人は、「こういう時代にこそ（時《じ》）、地涌《じゆ》の菩薩《ぼさつ》が初めて出現し（応《おう》）、南無妙法蓮華経の五字（法）を、末法《まっぽう》の幼稚《ようち》な衆生《しゅじょう》（機《き》）に服《ふく》させるのである」と断言《だんげん》されている。この仰《おお》せは、本抄の題号に対応する。

大聖人は、妙楽大師《みょうらくだいし》が不軽菩薩《ふきょうぼさつ》の修行について述べた「謗《ぼう》ずるという因《いん》によって悪道《あくどう》に堕《お》ち、必ずその因縁《いんねん》によって大利益《だいりやく》を得る」との「逆縁《ぎゃくえん》」を説《と》く言葉を引用されている。

すなわち、末代幼稚《まつだいようち》の凡夫《ぼんぷ》は、仏種《ぶっしゅ》である妙法を聞いても、信じないばかりか、かえって誹《ひ》謗《ぼう》する。けれども、たとえそれが因《いん》となって悪道《あくどう》に堕《お》ちたとしても、妙法を聞いたことで必ず下種結縁《げしゅけちえん》するので、最終的には成仏《じょうぶつ》という大利益《だいりやく》を得ることができるのである。

以上のことを踏《ふ》まえて、大聖人は地涌《じゆ》の菩薩《ぼさつ》は末法《まっぽう》に必ず出現することを結論されていく。

地涌出現について「深く思索《しさく》しなさい」と弟子たちに促《うなが》されているのは、大聖人の一門《いちもん》が地涌の菩薩の出現に当たるからである。

地涌《じゆ》の菩薩《ぼさつ》は、久遠《くおん》の釈尊《しゃくそん》の教えを受けて初めて発心《ほっしん》して以来の弟子であり、尊貴《そんき》な大菩薩である。

にもかかわらず、釈尊《しゃくそん》が成道《じょうどう》した菩提樹《ぼだいじゅ》の下《もと》の「寂滅道場《じゃくめつどうじょう》」にも参加せず、「双林《そうりん》」の入滅《にゅうめつ》の時にも姿《すがた》を現《あらわ》さなかった。久遠《くおん》の弟子であるにもかかわらず、仏の成道と涅槃《ねはん》の時に参加していないのである。これほどの「不孝《ふこう》の失《とが》」はない。

また法華経の説法《せっぽう》の場においても、迹門《しゃくもん》14品《ほん》に参加せず、本門《ほんもん》6品《ぽん》（薬王品《やくおうほん》第23以降）には座《ざ》を立ってしまった。地涌《じゆ》の菩薩《ぼさつ》は、ただ涌出品《ゆじゅっぽん》第15から嘱累品《ぞくるいほん》第22までの本門の8品《ぽん》の間にだけ現《あらわ》れたのである。

このように高貴《こうき》な大菩薩《だいぼさつ》が、三仏《さんぶつ》（釈迦《しゃか》、多宝《たほう》、十方《じっぽう》の分身《ふんじん》の諸仏《しょぶつ》）と約束して、妙法五字を譲《ゆず》り受け、護持《ごじ》していたのであるから、末法《まっぽう》の初めに出現しないことがあるだろうか、必ず出現するにちがいない、と大聖人は確認されている。

そして、この四菩薩《しぼさつ》が末法《まっぽう》に出現する具体的なありさまについて、「折伏《しゃくぶく》を実践する時は、賢王《けんおう》となって愚王《ぐおう》の悪《あく》を誡《いまし》め責《せ》める。摂受《しょうじゅ》を行ずる時は、僧《そう》となって正法《しょうほう》を弘持《ぐじ》していく」と仰《おお》せである。

「折伏《しゃくぶく》を現《げん》ずる時《とき》は賢王《けんおう》と成《な》って愚王《ぐおう》を誡責《かいしゃく》し」との仰《おお》せには、法を弘《ひろ》めるための現実的実践が示されている。すなわち、現実社会の中で仏法を弘《ひろ》め、その力《ちから》を社会・文化などの面で具体的に顕現《けんげん》させ、民衆を救済《きゅうさい》する実践を行《おこな》っていく。

そのために愚王《ぐおう》を誡責《かいしゃく》するのが、「賢王《けんおう》」すなわち在家《ざいけ》である。現代にあって困難《こんなん》と戦いながら妙法を弘《ひろ》める私たちの活動は、地涌《じゆ》の菩薩《ぼさつ》の折伏《しゃくぶく》の行動にほかならない。

そして、「摂受《しょうじゅ》を行《ぎょう》ずる時《とき》は僧《そう》と成《な》って正法《しょうほう》を弘持《ぐじ》す」とは、法の正邪《せいじゃ》を明らかにし正法を説《と》き明かしていくことをいう。地涌の菩薩は、「時」に応じて折伏《しゃくぶく》と摂受を行じて、末法の人々を救っていくのである。

◆池田先生の講義から（『人間革命の宗教』）

「観心本尊抄《かんじんのほんぞんしょう》」では、地涌《じゆ》の菩薩《ぼさつ》が出現する「時《とき》」――それは、〝末法《まっぽう》の初め〟であると仰《おお》せです。三毒強盛《さんどくごうじょう》の五濁悪世《ごじょくあくせ》であり、闘諍言訟《とうじょうごんしょう》の乱世《らんせい》です。

思想・宗教においては〝我賢《われかしこ》し〟と我見《がけん》が横行《おうこう》し、小が大を破《やぶ》るなどの転倒《てんとう》が続き、根本として尊敬すべき本尊が雑乱《ぞうらん》する。ゆえに、あるべき人間と社会の価値観が見失《みうしな》われ、精神の土台が崩《くず》れていく。この一番混迷《こんめい》した時代に、地涌《じゆ》の菩薩《ぼさつ》が現《あらわ》れ、いまだ真実に無知である末代《まつだい》幼稚《ようち》の衆生《しゅじょう》に、「妙法蓮華経の五字」の大良薬《だいりょうやく》を与えられるのです。

そして、御文の後段《こうだん》において、この地涌《じゆ》の菩薩《ぼさつ》の現実の振《ふ》る舞《ま》いを「賢王《けんおう》」と「僧《そう》」の対比《たいひ》から明かされています。

とりわけ、地涌《じゆ》の菩薩《ぼさつ》が末法《まっぽう》において「折伏《しゃくぶく》を現《げん》ずる」時には、「賢王《けんおう》」すなわち「在家《ざいけ》」の賢明《けんめい》なる指導者となって、荒《あ》れ狂《くる》う社会に出現すると仰《おお》せです。

「愚王《ぐおう》を誡責《かいしゃく》」するとは、民衆を不幸にする権力者《けんりょくしゃ》の誤《あやま》りを正していくことです。今日《こんにち》で言えば、「賢王《けんおう》」とは、民衆の中で、人間を苦しめる根源悪《こんげんあく》と戦う賢者《けんじゃ》の一人一人です。

どこまでも謗法充満《ほうぼうじゅうまん》の悪世《あくせ》の中で仏法を弘通《ぐつう》する、末代《まつだい》にわたっての大折伏行《だいしゃくぶくぎょう》がいかに偉大な聖業《せいぎょう》であるかを教えられている、まことに甚深《じんじん》の御聖訓《ごせいくん》です。

末法《まっぽう》の広宣流布とは、現実社会に生きる目覚《めざ》めた民衆自身が、民衆の海の中で、目の前の一人の民衆の生命変革に挑《いど》んでいく以外にないとの大宣言であると拝《はい》されます。

いずれにせよ、「自他共《じたとも》の幸福」を築《きず》くための行動がなければ、地涌《じゆ》の菩薩《ぼさつ》ではありません。人間の苦悩と諸問題を解決し、その社会的使命を果たしてこそ、真《しん》の菩薩です。

現実の社会にあって、日常の人間生活にあって、仏法の生命尊厳《そんげん》の思想を浸透《しんとう》させていく「賢王《けんおう》」という人間主義の振《ふ》る舞《ま》いは、具体的には、文化・教育・平和の次元《じげん》に現《あらわ》れます。「文化の大地」を耕《たがや》し、「教育の大光《たいこう》」を広げ、「平和の大道《だいどう》」を開《ひら》いていくのです。絢爛《けんらん》たる人間革命の文化が創出《そうしゅつ》されます。その中で人類の調和と共生《きょうせい》の花を爛漫《らんまん》と咲《さ》かせていくのです。

第30章　仏の予言を明かす

（新145ジペー～146ジペー・全254ジペー）

①地涌《じゆ》の菩薩《ぼさつ》出現の予言

（新145ジペー14行目～146ジペー3行目）
（全254ジペー3行目～7行目）

問《と》うて曰《い》わく、仏《ほとけ》の記文《きもん》はいかん。

答《こた》えて曰《い》わく、「後《のち》の五百歳《ごひゃくさい》、閻浮提《えんぶだい》に広宣流布《こうせんるふ》せん」と。天台大師《てんだいだいし》、記《しる》して云《い》わく「後《のち》の五百歳《ごひゃくさい》、遠《とお》く妙道《みょうどう》に沾《うるお》わん」。妙楽《みょうらく》、記《しる》して云《い》わく「末法《まっぽう》の初《はじ》め、冥利《みょうり》無《な》きにあらず」。伝教大師《でんぎょうだいし》云《い》わく「正像《しょうぞう》やや過《す》ぎ已《お》わって、末法《まっぽう》はなはだ近《ちか》きに有《あ》り」等云々《とううんぬん》。「末法《まっぽう》はなはだ近《ちか》きに有《あ》り」の釈《しゃく》は、我《わ》が時《とき》は正《まさ》しき時《とき》にあらずという意《い》なり。伝教大師《でんぎょうだいし》、日本《にほん》にして末法《まっぽう》の始《はじ》めを記《しる》して云《い》わく「代《よ》を語《かた》れば像《ぞう》の終《お》わり末《まつ》の初《はじ》め、地《ち》を尋《たず》ぬれば唐《とう》の東《ひがし》・羯《かつ》の西《にし》、人《ひと》を原《たず》ぬれば則《すなわ》ち五濁《ごじょく》の生《しょう》・闘諍《とうじょう》の時《とき》なり。経《きょう》に云《い》わく『なお怨嫉《おんしつ》多《おお》し。いわんや滅度《めつど》して後《のち》をや』。この言《ことば》、良《まこと》に以有《ゆえあ》るなり」。

通解

問《と》うて言う。仏は未来についてどのように述べられているか。

答えて言う。法華経薬王品《やくおうほん》には「後《のち》の五百年に（この法華経を）閻浮提《えんぶだい》（＝全世界）において広宣流布するだろう」と説《と》かれている。この文《もん》について天台大師《てんだいだいし》は『法華文句《ほっけもんぐ》』に「後《のち》の五百年に、妙法が流布《るふ》し、長遠《ちょうおん》に一切《いっさい》衆生《しゅじょう》がその功徳《くどく》に潤《うるお》うだろう」と記《しる》し、妙楽《みょうらく》大師は『法華文句記《ほっけもんぐき》』に「末法《まっぽう》の初めにも、冥益《みょうやく》がないわけではない」と記し、伝教大師《でんぎょう》は『守護国界章《しゅごこっかいしょう》』でこの経文を受けて「正《しょう》法《ほう》・像法《ぞうほう》時代はほとんど過《す》ぎ去《さ》り、末法が極《きわ》めて近くである」と述べている。「末法が極めて近くである」とは、自分の時代は法華経流布の時ではないということを意味している。

伝教大師《でんぎょうだいし》は日本にあって末法《まっぽう》の初めについて記《しる》して「（妙法流布《るふ》の）時代を論ずれば、像《ぞう》法《ほう》の終わり、末法の初めであり、地域を論ずれば、唐《とう》の東、羯《かつ》（＝靺鞨《まっかつ》）の国の西であり、人を尋《たず》ねれば、五濁《ごじょく》の衆生《しゅじょう》であり、闘諍《とうじょう》（＝争《あらそ》い）の絶《た》えない時代の人である。法華経法《ほっ》師品《しほん》に『（釈尊《しゃくそん》の在世《ざいせ》ですら）反発が多い。入滅のあとはさらに反発が多くなる』と説《と》かれている。この言葉には、本当に深い意味がある」（『法華秀句《ほっけしゅうく》』）と述べている。

語訳

【記文《きもん》】未来記《みらいき》の文《もん》の略《りゃく》。仏が未来について予言を記《しる》した文。
【後《のち》の五百歳《ごひゃくさい》】既出。第29章、本書275ジペーを参照。

【後《のち》の五百歳《ごひゃくさい》、遠《とお》く妙道《みょうどう》に沾《うるお》わん】末法《まっぽう》に妙法が流布《るふ》し、長遠《ちょうおん》にその功徳《くどく》で衆生《しゅじょう》が潤《うるお》うだろうとの意。

【末法《まっぽう》の初《はじ》め、冥利《みょうり》無《な》きにあらず】冥利とは冥益《みょうやく》のこと。目に見えない生命の変革の利益《りやく》。末法の初めに冥益が必ずあるということ。

【羯《かつ》】靺鞨《まっかつ》のこと。中国東北部に居住《きょじゅう》したツングースの一種族《しゅぞく》を、隋《ずい》・唐《とう》の人がこう呼んだ。日本はそれより西に位置していると考えられていた。

【五濁《ごじょく》】生命の濁《にご》りや劣化《れっか》の様相《ようそう》を5種に分類したもの。法華経方便品《ほうべんぽん》第2に説《と》かれる（法華経124ページ）。劫濁《こうじょく》・煩悩濁《ぼんのうじょく》・衆生濁《しゅじょうじょく》・見濁《けんじょく》・命濁《みょうじょく》。①劫濁とは、時代の濁り。環境《かんきょう》・社会に不幸・苦悩の現《げん》象《しょう》が重《かさ》なり起こる。②煩悩濁とは、煩悩に支配されること。③衆生濁とは、人間の濁り。④見濁とは、思想の濁り。⑤命濁とは、寿命《じゅみょう》が短《みじか》くなること。

解説

ここでは地涌《じゆ》の菩薩《ぼさつ》が必ず末法《まっぽう》に出現することについての仏の未来記《みらいき》（予言）を挙《あ》げられて、日蓮大聖人がその未来記に当たる存在であることを結論されていく。

仏の未来記《みらいき》とは、法華経薬王品《やくおうほん》の「後《のち》の五百歳《ごひゃくさい》、閻浮提《えんぶだい》に広宣流布《こうせんるふ》せん」の経文である（法華経601ジペー参照)。

そして補足《ほそく》として、天台大師《てんだいだいし》の『法華文句《ほっけもんぐ》』、妙楽《みょうらく》大師の『法華文句記《ほっけもんぐき》』、伝教《でんぎょう》大師の『守護《しゅご》国界章《こっかいしょう》』『法華秀句《ほっけしゅうく》』の文《もん》を挙《あ》げられて、仏の未来記《みらいき》が、末法《まっぽう》の初めに日本国に出現された大聖人御自身《ごじしん》を指し示していることを証明されていく。

伝教大師《でんぎょうだいし》の「末法《まっぽう》はなはだ近《ちか》きに有《あ》り」については、伝教自身の時代は仏説《ぶっせつ》にある法華弘通《ほっけぐつう》の時ではない、との意味が込《こ》められていると仰《おお》せである。

その「末法《まっぽう》の初《はじ》め」について、伝教大師《でんぎょうだいし》は次のように示している。

――時代を語れば、像法《ぞうほう》時代の終わりであり末法《まっぽう》の初めである。その土地は唐《とう》の東であり、羯《かつ》の国の西である。その時代の人々は五濁《ごじょく》が盛《さか》んで、争いが絶《た》えない。法華経法師品《ほっしほん》の「(釈《しゃく》尊《そん》の在世《ざいせ》ですら)反発が多い。入滅のあとはさらに反発が多くなる」との言葉は、まことに意味深い――と。

この文《もん》に説《と》かれた時代・場所・人々の機根《きこん》という諸条件《しょじょうけん》に当てはまっているのが、大聖人御《ご》在世《ざいせ》当時の日本であることを示唆《しさ》されている。

（新1464ページ4行目〜11行目）
（全254ページ8行目〜13行目）

②本門《ほんもん》の本尊《ほんぞん》の建立《こんりゅう》を明かす

この釈《しゃく》に「闘諍《とうじょう》の時《とき》」云々《うんぬん》。今《いま》の自界叛逆《じかいほんぎゃく》・西海侵逼《さいかいしんぴつ》の二難《になん》を指《さ》すなり。この時《とき》、地涌千界《じゆせんがい》出現《しゅつげん》して、本門《ほんもん》の釈尊《しゃくそん》を脇士《きょうじ》となす一閻浮提《いちえんぶだい》第一《だいいち》の本尊《ほんぞん》この国《くに》に立《た》つべし。月支《がっし》・震旦《しんたん》にいまだこの本尊《ほんぞん》有《ま》さず。日本国《にほんこく》の上《じょう》宮《ぐう》、四天王寺《してんのうじ》を建立《こんりゅう》して、いまだ時来《ときき》たらざれば阿弥陀《あみだ》・他方《たほう》をもって本尊《ほんぞん》となす。聖武天皇《しょうむてんのう》、東大寺《とうだいじ》を建立《こんりゅう》す。華厳経《けごんぎょう》の教主《きょうしゅ》なり。いまだ法華経《ほけきょう》の実義《じつぎ》を顕《あらわ》さず。伝教大師《でんぎょうだいし》ほぼ法華経《ほけきょう》の実義《じつぎ》を顕示《けんじ》す。しかりといえども、時《とき》いまだ来《きた》らざるの故《ゆえ》に、東方《とうほう》の鵝王《がおう》を建立《こんりゅう》して本門《ほんもん》の四菩薩《しぼさつ》を顕《あらわ》さず。

詮《せん》ずるところ、地涌千界《じゆせんがい》のためにこれを譲《ゆず》り与《あた》えたもう故《ゆえ》なり。この菩《ぼ》薩《さつ》、仏勅《ぶっちょく》を蒙《こうむ》って近《ちか》く大地《だいち》の下《した》に在《あ》り。正像《しょうぞう》にいまだ出現《しゅつげん》せず、末法《まっぽう》にもまた出《い》で来《きた》りたまわずんば、大妄語《だいもうご》の大士《だいじ》なり。三仏《さんぶつ》の未来記《みらいき》もまた泡沫《ほうまつ》に同《おな》じ。

通解

この伝教大師《でんぎょうだいし》の釈《しゃく》に「闘諍《とうじょう》の時」とある。これは、今起きている自界叛逆難《じかいほんぎゃくなん》・西海侵逼《さいかいしんぴつ》難《なん》（=他国侵逼難）の二難を指すのである。この（闘諍の）時に、無数の地涌《じゆ》の菩薩《ぼさつ》が出現して、本門《ほんもん》の釈尊《しゃくそん》を脇士《きょうじ》とする一閻浮提《いちえんぶだい》第一の本尊を、この国に立てるのである。月支《がっし》（=インド）にも震旦《しんたん》（=中国）にも、この本尊は現《あらわ》れていない。

日本では、上宮《じょうぐう》(聖徳《しょうとく》)太子《たいし》は四天王寺《してんのうじ》を建立《こんりゅう》したが、まだ時が来ていなかったので、阿弥陀仏《あみだぶつ》という他方《たほう》の仏を本尊とした。聖武《しょうむ》天皇《てんのう》は東大寺《とうだいじ》を建立したが、その本尊は華厳《けごん》経《ぎょう》の教主《きょうしゅ》(=盧舎那仏《るしゃなぶつ》)であり、いまだ法華経の実義《じつぎ》を明らかにしていない。伝教大師《でんぎょうだいし》は、ほぼ法華経の実義を明らかにした。しかし、まだ(末法《まっぽう》の)時が来ていなかったので、東方の鵝王《がおう》すなわち薬師如来《やくしにょらい》を建立して、本門《ほんもん》の四菩薩《しぼさつ》は顕《あらわ》さなかった。結局、無数の地涌《じゆ》の菩薩に、これを譲《ゆず》り与えられたからである。

この地涌《じゆ》の菩薩《ぼさつ》は仏勅《ぶっちょく》を受けてこの娑婆世《しゃばせ》界《かい》の大地の下という近くにいる。正法《しょうほう》・像法《ぞうほう》時代にはいまだ出現しておらず、末法《まっぽう》にもまた出現されないなら、大妄語《だいもうご》の菩薩である。三仏《さんぶつ》の未来記《みらいき》もまた泡沫《ほうまつ》と同じになってしまう。

語訳

【自界叛逆《じかいほんぎゃく》・西海侵逼《さいかいしんぴつ》の二難《になん》】 内乱《ないらん》と他国からの侵略《しんりゃく》。「立正安国論《りっしょうあんこくろん》」で予言されていた。解説参照。
また、本シリーズ『世界広布の翼を広げて 教学研鑽のために――立正安国論(第2版)』第42章を参照。

【上宮《じょうぐう》】聖徳太子《しょうとくたいし》。厩戸皇子《うまやどのみこ》・上宮太子《じょうぐうたいし》ともいう。6〜7世紀、飛鳥《あすか》時代の政治家。廃仏派《はいぶつは》である物部《もののべの》守屋《もりや》との戦いに勝ち、四天王寺《してんのうじ》を建立《こんりゅう》した。

【阿弥陀《あみだ》・他方《たほう》】西方《さいほう》にある極楽浄土《ごくらくじょうど》の教主《きょうしゅ》。娑婆世界《しゃばせかい》から遠く離《はな》れた他方の仏である。

【聖武天皇《しょうむてんのう》】8世紀、第45代天皇。全国に国分寺《こくぶんじ》・国分尼寺《こくぶんにじ》を建立《こんりゅう》。奈良《なら》に東大寺《とうだいじ》を立て、そこに華厳《けごん》経《ぎょう》の教主《きょうしゅ》である盧舎那仏《るしゃなぶつ》を金銅《こんどう》の大仏《だいぶつ》として造立《ぞうりゅう》し、本尊とした。

【東方《とうほう》の鵝王《がおう》】東方浄瑠璃世界《じょうるりせかい》の教主《きょうしゅ》・薬師如来《やくしにょらい》のこと。鵝王とは、仏の異称《いしょう》。伝教大師《でんぎょうだいし》が比叡山延暦《ひえいざんえんりゃく》寺《じ》の根本中堂《こんぽんちゅうどう》の本尊とした。

【仏勅《ぶっちょく》】仏の命令。ここでは、法華経如来神力品《にょらいじんりきほん》第21の結要付嘱《けっちょうふぞく》を指す。

解説

まず、前節の末尾で引かれた伝教大師《でんぎょうだいし》の文《もん》にある「闘諍《とうじょう》の時《とき》」とは、日蓮大聖人当時の自界《じかい》叛逆《ほんぎゃく》・他国侵逼《たこくしんぴつ》の二難《になん》を指すことを明かされる。この二難は、本抄から約13年前に著《あらわ》された「立正安国論《りっしょうあんこくろん》」で予言されていた。

自界叛逆難《じかいほんぎゃくなん》については、本抄を著《あらわ》される前年の文永《ぶんえい》9年（1272年）2月に「二月騒動《にがつそうどう》」としてすでに起きている。これは、鎌倉幕府《かまくらばくふ》の権力を掌握《しょうあく》していた北条氏における内乱《ないらん》である。また、他国侵逼難《たこくしんぴつなん》についても、蒙古《もうこ》（モンゴル帝国《ていこく》）からの使者《ししゃ》が数度にわたり日本を訪《おとず》れ、蒙古軍《もうこぐん》の襲来《しゅうらい》は避《さ》けられない状況にあったことから、より詳細《しょうさい》に「西海侵逼《さいかいしんぴつ》」と呼ばれている。実際、本抄御執筆《ごしっぴつ》の翌年《よくねん》・文永《ぶんえい》11年（1274年）10月には、蒙古軍が九州《きゅうしゅう》を襲《おそ》い、いわゆる「文永の役《えき》」が起きている。

このように、経や釈《しゃく》が明示《めいじ》している条件に符合《ふごう》しているのが本抄御執筆《ごしっぴつ》当時の日本であることを指摘され、まさに今こそ、無数の地涌《じゆ》の菩薩《ぼさつ》が出現して、本門《ほんもん》の釈尊《しゃくそん》を脇士《きょうじ》とする一閻浮《いちえんぶ》提《だい》第一の本尊がこの日本に立てられると断言《だんげん》されている。

ここで「本門《ほんもん》の釈尊《しゃくそん》を脇士《きょうじ》となす」とは、御本尊中央の「南無妙法蓮華経　日蓮」の首題《しゅだい》の左右に釈迦牟尼仏《しゃかむにぶつ》・多宝如来《たほうにょらい》が認《したた》められていることを指す。諸宗の仏を統合《とうごう》する法華経本門の教主《きょうしゅ》・釈尊をも脇士《きょうじ》とする本尊は、未曽有《みぞう》であり、一閻浮提《いちえんぶだい》第一の本尊となる。

この本尊はインドや中国でも出現しなかった。そして日本でも、これまで現《あらわ》れていなかった。聖徳太子《しょうとくたいし》は四天王寺《してんのうじ》を建立《こんりゅう》したが、他方仏《たほうぶつ》である阿弥陀仏《あみだぶつ》を本尊とした。聖武天皇《しょうむてんのう》は奈良《なら》に東大寺《とうだいじ》を建立したが、華厳経《けごんぎょう》の教主《きょうしゅ》である盧舎那仏《るしゃなぶつ》を本尊とした。法華経は重《おも》んじられても、いまだ法華経の真実の教えを明らかにする人はいなかった。

これに対し伝教大師《でんぎょうだいし》は、南都六宗《なんとろくしゅう》を破折《はしゃく》し法華円頓《ほっけえんどん》の戒壇《かいだん》を建立《こんりゅう》するなど、法華経の実義《じつぎ》をほぼ明らかにしたといえる。しかし、末法《まっぽう》という時が来ていなかったため、東方の鵝王《がおう》（薬師《やくし》如来《にょらい》）を本尊とし、本門《ほんもん》の四菩薩《しぼさつ》（上行《じょうぎょう》・無辺行《むへんぎょう》・浄行《じょうぎょう》・安立行《あんりゅうぎょう》）を顕《あらわ》すことはなかった。

このように、法華経の実義《じつぎ》である「本門《ほんもん》の本尊」が顕《あらわ》されなかった理由は、結局、この本尊は地涌《じゆ》の菩薩《ぼさつ》に譲《ゆず》り与《あた》えられたものだからである。

この地涌《じゆ》の菩薩《ぼさつ》たちは仏勅《ぶっちょく》を受けて、大地の下で「時」を待って正法《しょうほう》・像法《ぞうほう》時代に出現しなかった。

したがって、その「時」である末法《まっぽう》に出てこなければ、大妄語《だいもうご》（大うそ）の菩薩《ぼさつ》ということになり、法華経での釈迦仏《しゃかぶつ》の未来記《みらいき》、多宝仏《たほうぶつ》や十方《じっぽう》の分身《ふんじん》の諸仏《しょぶつ》の証明《しょうみょう》も、水の泡《あわ》と同じになってしまうと仰《おお》せである。

③地涌《じゆ》の菩薩《ぼさつ》出現の前兆《ぜんちょう》を明かす

（新146ページ12行目〜15行目）
（全254ページ14行目〜17行目）

これをもってこれを惟《おも》うに、正像《しょうぞう》に無《な》き大地震《おおじしん》・大彗星《だいすいせい》等《とう》出来《しゅったい》す。これらは金翅鳥《こんじちょう》・修羅《しゅら》・竜神等《りゅうじんとう》の動変《どうへん》にあらず。ひとえに四大菩薩《しだいぼさつ》出現《しゅつげん》せしむべき先兆《せんちょう》なるか。天台云《てんだいい》わく「雨《あめ》の猛《たけ》きを見《み》て竜《りゅう》の大《だい》なるを知《し》り、華《はな》の盛《さか》んなるを見《み》て池《いけ》の深《ふか》きを知《し》る」等云々《とううんぬん》。妙楽云《みょうらくい》わく「智人《ちじん》は起《き》を知《し》り、蛇《じゃ》は自《みずか》ら蛇《じゃ》を識《し》る」等云々《とううんぬん》。天晴《てんは》れぬれば地明《ちあき》らかなり。法華《ほっけ》を識《し》る者《もの》は世法《せほう》を得《う》べきか。

通解

これをもって考えてみるに、正法《しょうほう》・像法《ぞうほう》時代にはなかった大地震《おおじしん》・大彗星《だいすいせい》などが、最近になって次々と起こっている。

これらは金翅鳥《こんじちょう》・修羅《しゅら》・竜神《りゅうじん》などが起こす動変《どうへん》ではない。ひとえに、四大菩薩《しだいぼさつ》を出現させる前触《まえぶ》れにちがいない。

天台大師《てんだいだいし》は「雨の激《はげ》しさを見て、(雨を降《ふ》らすとされる)竜《りゅう》が大きいことを知り、蓮《はす》の花の大きく盛《さか》んなことを見て、その池の深いことを知る」(『法華文句《ほっけもんぐ》』)と。妙楽大師《みょうらくだいし》は「智人《ちじん》は物事《ものごと》の起こりを知り、蛇《へび》は蛇自《みずか》らのことを知っている」(『法華文句記《ほっけもんぐき》』)と言っている。

天が晴《は》れたなら、地はおのずから明らかとなる。法華経を識《し》る者は世間の法をもおのずから得るだろう。

語訳

【大地震《おおじしん》・大彗星《だいすいせい》】「立正安国論《りっしょうあんこくろん》」御執筆《ごしっぴつ》の契機《けいき》となった正嘉《しょうか》元年（1257年）8月に起きた大地震と、文永《ぶんえい》元年（1264年）7月に現《あらわ》れた大彗星。

【金翅鳥《こんじちょう》・修羅《しゅら》・竜神《りゅうじん》】法華経などに説《と》かれ、仏法を守護《しゅご》する8種類の諸天《しょてん》、鬼類《きるい》の衆《しゅ》（八部衆《はちぶしゅ》）の一つ。ここでは、地を揺《ゆ》るがし水を動かすものとして用《もち》いられている。金翅鳥は古代インドの伝説上の怪鳥《かいちょう》。修羅は古代インドで戦闘《せんとう》を好《この》む鬼神《きじん》。竜神は海中や池に住む蛇形《じゃぎょう》の鬼類で、雨を降《ふ》らし雷《らい》電《でん》を起こすとされた。

【智人《ちじん》は起《き》を知り……】智慧《ちえ》のある人は物事《ものごと》の起こりを知り、蛇《へび》は自《みずか》らのことを知っているとの意。古来、蛇は吉凶《きっきょう》を知る賢《かしこ》い動物とされた。

解説

最後に地涌《じゆ》出現の先兆《せんちょう》が明かされる。

大きな出来事《できごと》には必ず予兆《よちょう》がある。地涌《じゆ》の菩薩《ぼさつ》が出現して大法《だいほう》を建立《こんりゅう》するという仏法上の大きな出来事が起きようとする前兆《ぜんちょう》に当たるのが、「正法《しょうほう》・像法《ぞうほう》時代にはなかった大地震《おおじしん》・大彗星《だいすいせい》」という天と地の秩序《ちつじょ》を乱《みだ》す異変《いへん》の現象《げんしょう》である。

大地震《おおじしん》とは鎌倉《かまくら》で起きた「正嘉《しょうか》の大地震」である。当時は、頻繁《ひんぱん》に大地震が起きているが、特に正嘉の大地震は規模《きぼ》も大きく、被害《ひがい》も甚大《じんだい》であった。

また、大彗星《だいすいせい》とは、「文永《ぶんえい》の大彗星」である。古来、中国や日本で、彗星の出現は凶兆《きょうちょう》とされ、人々の心を動揺《どうよう》させた。

いずれも「正法《しょうほう》・像法《ぞうほう》時代にはなかった」という形容《けいよう》自体、当時の人々の不安や恐《おそ》れの大きさを示しているのである。

日蓮大聖人は、こうした現象《げんしょう》は、金翅鳥《こんじちょう》や修羅《しゅら》、竜神《りゅうじん》が起こした異変《いへん》ではなく、地涌《じゆ》の菩薩《ぼさつ》が出現する「先兆《せんちょう》」（前触《まえぶ》れ、兆《きざ》し）であると述べられている。

続けて、先兆《せんちょう》を読み取ることを説《と》いた天台《てんだい》・妙楽《みょうらく》の文《もん》を挙《あ》げている。

天台大師《てんだいだいし》の文《もん》は、表面にあらわれた現象《げんしょう》を通して、物事《ものごと》の本質にあるものを見抜《みぬ》く智慧《ちえ》を示したものである。この文に照《て》らせば、正像《しょうぞう》になかった現象が起きていることは、その奥《おく》に正像になかった大法《だいほう》が興隆《こうりゅう》するという本質が秘《ひ》められているのであり、その前兆《ぜんちょう》が現《あらわ》れているということである。

妙楽大師《みょうらくだいし》の文《もん》は、他の人が気づかなくても、智慧《ちえ》ある人は前兆《ぜんちょう》から何が起こるかを知り、蛇《へび》は自身のこと（足がないように見えるが実はあるということ）を知っていると述べている。これは、地涌《じゆ》の菩薩《ぼさつ》出現の先兆《せんちょう》は、地涌の菩薩その人のみが知るということであり、大聖人のみがこれを知ることができるという意味と拝《はい》される。

さらに「天晴《てんは》れぬれば地明《ちあき》らかなり。法華《ほっけ》を識《し》る者《もの》は世法《せほう》を得《う》べきか」と述べられている。「法華《ほっけ》を識《し》る」とは仏法の真髄《しんずい》を極《きわ》めるということである。仏法と世法《せほう》の関係にあって、仏法に通達《つうだつ》していることは、天が晴《は》れることで地が明るくなるようなものであり、現実社会の事《じ》象《しょう》の本質を知るということである。この場合、世法を知るとは、天変地異《てんぺんちい》が地涌《じゆ》の菩薩《ぼさつ》出現の先兆《せんちょう》であることを知るという意味である。

私たちの日常の実践に約して拝《はい》せば、妙法を受持《じゅじ》することで、仕事や生活などあらゆる社会の営《いとな》みで智慧《ちえ》を発揮《はっき》していけるということである。

◆池田先生の講義から（『御書の世界』第2巻、『池田大作全集』第32巻所収）

「闘諍《とうじょう》の時」に、地涌《じゆ》の菩薩《ぼさつ》が出現して御本尊を建立《こんりゅう》するという事実こそ、仏法が民衆の幸福と平和のためにあることを雄弁《ゆうべん》に物語っています。

争《あらそ》いは二重の残虐《ざんぎゃく》をもたらします。一つは、生命に直接の危《き》害《がい》を与えます。そして、もう一つは、人々の心を引き裂《さ》き、人と人との絆《きずな》を断《た》ち切る。総《そう》じて、人間生命に具《そな》わるコスモス（調和的秩序《ちつじょ》）を破壊《はかい》する悪魔《あくま》の所業《しょぎょう》です。

戦争は悲惨《ひさん》です。残酷《ざんこく》です。

その「闘諍《とうじょう》の時」に、全民衆を救《すく》うために、地涌《じゆ》の菩薩《ぼさつ》が御本尊を建立《こんりゅう》するのです。

先ほど、御本尊の相貌《そうみょう》と虚空会《こくうえ》の関係について拝察《はいさつ》しました。もう一度、確認したい。

御本尊には、十界《じっかい》の衆生《しゅじょう》がすべて相貌《そうみょう》のなかに納《おさ》まっています。虚空会《こくうえ》で言えば、一座《いちざ》の大《たい》衆《しゅう》をすべて空中の虚空会に一人も漏《も》らさず包《つつ》んでいきます。

爾前権教《にぜんごんきょう》であれば、六道《ろくどう》を切り捨《す》て、二乗《にじょう》を切り捨て、果《は》ては菩薩《ぼさつ》を切り捨て、九界《きゅうかい》を忌《い》み嫌《きら》う。法華経は、その方向と正反対です。（中略）

御本尊の相貌《そうみょう》は、万人《ばんにん》の平等《びょうどう》の尊厳性《そんげんせい》を示しています。御本尊には、いかなる分断や対立をも調和し、融合《ゆうごう》する力《ちから》がある。

そして、最も苦しんでいる六道《ろくどう》の衆生《しゅじょう》を救《すく》う力《ちから》がある。

その力《ちから》を現《あらわ》していく存在が、地涌《じゆ》の菩薩《ぼさつ》です。

大段第三　総結《そうけつ》

（新146ページ～147ページ・全254ページ～255ページ）

（新146ページ16行目～147ページ2行目）（全254ページ18行目～255ページ2行目）

第31章　総結

一念三千《いちねんさんぜん》を識《し》らざる者《もの》には、仏《ほとけ》、大慈悲《だいじひ》を起《お》こし、五字《ごじ》の内《うち》にこの珠《たま》を裹《つつ》み、末代幼稚《まつだいようち》の頸《くび》に懸《か》けしめたもう。四大菩薩《しだいぼさつ》のこの人《ひと》を守護《しゅご》したまわんこと、太公《たいこう》・周公《しゅうこう》の文王《ぶんおう》を摂扶《しょうぶ》し、四皓《しこう》が恵帝《けいてい》に侍奉《じぶ》せしに異《こと》ならざるものなり。

文永十年《ぶんえいじゅうねん》太歳癸酉《たいさいみずのととり》卯月二十五日《うづきにじゅうごにち》　日蓮《にちれん》これを註《しる》す。

通解

一念三千《いちねんさんぜん》を知らない末法《まっぽう》の衆生《しゅじょう》に対して、仏は大慈悲《だいじひ》を起こし、妙法五字の内に、この一念三千の珠《たま》を包《つつ》み、末代幼稚《まつだいようち》の首《くび》に懸《か》けさせるのである。地涌《じゆ》の上首《じょうしゅ》の四大菩薩《しだいぼさつ》がこの幼稚の衆生を守護《しゅご》されることは、太公望《たいこうぼう》や周公旦《しゅうこうたん》が文王《ぶんおう》を補佐《ほさ》し、商山《しょうざん》の四皓《しこう》が恵帝《けいてい》に仕《つか》え奉《たてまつ》ったのと異《こと》ならないのである。

文永《ぶんえい》10年〔太歳癸酉《たいさいみずのととり》〕卯月《うづき》（＝旧暦《きゅうれき》4月）25日

日蓮これを記《しる》す。

語訳

【摂扶《しょうぶ》】補佐《ほさ》すること。

【四皓《しこう》】「商山《しょうざん》の四皓」といい、中国・秦《しん》の暴政《ぼうせい》を避《さ》けて隠《かく》れていた4人の君子《くんし》。漢《かん》の初代皇帝である高祖《こうそ》・劉邦《りゅうほう》は、この4人が盈太子《えいたいし》（後の第2代皇帝恵帝《けいてい》）の補佐役《ほさやく》となったので、盈太子の廃嫡《はいちゃく》を諦《あきら》めたという。

解説

本抄全体の結論が示されている。

一念三千《いちねんさんぜん》を知らない末法《まっぽう》の衆生《しゅじょう》に対して、仏は大慈悲《だいじひ》を起こし、妙法五字にこの一念三千の珠《たま》を包《つつ》み、地涌《じゆ》の菩薩《ぼさつ》を使いとして、幼《おさな》い子のように無知な末法の凡夫《ぼんぷ》の首《くび》に懸《か》けさせるのである、と。

この御文は、本抄のこれまでの流れからいうと、「仏が大慈悲《だいじひ》を起こし、一念三千《いちねんさんぜん》を知らない末法《まっぽう》の衆生《しゅじょう》のために地涌《じゆ》の菩薩《ぼさつ》を遣《つか》わして一念三千の珠《たま》を包《つつ》む妙法蓮華経の五字（南無妙法蓮華経の本尊）を受持《じゅじ》させる。成仏《じょうぶつ》の種子《しゅし》である妙法蓮華経の五字を受持した人は仏の子になるから、地涌の菩薩の導師《どうし》である四大菩薩《しだいぼさつ》は仏の弟子として、重臣《じゅうしん》が王子を守るようにこの人を守護《しゅご》するのである」という意味になる。

つまり、末法《まっぽう》の衆生《しゅじょう》は、妙法蓮華経の五字すなわち御本尊を受持《じゅじ》することによって、必ず守られて成仏《じょうぶつ》できるとの御本尊の大功力《だいくりき》を示されているのである。

この場合、妙法蓮華経の五字を弘《ひろ》める地涌《じゆ》の菩薩《ぼさつ》は、法華経の教相《きょうそう》の上からは仏の久遠《くおん》以来の弟子であるが、その意味するところは久遠以来の妙法蓮華経を所持《しょじ》する人であり、仏種《ぶっしゅ》である妙法蓮華経の五字に習熟《しゅうじゅく》する菩薩であるということである。それだからこそ、その身に仏の生命を現《あらわ》し、その仏界《ぶっかい》の生命を御本尊として顕《あらわ》すことも可能なのである。

したがって、地涌《じゆ》の菩薩《ぼさつ》の上首《じょうしゅ》たる上行《じょうぎょう》菩薩の使命を果たされた日蓮大聖人は、教相上《きょうそうじょう》は仏の弟子であるが、妙法蓮華経を末法《まっぽう》に弘通《ぐつう》する実践においては、末法の衆生《しゅじょう》を救《すく》う大法《だいほう》を初めて明かし弘《ひろ》める末法の御本仏《ごほんぶつ》であられると拝《はい》する。

また、ここで言われている仏の「大慈悲《だいじひ》」とは、元意《がんい》としては、大難《だいなん》を耐《た》え忍《しの》び凡夫成仏《ぼんぷじょうぶつ》の法を弘通《ぐつう》する戦いを貫《つらぬ》く御本仏《ごほんぶつ》・日蓮大聖人の大慈悲である。

日寛上人《にちかんしょうにん》は「我等《われら》この本尊を信受《しんじゅ》し、南無妙法蓮華経と唱え奉《たてまつ》れば、我《わ》が身即《すなわ》ち一念三千《いちねんさんぜん》の本尊、蓮祖聖人《れんそしょうにん》なり」と述べている。

「末代幼稚《まつだいようち》」の凡夫《ぼんぷ》である私たちが御本尊に南無妙法蓮華経と唱えれば、わが身が一念三千《いちねんさんぜん》の御本尊、日蓮大聖人と等《ひと》しくして異《こと》なることがなくなるのである。

最後に、この御本尊を持《たも》ち南無妙法蓮華経と唱える人を、地涌《じゆ》の菩薩《ぼさつ》の導師《どうし》である四大《しだい》菩薩が守護《しゅご》することは間違《まちが》いないと仰《おお》せである。

なぜなら、妙法蓮華経を受持《じゅじ》する人は必ず成仏《じょうぶつ》できる仏の子であり、仏の弟子である四大菩薩《しだいぼさつ》が仏の子を守るのは当然だからである。

それは、かつて周《しゅう》の文王《ぶんおう》の家臣《かしん》である太公望《たいこうぼう》が文王の子である武王《ぶおう》に仕《つか》え、武王の弟・周公旦《しゅうこうたん》が武王の子・成王《せいおう》を助けて周の国を守ったのと同じであり、また、漢《かん》の時代に4人の賢人《けんじん》（四皓《しこう》）が幼《おさな》い恵帝《けいてい》に仕えたのと同じである。

このように、末法《まっぽう》の凡夫《ぼんぷ》に対する御本尊の絶大《ぜつだい》な功力《くりき》が述べられ、本抄が締《し》めくくられる。

◆池田先生の講義から

〈「阿仏房御書《あぶつぼうごしょ》（宝塔御書《ほうとうごしょ》）」講義〉

大聖人は、〝阿仏房《あぶつぼう》、あなた自身が妙法蓮華経の宝塔《ほうとう》なのです〟〝あなたも七宝《しっぽう》の輝《かがや》きを放《はな》っているのです〟〝あなた自身が仏なのです〟と繰《く》り返《かえ》し、阿仏房自身が宝塔であることの意味を展開されていきます。

まず、大聖人は、「法華経の題目、宝塔《ほうとう》なり。宝塔また南無妙法蓮華経なり」（新1732ジペー・全1304ジペー）と仰《おお》せです。法華経で説《と》かれる宝塔とは、南無妙法蓮華経以外の何ものでもないのです。法華経の題目こそ宝塔であり、それを大聖人は御本尊として顕《あらわ》されたのです。

「御義口伝《おんぎくでん》」には、「今、日蓮等《ら》の類《たぐ》い、南無妙法蓮華経と唱え奉《たてまつ》る者は、明鏡《みょうきょう》に万像《まんぞう》を浮《う》かぶるがごとく知見《ちけん》するなり。この明鏡とは、法華経なり。別《べっ》しては宝塔品《ほうとうほん》なり」（新1063ジペー・全763ジペー）と仰《おお》せです。

鏡《かがみ》がなければ、自分の顔を見ることができません。まして「己心《こしん》の宝塔《ほうとう》」（新1732ジペー・全1304ジペー）は、それを見る明鏡《めいきょう》がなければ誰も見ることができない。そこに、大聖人が御本尊を顕《あらわ》された理由もあります。

日蓮大聖人は、御本仏《ごほんぶつ》としての御自身《ごじしん》の生命を御本尊として御図顕《ごずけん》されました。私たちが、この御本尊を明鏡《めいきょう》として、南無妙法蓮華経の題目を唱えた時に、自身に内在《ないざい》する仏の生命が力強く涌現《ゆげん》します。私たち一人一人が胸中《きょうちゅう》に宝塔《ほうとう》を打《う》ち立《た》てる、まさに、そのための御本尊なのです。（『勝利の経典「御書」に学ぶ』第10巻）

〈「日女御前御返事《にちにょごぜんごへんじ》（御本尊相貌抄《ごほんぞんそうみょうしょう》）」講義〉

日蓮大聖人の仏法は、妙法によって、一切《いっさい》の生きとし生けるものが調和して永遠に繁栄《はんえい》する世界を、末法《まっぽう》の世に現出《げんしゅつ》しゆくための教えです。その実現のための哲学と信念と実践の依拠《いきょ》となるのが、この御本尊にほかならないのです。

戸田先生は、妙法に生きる人々の織《お》りなす生命本来の久遠元初《くおんがんじょ》の世界について、「晴《は》ればれした世界で、自由自在《じゆうじざい》に何不自由なく、清《きよ》く、楽しく遊《あそ》んでおり、そのときの人々も、みなうるわしき同心《どうしん》の人々であった」と示してくださったことがあります。そして〝我々《われわれ》は、法華経の会座《えざ》に涌出《ゆじゅつ》し、この晴れやかな世界を娑婆世界《しゃばせかい》に築《きず》くことを誓《ちか》い、末法《まっぽう》に出現した地涌《じゆ》の菩《ぼ》薩《さつ》である〟とも教えてくださいました。

私たちは、大聖人が顕《あらわ》された御本尊を奉《ほう》じて、この苦悩と争《あらそ》いの絶《た》えない娑婆世界《しゃばせかい》にあって、万人《ばんにん》の幸福を実現し、平和の楽土《らくど》を築《きず》くために、立正安国《りっしょうあんこく》と広宣流布の旗《はた》を掲《かか》げて勇《いさ》んで出現した地涌《じゆ》の菩薩《ぼさつ》です。その先駆《さきが》けとして不惜身命《ふしゃくしんみょう》の大闘争をなされた日蓮大聖人が顕された御本尊は、この私たちの崇高《すうこう》な使命を呼び覚《さ》ます「広宣流布のための御本尊」なのです。

（『勝利の経典「御書」に学ぶ』第11巻）

〈「新尼御前御返事《にいあまごぜんごへんじ》」講義〉

悩めるあの友に、苦しむこの友にと、勇気と慈悲《じひ》の対話で「信心の御本尊」を流布《るふ》してきたのが、創価の民衆スクラムです。

日本中、世界中のあの地この地で、妙法の御本尊を信受《しんじゅ》して、わが地涌《じゆ》の同志は、宿命《しゅくめい》の嵐《あらし》を乗り越《こ》え、自他共《じたとも》の幸福と勝利の旗《はた》を高らかに掲《かか》げて前進しています。

創価学会には、地涌《じゆ》の自覚と誇《ほこ》りがあります。民衆勝利の凱歌《がいか》を、末法《まっぽう》のすべての人に享受《きょうじゅ》させたい。この地涌の使命に立ち上がったのが、わが誉《ほま》れの学会員です。まさに真の仏弟子《ぶつでし》であり、尊《とうと》い仏の使いです。

「時にあい、時にめぐりあって、その時にかなうということは、生まれてきたかいのあるものであります」と、恩師は教えてくださいました。

今、「大法弘通慈折広宣流布《だいほうぐつうじしゃく》」の旗《はた》が世界に林立《りんりつ》する時代が到来《とうらい》しました。この潮流《ちょうりゅう》は、もはや誰人《たれびと》も止めることはできません。

壮大《そうだい》なる人間勝利の大行進を、いよいよ足取り軽《かる》く、威風堂々《いふうどうどう》と広げ、わが「地涌《じゆ》の尊《とうと》き使命」を果《は》たし抜いていこうではありませんか。（『勝利の経典「御書」に学ぶ』第12巻）

観《かん》心《じんの》本《ほん》尊《ぞん》抄《しょう》送状《おくりじょう》

（新147ページ）（全255ページ）

帷一《かたびらひと》つ・墨三挺《すみさんちょう》・筆五管《ふでごかん》、給《た》び候《そうら》い了《お》わんぬ。観心《かんじん》の法門少々《ほうもんしょうしょう》これを注《しる》して、太田殿《おおたどの》・教信御房《きょうしんのごぼう》等に奉《たてまつ》る。このこと、日蓮《にちれん》が身《み》に当《あ》たる大事《だいじ》なり。これを秘《ひ》す。無二《むに》の志《こころざし》を見《み》ば、これを開拓《かいたく》せらるべきか。この書《しょ》は難多《なんおお》く答《こた》え少《すく》なし。未聞《みもん》のことなれば、人《ひと》の耳目《じもく》これを驚動《きょうどう》すべきか。たとい他見《たけん》に及《およ》ぶとも、三人四人座《さんにんよにんざ》を並《なら》べてこれを読《よ》むことなかれ。仏《ほとけ》の滅後二千二百二十余年《めつごにせんにひゃくにじゅうよねん》、いまだこの書《しょ》の心有《こころあ》らず。国難《こくなん》を顧《かえり》みず、五《ご》の五百歳《ごひゃくさい》を期《ご》してこれを演説《えんぜつ》す。乞《こ》い願《ねが》わくは、一見《いっけん》を歴来《へきた》る輩《やから》は、師弟共《していとも》に霊山浄土《りょうぜんじょうど》に詣《もう》でて三仏《さんぶつ》の顔貌《げんみょう》を拝見《はいけん》したてまつらん。恐々《きょうきょう》謹言《きんげん》。

文永十年《ぶんえいじゅうねん》太歳癸酉《たいさいみずのととり》卯月《うづき》二十六日《にじゅうろくにち》　　　日蓮《にちれん》　花押《かおう》

富木殿御返事《ときどののごへんじ》

通解

帷《かたびら》一つ、墨《すみ》3挺《ちょう》、筆《ふで》5管《かん》をいただいた。観心《かんじん》の法門を少々注釈《ちゅうしゃく》して、大田乗明殿《おおたじょうみょうどの》・曽谷教信御房《そやきょうしんのごぼう》らに差《さ》し上《あ》げる。

この観心《かんじん》の法門は、日蓮の身に当たる大事である。深くこれを秘《ひ》す。純粋《じゅんすい》で無二《むに》の志《こころざし》(信心)があれば、これを開いて拝読《はいどく》しなさい。

この書は論難《ろんなん》が多く、答えが少ない。いまだ聞いたことのない法門なので、人々の耳目《じもく》を驚《おどろ》かせることだろう。たとえ他の人に見せるにしても、3人、4人と座《ざ》を並べてこれを読んではならない。

仏《ほとけ》の滅後《めつご》2220余《よ》年の今日《こんにち》まで、いまだこの書の心は明かされていない。今、国家権《こっかけん》力《りょく》による迫害《はくがい》があるのを顧《かえり》みず、五《ご》の五百歳《ごひゃくさい》の時を期《き》して、観心《かんじん》の法門を述べ明かしたのである。

願《ねが》わくは、この書を一見《いっけん》した者は、師弟ともに霊山浄土《りょうぜんじょうど》に詣《もう》でて三仏《さんぶつ》(=釈迦《しゃか》、多宝《たほう》、十方《じっぽう》の分身《ふんじん》の諸仏《しょぶつ》)のお顔を拝見《はいけん》申し上げようではないか。恐々謹言《きょうきょうきんげん》。

文永《ぶんえい》10年〔太歳癸酉《たいさいみずのととり》〕卯月《うづき》(=旧暦《きゅうれき》4月)26日

日蓮　花押《かおう》

富木殿御返事《ときどのごへんじ》

語訳

【帷《かたびら》】主として夏に用《もち》いる裏《うら》をつけない衣服《いふく》。

【太田殿《おおたどの》】大田乗明《じょうみょう》。大田金吾《きんご》とも呼ばれる(日蓮大聖人は「大田」と「太田」を通用《つうよう》される)。下総国中山《しもうさのくになかやま》

（千葉県市川市《ちばけんいちかわし》中山）に住む門下《もんか》。「転重軽受法門《てんじゅうきょうじゅほうもん》」などをいただく。

【教信御房《きょうしんのごぼう》】曽谷《そや》教信。曽谷入道《にゅうどう》とも呼ばれる。下総国《しもうさのくに》曽谷《そや》（千葉県市川市曽谷）に住む門下《もんか》。大田乗《おおたじょう》明《みょう》、曽谷教信は富木常忍《ときじょうにん》とともに下総国の中心的門下だった。

【仏《ほとけ》の滅後《めつご》二千二百二十余《よ》年】仏滅年代について、日蓮大聖人は、当時、日本で広く流布《るふ》していた説《せつ》を用《もち》いられた。それによれば永承《えいしょう》7年（1052年）が末法《まっぽう》の元年とされた。

【霊山浄土《りょうぜんじょうど》】釈尊《しゃくそん》が法華経を説《と》いたとされる霊鷲山《りょうじゅせん》で、久遠《くおん》の釈尊が常住《じょうじゅう》する国土。

解説

送《おく》り状《じょう》では冒頭《ぼうとう》、御供養《ごくよう》に対する御礼《おんれい》とともに、「観心本尊抄《かんじんのほんぞんしょう》」は、富木常忍《ときじょうにん》のもとに宛《あ》てて大田乗明《おおたじょうみょう》・曽谷教信《そやきょうしん》などに送るものであることを述べられている。

「このこと、日蓮《にちれん》が身《み》に当《あ》たるの大事《だいじ》なり。これを秘《ひ》す」と仰《おお》せなのは、末法《まっぽう》万年の広宣流布のため、一切衆生《いっさいしゅじょう》の成仏《じょうぶつ》の根本である御本尊が明かされているからである。

ゆえに「無二《むに》の志《こころざし》（純粋《じゅんすい》な信心）があればこれをお読みなさい」「この書は論難《ろんなん》が多く答えは

少ないうえ、未聞《みもん》のことで皆、耳目《じもく》を驚《おどろ》かして動揺《どうよう》することだろう。たとえ他の人に見せるにしても、3人、4人と座《ざ》を並べてこの書を読んではならない」と具体的に戒《いまし》められている。この書を読んでも信心がなければ、かえって誹謗《ひぼう》や退転《たいてん》の心を抱《いだ》き、成仏《じょうぶつ》の軌道《きどう》から外《はず》れることになるだろう、そのようなことのないように、との大慈悲《だいじひ》がうかがわれる。

同時に、日蓮大聖人は佐渡流罪《さどるざい》中の身でもあり、この御書を与えられた富木常忍《ときじょうにん》や大田乗明《おおたじょうみょう》ら下総《しもうさ》の門下《もんか》の身に危害《きがい》が及《およ》ばないように配慮《はいりょ》されたとも考えられる。

なお、日寛上人《にちかんしょうにん》は、この「三人四人座《ざ》を並べてこれを読むことなかれ」について、数十人で本抄を学ぶことがあっても、それは「懇志一途《こんしいちず》にして信心無二《むに》」であれば、数十人いても「寧《むし》ろ一人《いちにん》に非《あら》ずや」と補足《ほそく》している。

さらに、本抄の内容は、「仏《ほとけ》の滅後二千二百二十余年《めつごにせんにひゃくにじゅうよねん》、いまだこの書《しょ》の心有《こころあ》らず」と仰《おお》せのように、いまだかつて誰も明かしていない法門であることを示されている。

大聖人が「国難《こくなん》を顧《かえり》みず、五《ご》の五百歳《ごひゃくさい》を期《ご》してこれを演説《えんぜつ》」された大法《だいほう》である。

その真髄《しんずい》の教えを授《さず》ける弟子たちに、大聖人はこう呼《よ》び掛《か》けられている。「願《ねが》わくは、この書を一見《いっけん》した者は、師弟ともに霊山浄土《りょうぜんじょうど》に詣《もう》でて、釈迦《しゃか》・多宝《たほう》・分身《ふんじん》という三仏《さんぶつ》のお顔を拝見《はいけん》しようではないか」と。

この書に触《ふ》れた人々を、一人も漏《も》らさず仏の境涯《きょうがい》に——。これが、大聖人の御心《おこころ》であることを示され、本抄の送《おく》り状《じょう》を結ばれている。

世界広布の翼を広げて
教学研鑽のために——観心本尊抄（第2版）

二〇二四年五月　三　日　発　行
二〇二四年七月三十日　第2刷

編　者　創価学会教学部
発行者　小　島　和　哉
発行所　聖　教　新　聞　社
〒一六〇—八〇七〇　東京都新宿区信濃町七
電話　〇三—三三五三—六一一一（代表）

印刷・製本　TOPPAN株式会社

落丁・乱丁本はお取りかえいたします
定価は表紙に表示してあります
© The Soka Gakkai 2024　Printed in Japan
ISBN 978-4-412-01707-8

本書の無断複製は著作権法上での例外を
除き、禁じられています